V&R

Karin Finsterbusch (Hg.)

Bibel nach Plan?

Biblische Theologie
und schulischer Religionsunterricht

Vandenhoeck & Ruprecht

Bibliografische Information der Deutschen Nationalbibliothek

Die Deutsche Nationalbibliothek verzeichnet diese Publikation in der
Deutschen Nationalbibliografie; detaillierte bibliografische Daten sind
im Internet über http://dnb.d-nb.de abrufbar.

ISBN 978-3-525-61033-6

Umschlagabbildung: Michael Fabian

Printed in Germany.
Druck und Bindung: ⊕ Hubert & Co, Göttingen

Gedruckt auf alterungsbeständigem Papier.

Inhalt

KARIN FINSTERBUSCH

Einführung

Die Bibel hat die europäische Kultur- und Geistesgeschichte über Jahrhunderte geprägt, sie ist das Herzstück christlicher Religion, das Zentrum des kulturellen Gedächtnisses des Christentums. Dennoch hat es die Bibel heute schwer – die Kenntnis biblischer Geschichten in unserer Gesellschaft nimmt rapide ab. Soll die Bedeutung des »Buches der Bücher« gewahrt werden, muss etwas geschehen. Dies gilt auch für die Schulen. Das Schulfach, in dem die Bibel eine Rolle spielt, ist Religion. Doch es stellen sich sofort eine Reihe von Fragen, wie beispielsweise:

- *Welche* biblischen Texte müssen SchülerInnen im Sinne eines Bibelgrundwissens unbedingt kennen lernen?
- *Welche* biblischen Texte können SchülerInnen insbesondere helfen, sich in einer komplexen Welt zurechtzufinden?
- *Wie* ist mit biblischen Positionen umzugehen, die aus heutiger Sicht unbequem und anstößig erscheinen?
- *Wie* sind biblische Texte zu erschließen?[1]

Diesen Fragen wurde im November 2005 im Zuge einer interdisziplinären Tagung an der Universität Koblenz-Landau in Landau zum Thema »Biblische Theologie und schulischer Religionsunterricht« nachgegangen. Eingeladen waren ExegetInnen und ReligionspädagogInnen. Die Beiträge sind in dem vorliegenden Band fast vollständig versammelt.[2]

Der erste Teil enthält drei alttestamentliche Studien:

Der Beitrag von *Karin Finsterbusch* richtet sich gegen die Tendenz der Verharmlosung schwieriger Bibeltexte im RU: SchülerInnen sollen, wie verschiedene Unterrichtsmaterialien belegen, anhand von I Reg 19 die Gottesvorstellung eines sanften Gottes kennenlernen (in Anlehnung an die

---

1 Dies ist eine Frage, die angesichts einer gewissen gegenwärtigen bibeldidaktischen Unübersichtlichkeit an Bedeutung gewinnt. Wichtige bibeldidaktische Studien sind in folgendem Sammelband gut zugänglich: Gottfried Adam u.a. (Hg.): Bibeldidaktik. Ein Lesebuch, Münster 2006. Vgl. zur Übersicht auch noch Christian Cebulj: Identitätsbildende Bibeldidaktik. Facetten der Identitätsbildung junger Erwachsener im Spiegel biblischer Texte. Empirisch dokumentiert durch eine Unterrichtssequenz in der gymnasialen Oberstufe, Habil. masch., Mainz 2007.

2 Die Vorträge von Prof. Dr. Matthias Albani und Prof. Dr. Irmtraud Fischer konnten im vorliegenden Band leider nicht veröffentlicht werden.

Lutherübersetzung von I Reg 19,12: »Stimme sanften Schweigens«). Die Exegese zeigt jedoch, dass dieser Schwerpunkt nicht mit der Gesamtaussage des Kapitels übereinstimmt: Gottes »Stimme« gibt dem Propheten Elijahu Aufträge, die auf die Vernichtung eines Großteils der nordisraelitischen Bevölkerung zielen. Der Beitrag schließt mit Überlegungen, wie eine solche Aussage im RU sinnvoll einzubringen ist.

Bernd Janowski lotet in seinem Beitrag die Tiefendimensionen der Bildsprache von Tod und Leben im Psalter aus. In der Bildsprache der Psalmen steckt nach Janowski etwas Suggestives: »Keine andere Sprache führt tiefer hinein in die Finsternis des Todes und keine andere ist wie diese ein Weg zum Leben – darin liegt ihre Unverzichtbarkeit.« Janowskis Beitrag kann als Plädoyer dafür gelten, sich in Sek I und Sek II intensiver mit Psalmtexten zu beschäftigen. In den aktuellen Lehr- bzw. Bildungsplänen ist eine solche intensive Auseinandersetzung mit Psalmtexten zu wenig berücksichtigt.

Das Esterbuch hat in den letzten Jahren zunehmend Eingang in den Religionsunterricht gefunden (nicht zuletzt als »Frauenbuch«). Das Thema Gewalt, ein die Erzählung beherrschendes Thema, wird dabei weitgehend ausgeklammert. *Beate Ego* stellt die schwierige Gewaltthematik zunächst unter exegetischen Gesichtspunkten differenziert dar und geht schließlich auf Verwendungsmöglichkeiten der Estergeschichte für den Unterricht ein.

Im zweiten Teil des vorliegenden Bandes sind vier Beiträge von NeutestamentlerInnen versammelt.

Die Gleichnisse Jesu sind zentraler Teil vieler Lehrpläne. Nach *Peter Müller* liegt der besondere Wert dieser Texte für den RU in ihrer Deutungsoffenheit: »Gleichnisse sind Geschichten mit vielen verschiedenen Facetten. An ihnen kann exemplarisch deutlich werden, dass Geschichten nicht ›bloß‹ Geschichten sind, sondern ein ›Kleid der Wirklichkeit‹ (Max Frisch). Sie können deshalb dazu helfen, den vielfach erlebten Bruch bei der Rezeption von Geschichten zu mindern.«

Die Frage, ob sich Wundergeschichten im RU sinnvoll vermitteln lassen, ist angesichts der Gefahren, die in einem zu »wörtlichen« Verständnis der Geschichten liegen, nach wie vor umstritten. *Christina Hoegen-Rohls* eröffnet in ihrem Beitrag einen Weg, der ein Ausweg aus dem Dilemma der wunderdidaktischen Diskussion sein kann: Sie regt an, die Wundergeschichten des Neuen Testaments vor dem Hintergrund alttestamentlicher Psalmen als »Gespräch mit Gott« zu lesen und so gewinnbringend zu vermitteln.

Ausgehend von dem Befund in Lehrplänen und Unterrichtsmaterialien, in denen Evangelientexte weitgehend einer »Patchwork-Technik« folgen, insofern verschiedene Texte aus unterschiedlichen Evangelien kombiniert und zu einem »Jesus-Mosaik« zusammengesetzt werden, plädiert *Hanna Roose* dafür, die Vielstimmigkeit der Evangelien stark zu machen und unterschiedliche Deutungsangebote ins Spiel zu bringen. Am Beispiel der johanneischen Konzeption zeigt sie auf, dass diese spezifische Lernchancen bietet, Kinder und Jugendliche in ihrem christologischen Denken und Fragen zu fördern.

Das Thema »Biblische Theologie« ist nicht nur aus bibelwissenschaftlicher Sicht bedeutsam, sondern, wie *Florian Wilk* betont, zugleich bildungsrelevant. Ein Verstehen des christlichen Glaubens ohne Einsicht in den Aufbau seines Basisdokumentes, der zweiteiligen Bibel, ist nicht möglich. Zudem ist eine solche Kenntnis die unabdingbare Voraussetzung dafür, das besondere Verhältnis zwischen Judentum und Christentum sachgerecht wahrnehmen zu können. Der Autor fordert, sich dem Thema »Biblische Theologie« exemplarisch zu nähern und führt in seinem Beitrag aus, dass die paulinische Rede vom »Christus« Medium unterrichtlicher Annäherung an eine Biblische Theologie sein kann.

Im dritten und letzten Teil des Bandes wird die Rolle der Bibel im RU aus religionspädagogischer Sicht beleuchtet.

Michael Landgraf untersucht in seinem Beitrag biblische Inhalte in aktuellen Lehrplänen und zieht eine kritische Bilanz. Um nur einen Punkt herauszugreifen: Biblische Texte kommen in den Lehrplänen nicht zu kurz, doch es fehlt ein »Kanon« zu behandelnder biblischer Inhalte. Der Autor beschreibt als eine Aufgabe der Bibeldidaktik, »ein sinnvolles Modell zu entwickeln, bei dem nicht nur die Kompetenzfrage und die Frage nach den Lernenden im Blick sein muss, sondern auch die Frage, welche biblische Geschichten vermittelt werden sollen«.

Martina Steinkühler regt in ihrem Beitrag an, angesichts der Fragmentarisierung der Alltags- und Schulalltagswelt das Arbeiten und Lernen im RU in einen Zusammenhang einzufügen, den die SchülerInnen als typisch RU und als typisch biblisch-christlich erkennen können. Sie hält dafür, dass – vergleichbar dem Fremdsprachenunterricht, in dem von Anfang an nicht nur über Englisch, sondern Englisch geredet wird – im konfessionellen RU von Anfang an »biblisch geredet« wird.

In Bezug auf Bibelwissen kann man anhand der in den Lehrplänen angegebenen Lernziele unterscheiden zwischen dem herkömmlichen »Bibelwissen«, dem »Bibelbuchwissen«, dem »Bibelbuchkönnen« und dem »Bibelle-senkönnen«. Insbesondere bei der letzten Aufgabe, also der Vermittlung der Fähigkeit, mit Bibeltexten selbstständig umgehen zu können, ist der RU bislang nach der Einschätzung von *Hartmut Rupp* »grandios gescheitert«. Der Autor legt in seinem Beitrag ein »Instrumentarium« vor, das Schüler-Innen verschiedener Altersstufen ermöglichen kann, sich ein nachhaltiges Bibelwissen anzueignen und zu mündigen BibelleserInnen zu werden.

Zum Schluss der Einführung danke ich für tatkräftige Hilfe bei der Organisation der Tagung Frau Gaby Klößner und Frau Christina Klößner sowie für Hilfe bei der Einrichtung der Manuskripte Frau Andrea Jung-Weber.

ROMAN HEILIGENTHAL

Grußwort

der Hochschulleitung zur Tagung
»Biblische Theologie und schulischer RU«

Sehr gerne nehme ich die Gelegenheit wahr, Sie im Namen der Hochschulleitung und der Universität Koblenz-Landau zu der heute beginnenden Tagung »Biblische Theologie und schulischer RU« in Landau zu begrüßen. Das Thema der Tagung, in der es um den schulischen Religionsunterricht gehen wird, ist gerade in diesen Tagen ein sehr aktuelles. In der letzten Woche, genauer gesagt am 10.11.05, hat sich die Synode der Evangelischen Kirche in Deutschland (EKD) mit dem Religionsunterricht im Fächerspektrum der Schule beschäftigt. »Das Kirchenparlament reagierte damit auf Beratungen der Kultusministerkonferenz, bei denen es um eine neue Vereinbarung zur gymnasialen Oberstufe und zur Abiturprüfung geht.« (epd-Wochenspiegel vom 17.11.05) Es hat sich deutlich dafür ausgesprochen, dass das Fach Religion nicht geschwächt werden dürfe und in der gymnasialen Oberstufe verpflichtendes Fach (mit der Alternative »Ethik«) bleiben müsse. Auch an der Wählbarkeit des Faches Religion für das schriftliche und mündliche Abitur müsse festgehalten werden.

Wenn das verpflichtende Fach Religion (bzw. Ethik) in der gymnasialen Oberstufe nicht mehr fraglos selbstverständlich scheint, ist es umso dringender, dass diejenigen, die auf den verschiedensten Ebenen Verantwortung für die Gestaltung des Faches Religion tragen, neu nachdenken. Es muss wieder aufs Neue definiert werden, welchen Beitrag das Fach für die Bildung und Werteerziehung junger Menschen leistet und wie zeitgemäßer Religionsunterricht aussieht. Die europäischen Gesellschaften als Teil einer globalisierten Welt sind heute mehr denn je gefragt, Antworten zu finden auf Fragen folgender Art:

– Wie gehen wir mit Gewalt um?
– Was macht die Identität Europas aus?
– Was bedeutet »Bewahrung der Schöpfung«?
– Welches Maß an Solidarität erlauben wir uns?
– Wie wahren wir die Menschenrechte?
– Wie gehen wir mit Fremden und Fremdem um?

Nichts liegt für uns, meine sehr geehrten Damen und Herren, die wir auf je eigene Weise mit Religionsunterricht zu tun haben, näher, als ad fontes zu gehen und uns nicht zuletzt angesichts dieser Herausforderungen biblischen Texten zuzuwenden. In den nächsten zwei Tagen wollen Sie u. a. gemeinsam der Frage nachgehen, welche biblischen Texte und welche Aussagen biblischer Theologie im Religionsunterricht eine Rolle spielen / spielen könnten. Möglicherweise können auch von biblischen Texten, die bisher eher nicht im Religionsunterricht behandelt wurden, wichtige Impulse ausgehen. Lehrpläne für Schüler und Schülerinnen höherer Klassenstufen vermitteln mir bisweilen den Eindruck,

- als müsse die Bibel vor den Schülern und Schülerinnen geschützt werden,
- als sei die Entdeckung der Zeitgebundenheit der Sprache und der Bilder der biblischen Texte der Bibel abträglich.
- als gäbe es die Gefahr, dass die Bibel mit ihren Widersprüchen, ihren Ecken und Kanten Schülerinnen und Schüler verunsichern könnte,
- als könnten die genannten Widersprüche und Brüche zur Abwendung von der Bibel führen.

Dagegen zu halten ist: Die Breite der biblischen Zeugnisse bietet Chancen zur Entdeckung der Vielfalt von Gotteserfahrungen, von Gottesbildern und christologischen Vorstellungen. Biblische Texte – dem Alter der Schüler angemessen – auch mit ihren Ecken und Kanten im Unterricht zu behandeln, eröffnet Schülerinnen und Schülern vielfältige Möglichkeiten: Es lässt sie in diesen Texten auch etwas ihnen Bekanntes entdecken: Widersprüchlichkeiten, unterschiedliche Vorstellungen und unlösbar scheinende Probleme. Das hebt die Erfahrungen, von denen diese Texte *auch* sprechen, nicht auf, Erfahrungen mit Gott, mit Menschen und mit gelungenem Leben. Und es eröffnet Schülern die Chance zu erkennen, dass biblische Gottesbilder und Vorstellungen nicht ein für alle Mal zu Ende gedacht sind, sondern in ihrer zeitgebundenen Form und Sprache in unsere Zeit übertragen und übersetzt werden müssen *und* können.

Meine sehr geehrten Damen und Herren, viel ließe sich zu diesem Thema sagen. Mein Part ist aber nicht der, ein Referat zu halten, sondern ein Grußwort zu sprechen und einige Impulse zu geben. Die *inhaltliche* Diskussion wird in den nächsten beiden Tagen geführt. Und so wünsche Ihnen eine anregende, interessante Veranstaltung sowie einen angenehmen Aufenthalt in der herbstlichen Südpfalz.

Alttestamentliche Beiträge

Karin Finsterbusch

Gottes Stimme leisen Schweigens

Zur Gottesvorstellung von I Reg 19 mit Blick auf die Elia-Einheiten im RU

Der Prophet Elia (im Folgenden nach dem Hebräischen: Elijahu) ist laut Lehr- bzw. Bildungsplänen in einigen Bundesländern im Rahmen der Einheit Prophetie im ev. RU in Sek I zu behandeln. Eine vollständige Sichtung der einschlägigen Lehrbücher und Unterrichtshilfen war in diesem Rahmen nicht möglich, überprüft wurde aber die im Lehrplan von Rheinland-Pfalz empfohlene Literatur zu I Reg 19, dem zentralen Kapitel der Erzählungen über Elijahu,[1] sowie weitere in Rheinland-Pfalz und in Baden-Württemberg erstellte Unterrichtshilfen.[2] Besonderes Augenmerk war dabei auf die nicht einfache Gottesvorstellung des Kapitels zu richten. Die Sichtung der Literatur ergab in Bezug auf die Gottesvorstellung von I Reg 19 eine eindeutige Tendenz: Der Text wird verkürzt behandelt, damit einher geht eine Verharmlosung der Gottesvorstellung.[3] So soll, um hier nur zwei Beispiele anzuführen, nach den Autoren des Unterrichtsvorschlages in den Unterrichtsideen 8/1 die Erzählung von I Reg 19,9–15(!) zeigen, dass Elia Gott am Horeb neu erfährt: »Gottes Stärke liegt in seiner Sanftheit.«[4] Bezeichnend ist auch der Kommentar zu der Erzählung von I Reg 19,9–16(!) im Rahmen eines Unterrichtsbausteins in der baden-württembergischen religionspädagogischen Zeitschrift *entwurf*: »Der eifernde Elia nimmt den leisen, sanften Gott zunächst ebenso wenig wahr wie der heute nach außen gerichtete Mensch ... Elias Wanderschaft endet in einer helfenden Erfahrung. Er erfährt Zuwendung und begegnet einem Gott, der den Schwachen und Verzweifelten nicht verläßt.«[5] Zur

---

1 Im Lehrplan Evangelische Religion Sekundarstufe I (Klassen 7–9/10) von Rheinland-Pfalz, S. 65 (vgl. auch die Einführung auf S. 57) wird den LehrerInnen zu Elijahu folgende Literatur empfohlen: Kursbuch Religion 2000 7/8; Spurenlesen 7/8, und Unterrichtsideen Religion 8/1.

2 Dies erklärt sich durch den beruflichen Werdegang der Verfasserin, der von Baden-Württemberg ausgehend schließlich nach Rheinland-Pfalz führte. Laut Bildungsplan Baden-Württemberg von 1994 gilt: Lehrplaneinheit 8.2. (W): Elija: Gott neu sehen (HS); Lehrplaneinheit 8.2. (W): Elija: Gott ist anders (RS); Lehrplaneinheit 8.2. (W): Gott ist anders: Judit oder Elija (Gym); nach den neuen Bildungsstandards für Evangelische Religionslehre ist in der RS Prophetie als »Themenfeld« in den Klassen 7/8 vorgeschrieben.

3 Die gleiche Tendenz lässt sich auch in Bezug auf Predigten über I Reg 19 ausmachen, vgl. dazu die Analyse von Oeming, Testament, S. 313ff.

4 Kalmbach/Hartenstein, Elija, S. 11, in den Unterrichtsideen Religion 8/1.

5 Von Dincklage, Elia, S. 41. In diesem Sinn auch Hartenstein, Elia, S. 23: »Aber Gott war auch nicht im Feuer. Plötzlich war da eine große Stille und in ihr ein sanfter Hauch. [...] Elia stand

Verdeutlichung der Verkürzung: Weder nach V. 15 noch nach V. 16 verläuft eine Abschnittsgrenze, als Abschnitt ist vielmehr, dies ist in wissenschaftlicher Hinsicht Konsens, I Reg 19,1–18 zu bestimmen.[6] Zur Verdeutlichung der Verharmlosung: Im Horizont des gesamten Abschnitts ist JHWH nichts weniger als »sanft«. Um dies auszuführen, sollen im Folgenden in einem ersten Schritt die zentralen Aussagen in I Reg 19,1–18[7] in den Blick genommen werden, wobei die Untersuchung weitgehend auf der synchronen Ebene bleiben wird.[8] In einem zweiten Schritt soll dargelegt werden, worin der Wert der Erzählung I Reg 19,1–18 für den RU zu sehen ist.

1. Die Begegnung Elijahu-JHWH am Choreb (I Reg 19,1–18)

I Reg 19,1–18 ist Teil der Erzählungen über Elijahu, die im ersten und zweiten Buch der Könige zu finden sind. Die »erzählte Zeit« ist die erste Hälfte des 9. Jh. v. Chr.; auf dem Thron des Nordreiches Israel sitzt Achab, der mit Isebel, einer Königstochter aus Sidon, verheiratet ist. Der Prophet Elijahu gehört zu den Vorläufern der sog. Schriftpropheten, also jener Männer, die ab Mitte des 8. Jhs. v. Chr. in Israel und Juda auftraten und in deren Namen Bücher überliefert sind. In der Hebräischen Bibel folgen

---

vor der Höhle und wußte: Gott braucht Menschen, die sich von seinem sanften Hauch tragen und bestimmen lassen, die keine Gewalt ausüben. Er wollte lernen, solch ein Mensch zu werden.« Vgl. auch noch Kursbuch Religion 2000 7/8, S. 117, und die neue Ausgabe Kursbuch Religion Elementar 7/8, S. 120f.

6 Goodmann-Thau, Prüfungen, lässt in ihrer Auslegung der Eliageschichten I Reg 19 mit V. 14 enden; Schilling, Stimme, und Kübler/Rieder, Gott, lassen die Geschichte mit V. 13 enden; nach dem Kursbuch Religion 2000 7/8, soll den SchülerInnen das Kapitel I Reg 19 nur bis V. 16 vorgestellt werden. Doch erst mit der Berufung Elishas (I Reg 19,19–21) beginnt in I Reg 19 ein neuer Abschnitt.

7 Die Literatur zu I Reg 19,1–18 kann in diesem Rahmen nicht vollständig berücksichtigt werden, vgl. außer den Kommentaren noch Steck, Überlieferung; Seybold, Elia; Smend, Wort; Hentschel, Elijaerzählungen; Childs, Reading; Machholz, Psalm 29; Schmodt, Begegnung; Robinson, Elijah; Wagner, Elia; von Nordheim, Prophet; Seidl, Mose; Thiel, Elias; ders., Ursprung; Jeremias, Anfänge; Vincent, Aspekte; Vorndran, Dialog; Oeming, Testament; Blum, Prophet; Gese, Bedeutung; Höffken, Aspekt; Beck, Elia, S. 123–139; Otto, Jehu, S. 151ff.; Meinhold, Mose; Lehnart, Prophet.

8 Der Abschnitt lässt sich als sinnvolle Einheit lesen, in diesem Sinne auch Childs, Reading; Wagner, Elia; Beck, Elia, S. 123ff.; nichtsdestotrotz sind deutliche Spuren redaktioneller Bearbeitung zu erkennen, vgl. dazu insbesondere die Kommentare; zu den textkritischen Problemen von I Reg 19 siehe vor allem die entsprechenden Ausführungen von Lehnart, Prophet, S. 241ff. Bezüglich des diachronen Profils des Textes ist bislang kein Konsens erzielt worden; einen knappen, instruktiven Überblick über die verschiedenen Positionen hinsichtlich der Genese des Textes bieten von Nordheim, Prophet, S. 130ff.; Vorndran, Dialog, S. 417–419, und Otto, Jehu, S. 185ff., Anm. 161. Kein Konsens besteht auch in Bezug auf die formgeschichtliche Einordnung des Textes, siehe dazu die Übersicht bei Oeming, Testament, S. 304f.

(anders als im christlichen, bezüglich des Aufbaus auf jüdisch-griechischer Tradition fußenden »Alten Testament«)[9] auf die Tora die sog. »vorderen Propheten« (also die Bücher Josua, Richter, I und II Sam sowie I und II Reg), dann die Schriftpropheten. Über keinen anderen Propheten wird in den Büchern der »vorderen Propheten« so ausführlich erzählt wie über Elijahu. Die Erzählungen über Elijahu stimmen, wenn man so will, in besonderer Weise auf die Botschaften der großen Propheten Israels ein.

Der Abschnitt I Reg 19,1–18 lässt sich grob in zwei Teile teilen: Der Weg Elijahus zum Horeb (V. 1–8) und die Gottesoffenbarung am Horeb (V. 9–18). Zunächst soll auf I Reg 19,1–8 eingegangen werden:

[1] Und Achab sagte zu Isebel alles, was Elijahu getan hatte, nämlich alles bezüglich seiner Tötung aller Propheten mit dem Schwert.

[2] Und Isebel schickte einen Boten zu Elijahu mit folgender Botschaft: »So sollen die Götter tun, so hinzufügen, wenn ich nicht morgen um diese Zeit dein Leben wie das Leben eines von ihnen gleich mache.«

[3] Und er fürchtete sich, stand auf und lief um sein Leben und kam nach Beer Sheva, das zu Juda gehört. Und dort ließ er seinen Knaben (Diener) zurück.

[4] Und er ging in die Wüste, einen Tagesmarsch. Als er so weit gekommen war, setzte er sich unter einen[10] Ginsterstrauch. Und er wünschte sich zu sterben und sprach: »Es ist nun genug, JHWH, nimm mein Leben, denn ich bin nicht besser als meine Väter.«

[5] Und er legte sich nieder und schlief unter einem Ginsterstrauch, und siehe, ein Bote rührte ihn an und sprach zu ihm: »Steh auf und iss.«

[6] Und er blickte sich um und siehe, zu seinem Haupt ein auf Glühsteinen gebackenes Gebäck und ein Wasserkrug. Und er aß und trank und legte sich wieder hin.

[7] Und der Bote JHWHs kehrte ein zweites Mal wieder und rührte ihn an und sprach: »Steh auf, iss, denn zu weit ist der Weg für dich (ohne diese Stärkung).«

[8] Und er stand auf und aß und trank, und er ging in der Kraft dieser Stärkung[11] vierzig Tage und vierzig Nächte bis zum Gottesberg Choreb.

V. 1 knüpft zweifellos an die Erzählung vom Gottesurteil auf dem Karmel in I Reg 18 an. Doch liest man in I Reg 19,1 mit Erstaunen, dass der JHWH-Prophet Elijahu alle Propheten mit dem »Schwert« (*chereb*) getötet hat. In I Reg 18 wird lediglich erzählt, *dass* Elijahu die Baalspropheten im Zuge des Gottesurteils umbrachte. Die Erwähnung des Schwertes erstaunt auch aus dem Grund, da es nach Ausweis der biblischen Texte nicht die Regel war, dass Propheten ein Schwert besaßen bzw. mit einem solchen im Rahmen ihres Auftrags agierten.[12] Zu vermuten ist also, dass dieses erzählerische Detail eine besondere Bedeutung im Abschnitt I Reg 19,1–18 hat.

---

9 Vgl. dazu Zenger, Einleitung, S. 28ff.

10 Das Zahlwort »eins« ist in V. 4a fem., in V. 5a mask. Eine ähnliche Inkonsistenz begegnet in V. 11a noch einmal.

11 Wörtlich: Speise. »Stärkung« umfasst das im Text (V. 8a) erwähnte Essen *und* Trinken Elijahus.

12 Nur noch an zwei Stellen in der Hebräischen Bibel wird ein Schwert mit einem prophetischen Auftrag in Verbindung gesetzt: Nach Ez 5,1ff. muss der Prophet Ezechiel im Rahmen einer

Nach V. 2 droht Isebel dem Propheten durch einen königlichen Boten die Tötung binnen 24 Stunden an. Elijahu flieht daraufhin aus dem Nordreich nach Beer Sheva in Juda (V. 3); von dort aus geht er eine Tagesreise weit alleine in die Wüste (V. 4a). Unter einem Ginsterstrauch bittet er schließlich JHWH, sein Leben (*nefesh*) zu nehmen, denn »ich bin nicht besser als meine Väter«.[13] Der Satz wird zu Recht von der Mehrheit der ExegetInnen so verstanden, dass Elijahu sich selbst als an seiner Aufgabe gescheitert ansieht, insofern er auch nicht mehr Erfolg hatte als seine »Väter«, d.h. seine prophetischen Vorgänger im Amt.[14] Die Botschaft Elijahus hat also nichts gefruchtet. Diese Deutung steht zwar in einer gewissen Spannung zu der in I Reg 18 erzählten positiven Reaktion von König und Volk auf das Gottesurteil am Karmel. Doch vielleicht wollte der Erzähler von I Reg 19 die – doch wohl mit Billigung Achabs – ergangene Drohung Isebels so verstanden wissen, dass sie der Grund für Elijahu war, an der Nachhaltigkeit der Umkehr von König und Volk zu zweifeln.[15] Isebels Drohung aufgrund des gewaltsamen Vorgehens Elijahus ist demnach das Zeichen für den Propheten, dass dieser Weg ein falscher Weg war und seine Mission vor JHWH als gescheitert gelten muss.

Die Antwort auf Elijahus Begehren erfolgt indirekt: Zweimal erscheint ein göttlicher Bote, zweimal muss sich Elijahu stärken[16] und wird schließlich aufgefordert, sich wieder auf den Weg zu machen (V. 5–7).[17] Daraufhin

---

Zeichenhandlung ein Schwert benutzen; nach Jes 49,2 hat JHWH den Mund des Gottesknechtes »wie ein scharfes Schwert« ausgestattet.

13 Nach Steck, Überlieferung, S. 25, ist »die Zuweisung von V. 1–3a und 4b.5–6 an ein und dieselbe Überlieferungsschicht [...] schon deshalb kaum zutreffend, weil der Erzähler von V. 1– 3aa (Redaktor) Elia fortziehen läßt wvpn la (vgl. 2 Kön 7,7), die Szene selbst aber voraussetzt, daß Elia nicht fortgeht, um zu überleben, sondern um zu sterben«; so auch Hentschel, 1 Könige, S. 116. Dagegen lässt sich einwenden, dass die Flucht Elijahus nicht dem Ziel dienen muss, weiterzuleben: Sie bedeutet im Kontext doch wohl vor allem, dass Elijahu sein Leben nicht der weltlichen Macht überlassen will. Vgl. auch Seebaß, Art. Elia I, S. 501: »Anstößig wirkt Elias Furcht vor Isebels Drohung 19,1f; aber als späte Interpretation der folgenden Erzählung ist nicht die Furcht einfach ums Leben (vgl. V. 4b), sondern um den Sinn dieser seinen Auftrag nicht durchsetzenden *nephesch* gemeint – so wie Mose seinen Auftrag wegen Apostasie des Volkes am Sinai bedroht fand Ex 32,9–14.« In diesem Sinn auch noch Höffken, Aspekte, S. 76.

14 Vgl. etwa Steck, Überlieferungsgeschichte, S. 27, Anm. 1; Hentschel, 1 Könige, S. 116f.; Würthwein, Buch der Könige, S. 229; Jeremias, Schriftprophetie, S. 487f.; Otto, Jehu, S. 186f. Darüber hinausgehend erwägt Crüsemann, Elia, S. 55f., mit m.E. wenig plausiblen Gründen, die »Väter« im Sinn der drei Erzväter Israels zu verstehen.

15 Vgl. dazu auch Blum, Prophet, S. 286, 290.

16 Die Wiederholung hat hier wohl intensivierende Bedeutung, »nur zweimalige Speisung kann ihn [Elijahu] aus dem Status seiner Lebensabgewandtheit befreien«, Höffken, Aspekte, S. 74. Vgl. auch unten Anm. 29.

17 Crüsemann, Elia, S. 56f., macht darauf aufmerksam, dass bei der Beauftragung durch den Boten in V. 7 dasselbe hebräische Wort benutzt wird, das Elia vorher »bei der Todesbitte an Gott benutzt hat (*rab*; weit/genug V. 4). Es geht aber nicht um ein Ende, sondern um einen Anfang. So erfüllt Gott Elias Bitte, so nimmt Gott das Leben, die Seele (*näfäsch*) des Propheten.«

geht der Prophet vierzig Tage und Nächte bis zum Gottesberg Choreb (V. 8).

Das Motiv der »vierzig Tage und Nächte« sowie das Motiv des Gottesbergs verweisen auf die Sinai- und Moseüberlieferungen in den Büchern Exodus und Deuteronomium:[18] Demnach war Mose vierzig Tage und Nächte auf dem Sinai bei JHWH; in dieser Zeit erfuhr Mose Weisungen; der Sinai war der Ort der Offenbarung der Tora und des Bundesschlusses JHWHs mit dem Volk Israel. Die Anspielungen auf diese Überlieferungen sind mit an Sicherheit grenzender Wahrscheinlichkeit intentional, ihre Intention ist jedoch nicht leicht zu ermitteln. Im Hinblick auf V. 8 ist hierzu Folgendes zu bemerken: Es ist schon immer aufgefallen, dass für den Sinai die vor allem in der deuteronomischen Theologie und in ihrem Umfeld vorkommende Bezeichnung »Choreb« gewählt wird.[19] Nach dem *Sinn* dieser Bezeichnung in I Reg 19 wurde, soweit mir bekannt ist, bislang jedoch nicht gefragt. Er erschließt sich, wenn man beachtet, dass *Choreb* im Hebräischen (das ursprünglich reine Konsonantenschrift war) dieselben Konsonanten wie *chereb* (»Schwert«) hat: Der Sinai ist, wie hier im Vorgriff auf V. 9ff. bemerkt werden soll, nunmehr nicht der Ort der Offenbarung von Gottes Weisung für Israel, sondern der Ort, von dem aus der Prophet einen Auftrag bekommt, bei dem das »Schwert« eine zentrale Rolle spielen wird. Mit der Bezeichnung *Choreb* wird zudem der Bogen zu dem erzählerischen Detail von V. 1 zurückgeschlagen, nämlich dass Elijahu mit dem »Schwert« die Baalspropheten getötet hat. Im Licht der Bezeichnung des Gottesberges als *Choreb* erscheint das Agieren des Propheten mit dem Schwert nicht als kritikwürdiges Vorgehen, sondern als ein Vorgeschmack auf das, was in Zukunft in Israel geschehen wird.

Nicht nur anhand der Schlüsselworte »Schwert« (*chereb*) und »Choreb« lässt sich im Hinblick auf V. 1–8 zeigen, dass der Erzähler diesen Abschnitt sorgfältig komponiert hat. Er weist folgende konzentrische Struktur auf:

---

18 So die Mehrheitsmeinung vgl. etwa Steck, Überlieferungsgeschichte, S. 110–125; Seybold, Elia, S. 10f.; Wagner, Elia, S. 421f.; Seidl, Mose; Thiel, Ursprung, S. 38; Jeremias, Schriftprophetie, S. 486f.; Vincent, Aspekte, S. 22ff.; Vorndran, Dialog, S: 422f.; Blum, Prophet, S. 289; Gese, Bedeutung, S. 139; Lehnart, Prophet, S. 245f. Nach Gese, Tod, S. 46, und Otto, Jehu, S. 187, wird Elia in den Erzählungen sogar als »Moses redivivus«, als zweiter Mose, dargestellt. Skeptisch äußerst sich diesbezüglich Crüsemann, Elia, S. 57: »Meist glaubt man, hier [in der Erwähnung der vierzig Tage und Nächte in V. 8] eine Erinnerung an die Zeit zu hören, die Mose auf dem Sinai blieb [...]. Aber was sollte ein solcher Vergleich besagen? Einen exakten Zusammenhang gibt es weder sprachlich noch sachlich.« Skeptisch äußern sich diesbezüglich auch Beck, Elia, S. 136f., und Meinhold, Mose, S. 29.

19 Zur Verwendung des Namens Choreb in dtn/dtr Tradition vgl. insbesondere Perlitt, Sinai. Der Hinweis, dass die Bezeichnung Choreb hier auf die dtr Redaktoren der Königsbücher zurückgeht, in diesem Sinne etwa Würthwein, Bücher der Könige, S. 227; Crüsemann, Elia, S. 53; Meinhold, Mose, S. 33, reicht zur Erklärung der Verwendung des Namens Choreb in I Reg 19 m.E. nicht aus.

Schwert (*chereb*)
Königlicher Bote und Flucht Elijahus (V. 3: *wajakom wajelech*)
Krise des Propheten
Göttlicher Bote und Weg Elijahus vierzig Tage und Nächte (V. 8: *wajakom wajelech*)
Horeb (*choreb*)

Im Mittelpunkt des Abschnitts steht demnach die *Krise des Propheten in Bezug auf sein Prophetenamt*. Dieses Thema spielt auch im folgenden Teil (V. 9–18), in der Offenbarung JHWHs am Choreb, eine zentrale Rolle:

[9] Und er kam dort (am Choreb) in die Höhle und übernachtete dort. Und siehe, das Wort JHWHs erging an ihn und sprach zu ihm:»Was willst du hier, Elijahu?«
[10] Er sprach:»Eifrig geeifert habe ich für JHWH, den Gott der Heerscharen! Denn verlassen haben die Kinder Israels deinen Bund, deine Altäre (haben sie) zerstört und deine Propheten mit dem Schwert getötet und übrig geblieben bin ich alleine und nun trachten sie mir nach dem Leben.«
[11] Und es (das Wort JHWHs) sprach:»Gehe hinaus und stell dich hin auf den Berg vor JHWH. Und siehe, JHWH wird vorüberziehen.«[20] Und (es kam) ein mächtiger Sturmwind und stark, die Berge zerreißend und die Felsen zerbrechend[21] vor JHWH her. Doch JHWH war nicht im Sturmwird. Und nach dem Sturmwind ein Erdbeben. Doch JHWH war nicht im Erdbeben.
[12] Und nach dem Erdbeben ein Feuer. Doch JHWH war nicht im Feuer. Und nach dem Feuer eine Stimme leisen Schweigens.
[13] Und es geschah, als Elijahu hörte, da hüllte er sein Gesicht in seinen Mantel, ging hinaus und stellte sich hin an den Eingang der Höhle. Und siehe, eine Stimme erging an ihn und sprach:»Was willst du hier, Elijahu?«
[14] Er sprach:»Eifrig geeifert habe ich für JHWH, den Gott der Heerscharen! Denn verlassen haben die Kinder Israels deinen Bund, deine Altäre (haben sie) zerstört und deine Propheten mit dem Schwert getötet und übrig geblieben bin ich alleine und nun trachten sie mir nach dem Leben.«
[15] Und JHWH sprach zu ihm:»Geh deinen Weg zurück durch die Wüste nach Damaskus. Bist du dort angekommen, salbe Chazael zum König über Aram

---

20 Das Partizip ist aus inhaltlichen Gründen nicht präterital zu übersetzen, so aber z.B. Höffken, Aspekte, S. 72f. Die präteritale Übersetzung impliziert, dass das Vorüberziehen JHWHs mit V. 12 abgeschlossen ist, doch dann wäre die Funktion der Theophanie für die Erzählung schwierig zu bestimmen (häufig wurde sie deshalb auch als ein späterer Einschub angesehen). Die futurische Übersetzung von V. 11a hält die Möglichkeit offen, dass das Vorüberziehen JHWHs ein Prozess ist, der mit V. 12 nicht beendet sein muss, s.u. Zu der futurischen Übersetzung des Partizips vgl. die LXX-Übersetzung z.St.; Robinson, Elijah, S. 520f.; Schmoldt, S. 22f.; Fritz, Könige, S. 173; Vorndran, Dialog, S. 420; Beck, Elia, S. 123.»Die ganze Theophanieschilderung (V.11d–12c) als ankündigende Rede aufzufassen«, so etwa Seidl, Mose, S. 15f., überzeugt nicht, denn dann müsste man annehmen, dass die Schilderung der Theophanie im Text weggefallen ist, in diesem Sinn auch Beck, Elias, S. 129.

21 In dieser Zeile wechselt unvermittelt das Genus – eine literarische »Laune« des Erzählers oder eines Redaktors? Ein Genuswechsel ist grammatisch jedenfalls durchaus möglich, so zu Recht Lehnart, Prophet, S. 249. Siehe auch noch oben Anm. 10.

[16] und Jehu, Sohn des Nimshi, salbe zum König über Israel und Elisha, Sohn des Shafat aus Abel Mechola, salbe zum Propheten statt deiner.

[17] So soll es geschehen: Wer (in Israel) dem Schwert Chazaels entrinnt, den wird Jehu töten, und wer dem Schwert Jehus entrinnt, den wird Elisha töten.

[18] Doch ich werde in Israel einen Rest von siebentausend (Menschen) lassen, alle Knie, die sich nicht beugten vor Baal, und jeden Mund, der ihn nicht küsste.«

Der Ablauf der in V. 9–18 erzählten Ereignisse ist nicht ganz einfach zu bestimmen: Nach V. 9 geht Elijahu in die Höhle des Berges Choreb,[22] um dort zu übernachten. In der Höhle ergeht das Gotteswort an ihn: Elijahu wird nach seinem Anliegen gefragt und schließlich aufgefordert, aus der Höhle herauszugehen und sich vor JHWH hinzustellen. Elijahu kommt dieser Aufforderung nach dem Wortlaut des Textes erst in V. 13 nach.[23] Die in V. 11 f. erzählte Theophanie JHWHs muss also erfolgen, während Elijahu noch in der Höhle ist. Bei der Theophanieerzählung werden zunächst traditionelle Theophaniemotive genannt, wobei betont wird, dass JHWH nicht im Sturmwind, nicht im Erdbeben und nicht im Feuer ist – Sturmwind, Erdbeben und Feuer sind also nur Begleiterscheinungen der Offenbarung JHWHs.[24] In Bezug auf die in der Hebräischen Bibel analogielose Formulierung »eine Stimme leisen Schweigens« (*kol demmamah dakka*) fehlt eine entsprechende Bemerkung und dies kann nur bedeuten, dass diese »Stimme leisen Schweigens« der Ausdruck von JHWHs – wohl nur durch paradoxe Formulierung aussagbarer – Präsenz ist. Nach V. 13a »hört« Elijahu. »Hören« steht absolut, es kann sich im Kontext nur auf die Geräusche von Wind, Erdbeben, Feuer und schließlich auf die »Stimme leisen Schweigens« beziehen. Elijahu hört, verhüllt sein Haupt und verlässt die Höhle.

---

22 Die Höhle ist determiniert – es geht also um eine bestimmte Höhle. Vielfach wird angenommen, dass hier auf den in Ex 33,21 f. erwähnten Felsspalt, in dem Mose sich vor JHWHs Herrlichkeit verbarg, angespielt wird, vgl. etwa Seybold, Elia, S. 10. Plausibel ist aber auch die Deutung von Crüsemann, der darauf verweist, dass der Minister Obadja nach I Reg 18,4.13 jeweils 50 Propheten JHWHs in Höhlen verborgen hat. Die Höhle steht also nach Crüsemann für Schutz und Geborgenheit und symbolisiert zugleich »die Unmöglichkeit, öffentlich als Prophet zu wirken. Gott lockt ihn deshalb heraus – erst als er im Freien, geschützt nur durch seinen Prophetenmantel, noch einmal klagt, bekommt er Antwort. Sie besteht aus neuen, umfassenden Aufträgen. Propheten in der Höhle mögen in Sicherheit sein, Propheten können sie so nicht sein«, Crüsemann, Elia, S. 59.

23 Vgl. die Verben *ytz'* q. (hinaus gehen) und *'md* q. (hinstellen) in V. 11 und V. 13. Vgl. auch Steck, Überlieferung, S. 22, Anm. 1; Crüsemann, Elia, S. 58; Vorndran, Dialog, S. 417, und Blum, Prophet, S. 287.

24 In vielen biblischen Texten wird JHWHs Kommen unter der »erschrockenen Reaktion der Natur« beschrieben, vgl. dazu Jeremias, Theophanie; ders., Art. Theophanie, Sp. 337. In der Betonung, dass JHWH *nicht* im Sturmwind, Erdbeben und Feuer war, ist zudem »eine antikanaanäische Polemik [zu] sehen, weil in der kanaanäischen Religion mit jenen Naturerscheinungen die Theophanie Baals beschrieben wurde«, Würthwein, Buch der Könige, S. 230; vgl. auch noch Jeremias, Theophanie, S. 112 ff.; Macholz, Psalm 29; von Nordheim, Prophet, S. 143 f., und Beck, Elia, S. 134 f.

Die Verhüllung des Hauptes deutet darauf hin, dass JHWH als »Stimme leisen Schweigens« immer noch gegenwärtig ist – für die (unter ExegetInnen wenig erwogene)[25] noch *andauernde* Präsenz spricht auch, dass der Prophet sich ja nach V. 11a »vor JHWH« hinstellen soll – und dass Elijahu die göttliche Gegenwart nur »verhüllt« ertragen kann. Nach V. 13b redet Elijahu eine »Stimme« (*kol*) an, damit ist wohl die erwähnte göttliche Stimme gemeint.[26] Elijahu wird erneut nach seinem Anliegen gefragt. Nach seiner Antwort (V. 14) ergeht der Auftrag JHWHs an ihn (V. 15–18).

Im Einzelnen sollen hier nur einige wenige Erzählzüge hervorgehoben werden: Elijahu wird gefragt, was er am Choreb will (V. 9b).[27] Zu beachten ist, dass nach V. 8 der göttliche Bote Elijahu nur auf den Weg schickt – ohne ein Ziel zu nennen. Doch der Erzähler lässt Elijahu auch ohne diesbezügliche Angabe wissen, dass sein Weg zum Choreb führen soll. Nun kommt man aber nicht »einfach so« an den Gottesberg; wer sich in Gottes Gebiet begibt, muss sich fragen lassen, was er dort zu suchen hat. Elijahus Antwort ist genau genommen keine präzise Antwort auf die ihm gestellte Frage nach seinem Anliegen. Denn seine Antwort besteht aus einer kurzen Zusammenfassung seiner bisherigen Tätigkeit als Prophet und dem Eingestehen seines Scheiterns (V. 10): Er hat für JHWH »eifrig geeifert« (*kanno' kinne'ti*) – eine Formulierung, die gewalttätiges Vorgehen einschließt – denn das Volk hat JHWHs »Bund« verlassen. Das Verlassen des Bundes wird in zweifacher Hinsicht erläutert:[28] Das Volk hat JHWH nicht mehr als Gott verehrt (»JHWHs Altäre zerstört«) und die Mittler JHWHs, die Propheten, liquidiert. Elijahu hält sich demnach für den einzigen übriggebliebenen bundestreuen Israeliten, dessen Leben überdies in Gefahr ist. Was aber kann Elijahu am Gottesberg wollen, außer JHWH seine Situation vor Augen zu führen? Auch bei erneuter Befragung (V. 13b) kann er bezeichnender Weise keine andere Antwort geben (V. 14) – selbst die Anwesenheit JHWHs kann für ihn nichts ändern.[29] Die Geschichte Israels, die im gewis-

---

25 Vgl. die Problemanzeige von Seybold, Elia, S. 12: »Die Ursprünglichkeit des Theophanieteils in der Horebszene ist [...] nicht unbestritten. Hauptargument dagegen ist die scheinbare Beziehungslosigkeit dieses Teils innerhalb des Textzusammenhangs [...].« Zumeist wird die Theophanieerzählung auf die V. 11–13a beschränkt, vgl. etwa Macholz, Psalm 29, S. 329, und von Nordheim, Prophet, S. 137f.

26 Dieser Rückbezug ist wohl der Grund für den einzigen Unterschied im Wortlaut zwischen V. 9b (»Und siehe, das *Wort JHWHs* erging an ihn ...«) und V. 13b (»Und siehe, *eine Stimme* erging an ihn ...«), vgl. auch noch Hentschel, Elijaherzählungen, S. 74; Crüsemann, Elia, S. 63, und Otto, Jehu, S. 185, Anm. 161.

27 Insbesondere an der Verdoppelung der Frage Gottes bzw. der Klage Elias wurde oftmals Anstoß genommen und entsprechende literarkritische Schlüsse gezogen, vgl. etwa Steck, Überlieferung, S. 21f., und Smend, Wort, S. 526. Eine Gegenposition vertritt Beck, Elia, S. 127f.

28 In diesem Sinn auch noch Fritz, Könige, S. 177.

29 Der Sinn der Dublette im Endtext ist schwierig zu bestimmen, siehe die Überlegungen von Seybold, Elia; Höffken, Aspekte, S. 73f., und Oeming, Testament, S. 312. M.E. haben beide

sen Sinne durch den Bundesschluss mit Gott am Choreb begann, scheint Elijahu durch das aus seiner Sicht kollektive Verlassen des Bundes in dieser Stunde am Choreb zu enden; entsprechend scheint das Amt des Propheten keinen Sinn und keine Funktion mehr zu haben.

Elijahus Sichtweise wird von JHWH nicht geteilt. Er erhält einen dreifachen Auftrag: Elijahu soll drei Männer salben, nämlich Chazael zum König von Aram, Jehu zum König von Israel und Elisha zu seinem prophetischen Nachfolger (V. 15f.).[30] Die Aufgabe dieser drei Männer wird in V. 17 unmissverständlich beschrieben: Sie besteht in der Vernichtung der Bevölkerung Nordisraels. Im Zuge der geplanten Vernichtungsaktionen wird, wie JHWH dann Elijahu noch mitteilt, nur darum nicht das ganze Volk ausgelöscht werden, weil JHWH nach V. 18 siebentausend Menschen übrig lassen will, »alle Knie, die sich vor Baal nicht beugten, und jeden Mund, der ihn nicht küsste«.

Die Gottesrede ist in mehrerer Hinsicht aufschlussreich: Zum einen wird die Sichtweise Elijahus, er sei der einzige in Israel, der den Bund JHWHs nicht verlassen hat, ausdrücklich korrigiert. Es besteht – für JHWH allein sichtbar – ein sehr kleiner[31] »Rest«. Die Zahl, mit dem der Rest angegeben wird, enthält die Sieben: die Zahl der Heiligkeit und der Vollkommenheit.[32] Dieser Rest soll nach JHWHs Willen den Grundstock für den Fortgang der Geschichte mit seinem Volk in Bezug auf Nordisrael bilden. Zum zweiten ist zu beachten, dass die Vernichtung der Baal verehrenden Bevölkerung durch das »Schwert« erfolgen soll. Was Elijahu durch das Schwert quasi anfing (V. 1), sollen – sozusagen auf höchster autoritativer »weltlicher« und »geistlicher« Ebene – ein Heidenkönig, ein König Israels und ein Prophet Gottes durch das Schwert beenden.[33] Das gewaltsame Vorgehen Elijahus

---

Dubletten im Kapitel (zweimalige Speisung durch den Engel, zweimalige Frage durch JHWH) die Funktion, das Ausmaß der Krise des Propheten zu verdeutlichen.

30 Die Deutung, dass Elijahu sein Prophetenamt kündigen will und JHWH ihn entlässt, so von Nordheim, Prophet, bzw. dass JHWH Elijahu am Choreb kritisch beurteilt und durch Elisha ablösen will, so Robinson, Elijah, S. 528ff., wird durch den Kontext widerlegt: Elijahu wirkt weiter als Prophet, vgl. auch Oeming, Testament, S. 312.

31 »Gemessen an der Gesamtzahl der Bevölkerung, die auf etwa eine Viertelmillion Menschen geschätzt werden kann, ist die Zahl der treuen Jahweanhänger, die mit siebentausend angegeben wird, äußerst gering«, Fritz, Könige, S. 178.

32 Vgl. auch schon Hentschel, 1 Könige, S. 119; Würthwein, Buch der Könige, S. 231; zur Bedeutung der Zahl Sieben vgl. Otto, Art. שבע/שׁבוּעה.

33 Die Reihenfolge Chazael – Jehu – Elisha ist nicht im Sinne einer zeitlichen Reihenfolge gemeint, da z.B. Chazael erst nach den Ereignissen des Aufstandes von Jehu als Gegner Israels agierte; zudem ist der Auftrag nicht im wörtlichen Sinn zu verstehen, da Elijahu nur Elisha salbte, (was, so Jeremias, Schriftprophetie, S. 490, wohl zu Recht, »nicht erst die kritische Wissenschaft unseres Jahrhunderts, sondern schon der Erzähler selbst [wußte].«). Die Figuren repräsentieren jeweils unterschiedliche Autoritäten: Chazael repräsentiert die weltliche Autorität der Weltvölker; Jehu die weltliche Autorität Israels, Elisha die geistliche Autorität; vgl. auch schon Steck, Überlieferung, S. 92.

gegen die Baalspropheten am Karmel erscheint im Licht dieses Auftrags
damit ausdrücklich »gerechtfertigt«.

Dass auf dieser »Rechtfertigung« des Propheten ein wesentlicher Akzent
der Erzählung liegt, unterstreicht noch eine andere Beobachtung: Elijahu
muss sich laut V. 11a und V. 13a zum Wortempfang vor JHWH hinstellen.
Und in seinem Stehen vor JHWH »gleicht Elia [..] nur noch dem vielfältig
evozierten Mose«[34]. Durch dieses Motiv des Stehens vor JHWH stellt der
Erzähler also erneut eine Verbindung zwischen den Figuren Elijahu und
Mose her. Der Sinn dieser Verbindung erschließt sich hier m.E. vor allem
im Horizont der deuteronomischen Tradition, die Mose als ersten Propheten
Israels sieht;[35] zur Verdeutlichung des Gemeinten sei ein Auszug aus dem
sog. deuteronomischen Prophetengesetz (Dtn 18,9–22) zitiert:

[15] Einen Propheten aus deiner (scil. Israels) Mitte, aus deinen Geschwistern, wie mich
(scil. Mose), wird JHWH, dein Gott, (immer wieder) erstehen lassen, auf den sollt ihr
hören –
[16] gemäß allem, was du von JHWH, deinem Gott, am Choreb, am Tag der Versamm-
lung, erbeten hast: »Ich kann nicht länger die Stimme JHWHs, meines Gottes, hören
und dieses große Feuer kann ich nicht mehr sehen, ohne dass ich sterbe.«
[17] Und JHWH sagte zu mir: »Es ist gut, was sie sagten.
[18] Einen Propheten werde ich ihnen erstehen lassen aus der Mitte ihrer Geschwister
wie dich und ich werde meine Worte in seinen Mund legen und er wird zu ihnen alles
reden, was ich ihm gebiete.«

Nach dem deuteronomischen Prophetengesetz war der Choreb also sozusa-
gen der »Ursprungsort« für die Prophetie in Israel, Mose der erste Prophet.[36]
Abgesehen von Mose erhält von allen Propheten Israels nach Ausweis der
biblischen Texte nur noch der Prophet Elijahu einen Auftrag am Choreb.
Der Erzähler von I Reg 19 will mit diesem Erzählzug m.E. über Dtn 18
hinausgehend unterstreichen, was legitime Prophetie in der Nachfolge des
Mose – auch – sein kann: Prophetie, die Gottes Gerichtsplan in Wort *und*
Tat zur Durchsetzung verhilft.[37]

---

34 Blum, Prophet, S. 289.

35 Vgl. Meinhold, Mose, S. 29: »Wenn ein Mose-Typos für 1 Kön 19 in Betracht kommt,
dann ist es Mose als Prophet.« Nach Seidl, Mose, S. 22 (der in diesem Zusammenhang auf Arbeiten von Perlitt und Vanoni verweist) wird am »Überpropheten Mose dargestellt, daß es auch für
den Mittler des göttlichen Wortes Grenzen zu wahren und das Gesetz der göttlichen Transzendenz
zu beachten gilt. Daß sich der menschliche Prophet mit dem Sehen der Rückseite Gottes zu
bescheiden und auf das Hören und Ausführen des göttlichen Wortes oder der göttlichen Stimme zu
konzentrieren habe, ist die gemeinsame Bekehrungsbotschaft unserer beiden Texte in Abwehr und
Kritik offensichtlicher Grenzüberschreitungen und Anmaßungen prophetischer Rollenträger. Dies
wird an den Protagonisten Mose und Elija exemplifiziert.« M.E. dient die Verbindung der beiden
Figuren einem anderen Ziel, s.u.

36 Gemeinsame Schlüsselworte in I Reg 19,9ff. und Dtn 18,9ff. sind »Stimme« (JHWHs);
»Wort(e) JHWHs« und »Choreb«.

37 Diese Sicht vertreten – ohne auf das dtn Prophetengesetz zu verweisen – auch noch Jeremias, Schriftprophetie; Blum, Prophet, S. 288f.; Otto, Jehu, S. 187; dies., Composition, S. 507.

Abschließend ist noch auf die Gottesvorstellung von I Reg 19 einzugehen. Hierbei ist zunächst der Aufbau von I Reg 19,9–18 zu beachten, der zeigt, dass die Theophanie bzw. die Präsenz JHWHs als Stimme den Dreh- und Angelpunkt des Abschnitts bilden:

Übernachten des Propheten in der Höhle
    Wort JHWHs und Krise des Propheten
        Theophanie/Präsenz JHWHs als Stimme
    Stimme JHWHs und Krise des Propheten
Beauftragung des Propheten durch JHWH

»Gottes Wort« (V. 9a) hören auch andere Propheten, die »Stimme« am Choreb (V. 12b) nach Mose nur Elijahu. Der Sinn der Beschreibung von JHWHs Präsenz als »Stimme« in I Reg 19 erschließt sich, wenn man beachtet, dass im Fortgang erzählt wird, was die »Stimme« zu sagen hat. Der Erzähler legt ohne Zweifel größten Wert darauf, dass Gott »persönlich« seinen Auftrag Elijahu mitteilt.[38] Die Theophanie JHWHs (V. 11f.) ist also keinesfalls unter Absehung des göttlichen Auftrags an Elijahu (V. 15–18) auszudeuten.[39]

Der enge Bezug der Verse sollte auch Konsequenzen für die Übersetzung des änigmatischen hebräischen Ausdrucks *kol demmamah dakka* in V. 12b haben – jedes dieser Wörter hat verschiedene Bedeutungen.[40] In der Lutherübersetzung wird *kol demmamah dakka* als »stilles, sanftes Sausen« wiedergegeben, in der Einheitsübersetzung steht »sanftes, leises Säuseln«.[41] Doch JHWH offenbart sich Elijahu am Choreb nicht als säuselnder, sanfter Gott. Er ist nach dem biblischen Erzähler in dieser Stunde entschlossen, im Zuge seines Gerichts den Großteil Israels zu vernichten, und erteilt seinen Propheten und anderen zentralen Figuren der Geschichte diesbezüglich eindeutige Aufträge.[42] Von daher ist eine neutralere (wenn auch paradoxe) Übersetzung vorzuziehen – angemessen ist m.E. »Stimme leisen Schweigens«.[43]

---

38 »Das prophetische ›Wortereignis‹, sonst nur dem inneren Ohr des Propheten zugänglich, wird als die dem Gott Israels wesensadäquate Selbstmitteilung erwiesen«, Blum, Prophet, S. 287.

39 Vgl. auch Crüsemann, Elia, S. 63: »Man kann und darf also zwischen V. 12 und V. 13 nicht trennen oder einen tiefen Einschnitt vermuten. Wer V. 11f als abschließenden Höhepunkt des Textes ansieht, macht ein dienendes Element im Erzählablauf zur Hauptsache.«

40 Zu einer intensiven Diskussion bezüglich der Möglichkeiten der Übersetzung siehe Lust, Breeze; Robinson, Elijah, S. 522ff.

41 In der Züricher Bibelübersetzung steht: »Flüstern eines leisen Wehens«; Buber/ Rosenzweig, Bücher der Geschichte, z.St., übersetzen mit: »Stimme verschwebenden Schweigens«. Beide Übersetzungen sind problematisch, da sie implizieren, dass JHWH nicht präsent bleibt (»Wehen«; »verschwebend«).

42 In dieser Hinsicht verharmlost Crüsemann, Elia, S. 66, den Befund: »Allerdings geht es bei all dem letztlich nicht um Vernichtung, sondern um Rettung und Bewahrung.« Vgl. auch die Kritik von Beck, Elia, S. 130, Anm. 499.

43 Vgl. auch die »neutrale« Übersetzung von Gese, Bedeutung, S. 139: »Laut der ›dünnen Windstille‹«.

2. Der Wert der Erzählung I Reg 19,1–18 für den RU

Jede Generation wird Bibeltexte – auch – unter der Fragestellung lesen, welche Motive in diesen Texten besonders aktuell und lebensleitend sind.[44] Dagegen ist im Prinzip nichts einzuwenden. In Unterrichtshilfen und Lehrbüchern wird – ausgehend von I Reg 19,12 – ganz offenkundig JHWH, der sanfte, stille Gott, als lebensleitende Gottesvorstellung gesehen. Doch dürfte im Zuge der Exegese von I Reg 19 deutlich geworden sein, dass diese Gottesvorstellung mit den zentralen Aussagen des Kapitels nicht übereinstimmt. M.E. führt kein Weg daran vorbei, dass sich LehrerInnen und SchülerInnen auf den Gesamttext einlassen und sich dann mit einer Gottesvorstellung auseinandersetzen, die gewalttätige Züge trägt. Für eine solche Auseinandersetzung ist es zunächst hilfreich, sich die möglichen Intentionen des Erzählers vor Augen zu führen:

I Reg 19 ist, wie viele andere Bibeltexte auch, kein Text, der »historische Tatsachen« berichten, sondern der Geschichte deuten will.[45] Der biblische Erzähler, der wohl einige Jahrhunderte nach der »erzählten Zeit« lebte,[46] »erklärt« mit seiner Erzählung zum einen im Nachhinein die politischen Katastrophen, die das Nordreich ereilten und schließlich 722 v. Chr. zum Untergang dieses Reiches führten, wenn auch nicht zum Untergang der ganzen Bevölkerung: Zahlreiche Menschen flüchteten sich wohl in das Südreich Juda,[47] das bis 586 v. Chr. seine Eigenstaatlichkeit wahren konnte. Die Geschichte des Nordreiches wird so als Geschichte von menschlichem Ungehorsam und göttlicher Strafe gedeutet, die nahezu die ganze nordisraelitische Bevölkerung traf. Besonders zu beachten ist hierbei das eminent selbstkritische Potenzial, das in der Erzählung steckt: Der Erzähler ist zweifellos der Meinung, dass die Bevölkerung des Nordreichs (also quasi ein

---

44 Siehe für das 19. Jh. beispielsweise das berühmte Libretto von Mendelssohn, dazu Thiel, Elias.

45 Blum, Prophet, S. 288, spricht treffend von einer »Geschichtskonstruktion«.

46 Die genaue Datierung ist freilich umstritten: Nach Steck, Überlieferung, S. 95, bilden »die das Ende des 9. Jahrhunderts ausfüllenden Kämpfe zwischen Aram und Israel [...] die zeitgeschichtliche Lage, die zur Bildung der Horebszene geführt hat«; nach Seebaß, Art. Elia I, S. 498, ist I Reg 19* im 8. Jh., und zwar vor 722 v. Chr., entstanden; Oeming, Testament, S. 308, setzt den historischen Ort mit Thiel und Wagner um das Jahr 700 v. Chr. an; für Jeremias, Schriftprophetie, S. 489f., ist I Reg 19 so etwas wie eine Ätiologie der kritischen Gerichtsprophetie für Prophetenkreise des beginnenden 6. Jhs. v. Chr.; Blum, Prophet, S. 290, schließt eine Ansetzung von I Reg 19,1–18 vor dem 7. Jh. v. Chr. aus und hält eine Datierung in die frühnachexilische Zeit für möglich; Beck, Elia, S. 132, plädiert für eine nachexilische Entstehung; Otto vertritt eine Datierung ins 5. Jh. v. Chr. M.E. kennt der Verfasser des Grundtextes von I Reg 19,1–18 den Inhalt des dtn Prophetengesetzes, damit ist der Text nach 600 v. Chr. entstanden.

47 Vgl. Schoors, Königreiche, S. 95; Zwickel; Einführung, S. 100 (nach Zwickel wurde das Stadtgebiet von Jerusalem nach 722 v. Chr. von 30 ha = 7500 Einwohner auf 70 ha = 17500 Einwohner vergrößert).

Teil seines eigenen Volkes) zu Recht bestraft wurde. Mühe macht ihm also nicht etwa der gewaltbeladene Auftrag JHWHs und das damit verbundene gewalttätige Handeln der Propheten und der Könige, sondern einzig und allein das Verlassen des Bundes durch den – in der Perspektive seiner Erzählung – Großteil Nordisraels. Unüberhörbar steckt in dieser Deutung auch eine Warnung des Erzählers an seine Zeitgenossen: Das Gottesvolk ist dezimiert, eben ein »Rest« – und dieser Rest wird nur Zukunft haben, wenn er treu ist.

Zum anderen lotet der Erzähler im Zuge seiner Erzählung aus, was legitime Prophetie bedeuten kann: Propheten in der Nachfolge des Mose haben unter Umständen ein ausgesprochen schweres Amt inne, insofern ihr prophetischer Auftrag wesentlich ein auf Unheil und Vernichtung ausgerichteter sozusagen »politischer« Auftrag sein kann, der zu schweren persönlichen Krisen führen kann.[48] Elijahu ist das Paradigma für einen Gerichtspropheten, die Dimension von Gerichtsprophetie wird hier im Text drastisch vor Augen geführt.

Diese Darstellungsmuster gilt es zunächst einmal zu erkennen. An ihnen ist grundsätzlich zu lernen, dass hinter biblischen Gottesvorstellungen Erfahrungen stehen – Gottesvorstellungen sind keine Wesensdefinitionen und auch keine dogmatischen Aussagen.[49] Der Erzähler von I Reg 19 will JHWH nicht als »gewalttätigen Gott« festlegen, es geht ihm vielmehr darum, das sei hier nochmals betont, bestimmte Ereignisse als Handeln Gottes zu deuten bzw. für sich und seine Generation verständlich zu machen. Und das heißt in Gestalt seiner Erzählung Möglichkeiten zu eröffnen, mit diesen Ereignissen coram Deo umzugehen.

Vielleicht wird die Gottesvorstellung in I Reg 19 auf diesem Hintergrund »verständlicher«. Der Text zeigt jedenfalls wie viele andere biblische Texte in aller Deutlichkeit, dass sich der eine Gott angesichts der Erfahrungen in einer komplexen Welt nicht auf den »sanften« oder »lieben« Gott reduzieren lässt.[50] Insbesondere die Vorstellung von Gott als (gerechtem) Richter

---

48 Damit stimmt der Erzähler im Rahmen der »vorderen Propheten« die Leserschaft darauf ein, was – synchron gesprochen – bei den Schriftpropheten wie beispielsweise Amos, Hosea, Jesaja oder Jeremia begegnen wird. Vgl. auch Jeremias, Schriftprophetie, S. 490: »1 Kön 19 verdeutlicht, daß prophetische Funktion seit Elia etwas Furchtbares ist: Elia muß im Auftrag Gottes die Vernichtung des Gottesvolkes ins Werk setzen, Elisa muß sie sogar durchführen, terminologisch in nichts von den beiden blutrünstigen Königen unterschieden.« Siehe auch noch Seybold, Elia, S. 17f., und Beck, Elia, S. 133.

49 Siehe dazu insbesondere Vanoni, Vater, S. 18ff.

50 Vgl. auch Oeming, Testament, S. 324: »Ohne die Härten von 19,15–18 (und 18,40) würde die christliche Theologie das Problem der Gewalt vielleicht zu schnell verdrängen und auch die Verquickung von christlichem Glauben mit irdischer Brutalität allzu leicht ›vom Tisch wischen‹. Ohne die Intoleranz Elijas würde christliche Rede von Gott noch mehr allzu glatt im multikulturellen Synkretismus mittun. Elija ist ein wichtiger, unverzichtbarer theologischer Denkanstoss, ein ›Stachel im faulen theologischen Fleisch‹.«

ist weder im Alten noch im Neuen Testament eine »paränetische Randerscheinung«.[51] Und es ist auch heute durchaus möglich, dass Menschen Ereignisse (selbstkritisch) als gerechtes Gericht Gottes verstehen und dieses Verständnis zu Umkehr und Buße führt.

In aller Kürze soll hier noch auf ein in den letzten Jahren in der Exegese zunehmend beachtetes Problem eingegangen werden, das zwar streng genommen jenseits des Horizontes von I Reg 19 liegt, das aber mit dem Thema Gewalt und Gott eng zusammenhängt.[52] Bei weitem nicht alle Gewalterfahrungen werden von Verfassern biblischer Texte als *gerechtes* Gericht eingeschätzt, damit verbunden kann das Ausmaß der erfahrenden Gewalt unverhältnismäßig erscheinen.[53] Insbesondere in den Klagepsalmen nehmen die Verfasser unter anderem Bezug auf Widerfahrnisse, die sie Gott zuschreiben und die sie an die Grenzen ihres Fassungsvermögens bringen.

Nun ist eine der Fragen, die SchülerInnen in Sek I besonders umtreibt und die anlässlich der Lektüre von I Reg 19 durchaus gestellt werden könnte, diejenige, wie Gott generell Gewalt zulassen kann. In diesem Zusammenhang könnte m.E. mit Gewinn auf die Klagepsalmen verwiesen werden. An diesen Texten könnte gezeigt werden, dass theoretische Überlegungen zu der Frage, *warum* Gott Gewalt zulässt, kaum weiterführen, dass aber der *Umgang mit* Gewalterfahrungen entscheidend ist: Gewalterfahrungen ließen die Psalmbeter nicht verstummen, sie wurden nicht verdrängt, auch wurden sie nicht zum Anlass genommen, (theoretisch) *über* Gott zu reden, sondern sie wurden *Gott* geklagt.[54] Die Klagegebete des Psalters stehen aus biblischer Sicht für die Möglichkeit, Gewalterfahrungen (aus der Perspektive der Opfer) ungeschönt in Worte zu fassen *und* mit Gott im Gespräch zu bleiben.

Abschließend soll noch einmal dafür plädiert werden, Texte wie I Reg 19 nicht zu retuschieren. Es kann nicht darum gehen, die Gottesvorstellungen der Bibel von »dunklen Seiten« zu »reinigen«. Sie können einen Anstoß geben für den Versuch, Mühe machende Erlebnisse auf individueller und kollektiver Ebene mit dem einen Gott in Beziehung zu setzen. Biblische Texte wie I Reg 19 können insofern einen wichtigen Beitrag leisten,

---

51 Oeming, Testament, S. 323.

52 Zum Thema Gott und Gewalt in der Bibel kann hier nur eine Auswahl an Literatur genannt werden: Lohfink, Der gewalttätige Gott; Dietrich/Link, Die dunklen Seiten Gottes; Görg, Der unheile Gott; Bail, Schweigen; Braulik, Völkervernichtung; Groß, Gott als Feind; ders.; Zorn Gottes; Ebach, Wolkensäule; Butting, Träume; Miggelbrink, Der zornige Gott; Scoralick, Hallelujah; Baumann, Gottes Gewalt; dies.: Gewalttätige Gottesbilder.

53 So wird in einigen Texten das als Zorn gedeutete Handeln Gottes nicht in Zusammenhang mit menschlicher Schuld gesehen (z.B. Ps 60; 80; 88). Zum Thema der Unverhältnismäßigkeit göttlichen Handelns vgl. etwa die Anklage Threni 2,21b: »Du [JHWH] hast am Tag deines Zorns getötet; du hast geschlachtet, schonungslos.« Siehe zum Thema insbesondere Groß, Zorn, S. 215ff.

54 Vgl. zum Thema insbesondere Fuchs/Janowski u.a. (Hg.), Klage.

die Tiefendimensionen einer lebendigen Beziehung mit dem einen Gott der jüdischen und christlichen Religion in den Blick zu bekommen.

Literatur

Bail, Ulrike: Gegen das Schweigen klagen. Eine intertextuelle Studie zu den Klagepsalmen Ps 6 und 55 und der Erzählung von der Vergewaltigung Tamars, Gütersloh 1998.

Baumann, Gerlinde: Gottes Gewalt im Wandel. Traditionsgeschichtliche und intertextuelle Studien zu Nahum 1,2–8, Neukirchen-Vluyn 2005.

dies.: Gottesbilder der Gewalt im Alten Testament verstehen, Darmstadt 2006.

Beck, Martin: Elia und die Monolatrie. Ein Beitrag zur religionsgeschichtlichen Rückfrage nach dem vorschriftprophetischen Jahwe-Glauben, Berlin/New York 1999.

Blum, Erhard: Der Prophet und das Verderben Israels: Eine ganzheitliche, historisch-kritische Lektüre von 1 Regnum XVII–XIX, VT 47 (1997), S. 277–292.

Braulik, Georg: Die Völkervernichtung und die Rückkehr Israels ins Verheißungsland. Hermeneutische Bemerkungen zum Buch Deuteronomium, in: ders.: Studien zum Deuteronomium und seiner Nachgeschichte, Stuttgart 2001 [1997], S. 113–150.

Butting, Klara u.a. (Hg.): Träume einer gewaltfreien Welt. Bibel – Koran – praktische Schritte, Wittingen 2001.

Childs, Brevard S.: On Reading the Elijah Narratives, Interp 34 (1980), S. 128–137.

Crüsemann, Frank: Elia – die Entdeckung der Einheit Gottes. Eine Lektüre der Erzählungen über Elia und seine Zeit (1 Kön 17–2Kön 2), Gütersloh 1997.

Dietrich, Walter/Link, Christian: Die dunklen Seiten Gottes. Bd. 1: Willkür und Gewalt, Neukirchen-Vluyn 1995.

von Dincklage, Eleonore: Elia: Gott ist anders. Unterrichtliche Vorschläge für die Lehrplaneinheit 8.2 W (HS, RS, GY), entwurf 3/1994, S. 32–42.

Ebach, Jürgen: Tags in einer Wolkensäule, nachts in einer Feuersäule. Gott wahr-nehmen, in: Merkur 53 (1999), S. 784–794.

Fuchs, Ottmar/Janowski, Bernd u.a. (Hg.): Jahrbuch für biblische Theologie 16 (Klage), Neukirchen-Vluyn 2001.

Gese, Hartmut: Der Tod im Alten Testament, in: ders.: Zur biblischen Theologie, Tübingen [2]1983, S. 31–54.

ders.: Zur Bedeutung Elias für die biblische Theologie, in: Ådna, Jostein u.a. (Hg.): Evangelium – Schriftauslegung – Kirche. FS für Peter Stuhlmacher, Göttingen 1997, S. 126–150.

Görg, Manfred: Der un-heile Gott. Die Bibel im Bann der Gewalt, Düsseldorf 1995.

Goodmann-Thau, Eveline: Die Prüfungen des Elia, entwurf 3/1994, S. 24–28.

Groß, Walter: Gott als Feind des einzelnen? Psalm 88, in: ders.: Studien zur Priesterschrift und zu alttestamentlichen Gottesbildern, Stuttgart 1999, S. 159–171.

ders.: Zorn Gottes – ein biblisches Theologumenon, in: ders.: Studien zur Priesterschrift und zu alttestamentlichen Gottesbildern, Stuttgart 1999, S. 199–238.

Hartenstein, Markus: Elia am Karmel – Elia am Horeb: Eine Geschichte zum Aufatmen, entwurf 3/1994, S. 21–23.

Hentschel, Georg: Die Elijaerzählungen, Leipzig 1977.

ders.: 1 Könige, Würzburg 1984.

Höffken, Peter: Einige Aspekte des Textes ›Elia am Horeb‹–1 Kön 19, BZ 42 (1998), S. 71–80.

Jeremias, Jörg: Theophanie. Die Geschichte einer alttestamentlichen Gattung, Neukirchen-Vluyn 1965.

ders.: Die Anfänge der Schriftprophetie, ZThK 93 (1996), S. 481–499.

ders.: Art. Theophanie II. Altes Testament, RGG[4] (2005), Sp. 336–338.

Kalmbach, Wolfgang in Zusammenarbeit mit Hartenstein, Markus: Elija – Gott neu sehen, Unterrichtsideen Religion 8/1, Stuttgart 1999, S. 5–38.

Kübler, Alexander/Rieder, Albrecht: Gott in der Stille erfahren. Unterrichtsbausteine zur Gotteser-
    fahrung des Elija in 1 Kön 19,8–13 für die Sekundarstufe I und II, Notizblock 26 (1999), S.
    22–28.
Kursbuch Religion 2000 7/8, Stuttgart/Frankfurt 1998.
Kursbuch Religion Elementar 7/8, Stuttgart/Braunschweig 2004.
Lehnart, Bernhard: Prophet und König im Nordreich Israel. Studien zur sogenannten vorklassi-
    schen Prophetie im Nordreich Israel anhand der Samuel-, Elija- und Elischa-Überlieferungen,
    Leiden 2003.
Lohfink, Norbert: Der gewalttätige Gott des Alten Testaments und die Suche nach einer gewalt-
    freien Gesellschaft, in: Jahrbuch für Biblische Theologie 2 (Der eine Gott der beiden Testa-
    mente), Neukirchen-Vluyn 1987, S. 106–136.
Lust, Johan: A Gentle Breeze or a Roaring Thunderous Sound? Elijah at Horeb, 1 Kings XIX 12,
    VT 25 (1975), S. 110–115.
Machholz, Christian: Psalm 29 und I Reg 19. Jahwes und Baals Theophanie, in: Albertz, Rainer
    u.a. (Hg.): Werden und Wirken des Alten Testaments. FS Claus Westermann, Göttin-
    gen/Neukirchen-Vluyn 1980, S. 325–33.
Meinhold, Arndt: Mose und Elia am Gottesberg und am Ende des Prophetenkanons, Leqach 2
    (2002), S. 22–38.
Miggelbrink, Ralf: Der zornige Gott. Die Bedeutung einer anstößigen biblischen Tradition, Darm-
    stadt 2002.
von Nordheim, Eckhard: Ein Prophet kündigt sein Amt auf, in: ders.: Die Selbstbehauptung Israels
    in der Welt des AO: religionsgeschichtlicher Vergleich anhand von Gen 15/22/28, dem Auf-
    enthalt Israels in Ägypten, 2 Sam 7, 1 Kön 19 und Psalm 104, Göttingen 1992.
Oeming, Manfred: Das Alte Testament als Buch der Kirche? Exegetische und hermeneutische
    Erwägungen am Beispiel der Erzählung von Elija am Horeb (I Kön 19), alttestamentlicher
    Predigttext am Sonntag Okuli, ThZ 52 (1996), S. 299–325.
Otto, Eckart: Art. שבע/שבועה, ThWAT VII (1993), Sp. 1000–1027.
Otto, Susanne: Jehu, Elia und Elisa. Die Erzählung von der Jehu-Revolution und die Komposition
    der Elia-Elisa-Erzählungen, Stuttgart u.a. 2001.
dies.: The Composition of the Elijah-Elisha Stories and the Deuteronomistic History, JSOT 27
    (2003), S. 487–508.
Perlitt, Lothar: Sinai und Horeb, in: ders.: Deuteronomium-Studien, Tübingen 1994 [1981], S. 32–49.
Robinson, Bernard P.: Elijah at Horeb, 1 Kings 19,1–18: A Coherent Narrative?, RB 98 (1991), S.
    513–536.
Schilling, Klaus: »Eine Stimme verschwebenden Schweigens.« Ganzheitliche Bibelarbeit zu 1
    Kön 19,8–13, Notizblock 26 (1999), S. 18–21.
Schmold, Hans: Elijas Begegnung mit Jahwä (1 Kön 19,9–14), BN 43 (1988), S. 19–26.
Schoors, Antoon: Die Königreiche Israel und Juda im 8. und 7. Jahrhundert v. Chr. Die assyrische
    Krise, Stuttgart u.a. 1998.
Scoralick, Ruth: Hallelujah für einen gewalttätigen Gott? Zur Theologie von Psalm 135 und 136,
    BZ 46 (2002), S. 253–272.
Seebaß, Horst: Art. Elia I. Altes Testament, TRE 9 (1982), S. 498–502.
Seidl, Theodor: Mose und Elia am Gottesberg. Überlieferungen zu Krise und Konversion der
    Propheten, BZ 37 (1993), S. 1–25.
Seybold, Klaus: Elia am Gottesberg. Vorstellungen prophetischen Wirkens nach 1. Könige 19*,
    EvTh 22 (1973), S. 3–18.
Smend, Rudolf: Das Wort Jahwes an Elia. Erwägungen zur Komposition von 1 Reg. xvii–xix, VT
    25 (1975) S. 525–543.
Spurenlesen. Religionsbuch 7/8, Stuttgart u.a. 1998.
Steck, O.H.: Überlieferung und Zeitgeschichte in den Elia-Erzählungen, Neukirchen-Vluyn 1968.
Thiel, Winfried: Mendelssohns ›Elias‹ und der biblische Elia, in: Peter Mommer/Winfried Thiel
    (Hg.): Altes Testament. Forschung und Wirkung. FS Henning Graf Reventlow, Frankfurt u.a.
    1994, S. 337–353.

ders.: Zu Ursprung und Entfaltung der Elia-Tradition, in: Grünwaldt, Klaus/Schroeter, Harald (Hg.): Was suchst du hier, Elia. Ein hermeneutisches Arbeitsbuch, Rheinbach-Merzbach 1995, S. 27–39.

Vanoni, Gottfried: »Du bist doch unser Vater« (Jes 63,16). Zur Gottesvorstellung des Ersten Testaments, Stuttgart 1995.

Vincent, Jean Marcel: Aspekte der Begegnung mit Gott im Alten Testament: Die Erfahrung der göttlichen Gegenwart im Schauen Gottes, RB 103 (1996), S. 5–39.

Vorndran, Jürgen: Elijas Dialog mit Jahwes Wort und Stimme (1 Kön 19,9b–18), Biblica 77 (1996), S. 417–424.

Wagner, Siegfried: Elia am Horeb. Methodologische und theologische Überlegungen zu I Reg 19, in: Liwak, Rüdiger/Wagner, Siegfried: Prophetie und geschichtliche Wirklichkeit im alten Israel. FS Siegfried Herrmann, Stuttgart u.a. 1991, S. 415–424.

– Würthwein, Ernst: Die Bücher der Könige. 1. Kön. 17–2. Kön. 25, Göttingen 1984.

– Zenger, Erich u.a. (Hg.): Einleitung in das Alte Testament, Stuttgart u.a. [5]2004.

– Zwickel, Wolfgang: Einführung in die biblische Landes- und Altertumskunde, Darmstadt 2002.

BERND JANOWSKI

Aus tiefer Not schrei ich zu dir!

Tod und Leben in der Bildsprache der Psalmen

1. Die Sprache der Bilder

Kein anderes Buch der Bibel hat sich intensiver mit der Leben/Tod-Problematik auseinandergesetzt als der Psalter. Das *Memento mori* von Ps 90,12 oder das *De profundis* von Ps 130,1 etwa sind der Ausdruck einer Einstellung zu Leben und Tod, die bis heute in Judentum und Christentum die persönliche Frömmigkeit prägt. Mit ihren Vergleichen und Metaphern leuchten die Psalmen den dunklen Raum des Todes aus und entwerfen immer neue Bilder der Hoffnung und des Lebens. Man muss sich dabei vor Augen halten, dass das Alte Testament eine große Scheu vor der Macht des Todes hatte, nicht nur weil JHWH ein Gott des Lebens war, sondern auch deswegen, weil jede Erwähnung der Unterwelt die Gefahr in sich barg, »die unheimlich wirkende Macht ihres ausgesprochenen Namens«[1] heraufzubeschwören. Diese Scheu beherrscht auch die Todesaussagen der Psalmen. Sie wird hier aber in die Sprache der Bilder gekleidet,[2] um das Unfassliche fassbar und so dem Verstehen zugänglich zu machen. Metaphern sind Sinnexperimente, die »mit den semantischen Möglichkeiten der Sprache (spielen), indem sie im Rückgriff auf sprachlich Vertrautes Unerwartetes zusammenstellen.«[3]

Verglichen mit der informationsorientierten Alltags- und der begriffsorientierten Wissenschaftssprache ist die Bildsprache der Psalmen eigentümlich unscharf (»verschwommen«) und hintergründig (»dunkel«). Man darf sich dadurch aber nicht zu dem Fehlurteil verleiten lassen, ihr mangle es an Prägnanz und Deutlichkeit – sie liegen nur auf einer anderen Ebene. Metaphorische Sprache ist ein Ereignis, das in das Alltägliche einbricht, sie gründet, so der Literaturwissenschaftler J. Anderegg, in der *Verwandlung von Gewohntem*:

»Indem poetische Sprache die Alltäglichkeit unterbricht, bricht sie das Feste, das Abgeschlossene auf. Dergestalt befreiend, setzt sie dem Stabilen und Geordneten das

---

1 Gunkel/Begrich, Einleitung, S.189.

2 Zur biblischen Metaphorik siehe Keel, Bildsymbolik, S. 8ff., 13ff.; ferner Görg, Art. Bildsprache, Sp. 298f.; Wehrle, Art. Metapher, Sp. 789ff.; Berlin, Reading, S. 25ff.; Seifert, Reden; Zimmermann, Metapherntheorie, S. 108ff.; Brown, Seeing, und Seybold, Poetik, S. 193ff.

3 Dalferth, Sprache, S. 166.

Lebendige entgegen. Und so erklärt sich die Faszination der poetischen Sprache: sie ermöglicht befreiende Selbsterfahrung auch und gerade dann, wenn wir nicht mehr oder noch nicht verstehen, was sie meint.«[4]

Der Begriff der Metapher meint ungewohnte, nicht durch Konventionen abgesicherte Wort- und Bildkombinationen, die sich nicht auf einen besonderen Wortschatz zurückführen lassen und auch nicht in einer eigenen Grammatik gründen.[5] Die Metaphorik der Sprache entsteht vielmehr in einem *Prozess der Verwandlung*, nämlich dadurch, dass aus dem vertrauten Sprachmaterial »mediale Zeichen gebildet werden, die uns nun, von Konventionen her nicht mehr zu verstehen, vertraute Welten transzendieren lassen.«[6]

Der Psalter ist voll von solch metaphorischem, das Alltägliche transzendierendem Sprachgebrauch, der das übliche Sachverständnis durchbricht und damit neue Sinnmöglichkeiten und – »wenn auch ›nur‹ poetisch-fiktiv«[7] – eine neue Weltsicht schafft. Dies soll am Beispiel seiner Todes- und Lebensmetaphorik gezeigt werden.

2. Bilder von Tod und Leben

2.1 Todesmetaphorik

Ich beginne mit einem einfachen Beispiel, nämlich mit dem für die Psalmensprache typischen Wort »Tiefe«. Mit »Tiefe« meinen wir in unserer Alltagssprache zunächst ein Maß, das angibt, wie weit ein Punkt unter einer Normallinie liegt. Wir sprechen von der »Tiefe des Meeres« oder der »Tiefe eines Bergwerks«. Natürlich kennt auch unsere Sprache eine figürliche Bedeutung von »Tiefe«, wie z.B. in den Wendungen »die Tiefe des Herzens«, »die Höhen und Tiefen des Lebens« oder »die Tiefe eines Gefühls oder Gedankens«[8]. Das Problem ist aber, dass zwischen der *technischen* und der *übertragenen* Bedeutung von »Tiefe« bei uns stärker getrennt wird als in den Psalmen. Deshalb greifen wir immer wieder auf die metaphorische Sprache zurück, wenn wir Gefühle, Stimmungen oder Werteinstellungen ausdrücken, also »Sinnfelder, die ohnehin nur schwer in Sprache zu fassen sind«.[9]

---

4 Anderegg, Sprache, S. 33.
5 Vgl. ders., aaO, S. 60f.
6 Ders., aaO, S. 61.
7 Schweizer, Art. Metaphorik, Sp. 792.
8 Wahrig (Hg.), Wörterbuch, Sp. 774.
9 Schweizer, aaO, Sp. 792.

2.1.1 »Aus tiefer Not«

Nehmen wir als Beispiel das bekannte *De profundis* aus Ps 130,1f. Hier erscheint das Wort »Tiefen« in der vertrauten Nachdichtung Luthers von 1524 als »tiefe Not«:

Aus tiefer not schrey ich zu dir:
herr got, erhör mein rüffen.
Dein gnedig oren ker zu mir
und meiner pit sie öffen.
Denn so du das wilt sehen an,
wie manche sündt ich hab gethan:
wer kann, Herr, für dir bleyben?[10]

Statt von »tiefer Not« spricht der hebräische Text von »Tiefen« (*ma'makim*), aus denen der Beter zu Gott ruft:

[1b] Aus Tiefen habe ich dich gerufen, JHWH!
[2] Herr, höre auf meine Stimme!
Mögen deine Ohren aufmerken
auf die Stimme meines Gnadengesuchs!

Der Zusammenhang von Ps 130[11] macht deutlich, dass das Wort »Tiefen« die *Situation der Verlorenheit* umschreibt, die an den Parallelstellen Ps 69,3.15 (Gegenbild Jes 51,10) und Ez 27,34 als Versinken in *Wasser-* oder *Meerestiefen* dargestellt wird:

[2] Rette mich, ‹JHWH›,
denn gekommen ist (mir) das Wasser bis an die Kehle!
[3] Ich bin versunken in tiefem Schlamm
und kein Grund (ist da),
ich bin in **Wassertiefen** geraten,
und die Flut hat mich fortgerissen.
[4] Ich bin erschöpft von meinem Rufen,
vertrocknet ist meine Kehle,
matt geworden sind meine Augen,
da ich harre auf meinen Gott.

[14b] Gott, in deiner großen Güte
erhöre mich durch die Treue deiner Rettung!
[15] Reiß mich aus dem Schlamm, dass ich nicht versinke,
dass ich gerettet werde vor meinen Hassern
und aus **Wassertiefen**.
[16] Nicht überströme mich die Flut des Wassers,
und nicht verschlinge mich die Tiefe,

---

10 Vgl. EG 299,1: »Aus tiefer Not schrei ich zu dir, Herr Gott erhör mein Rufen.«
11 Siehe dazu Jeremias, Psalm 130; Nitsche, Antwort, S. 141ff., und Weber, Notizen, S. 146ff.

und nicht verschließe über mir der Brunnen
seinen Mund. (Ps 69,2–4.14b–16)

Bist nicht du es, der das Meer ausgetrocknet hat,
das Wasser der großen Flut?
Der **Meerestiefen** zu einem Weg gemacht hat
für den Durchzug von Befreiten? (Jes 51,10)

‹Nun bist du zerbrochen› auf den Meeren
in den **Tiefen des Wassers**.
Dein Tauschgut und all dein Aufgebot
ist in deiner Mitte zu Fall gekommen. (Ez 27,34)

Für die Dimension der Verlorenheit sind die Wasser- und Schlammbilder
von Ps 69 von besonderer Aussagekraft. Denn das hier begegnende hebräische Wort *be'er* (V. 16b) bezeichnet eigentlich den »Brunnen«. Dessen
Ähnlichkeit mit der »Zisterne« (*bor*) und ihrer semantischen Nähe zum
»Totenreich« (*sche'ol*, vgl. Ps 30,4; 88,4) bzw. »Tod« (*mot*, vgl. Jes 38,18)
erklärt, warum das Sterben als Versinken in einer »Zisterne« geschildert
werden kann.[12] Der Beter, der in Ps 130,1b spricht, weiß sich also buchstäb-
lich an einen »abgründigen Ort« versetzt, an dem – wie in der »Zisterne«
oder im »Brunnen« – die Gegenwelt des Chaos aufbricht. In dem von dem
Verb »tief sein« (*'mk*) abgeleiteten Substantiv »Tiefen« (*ma'makim*) über-
schneiden sich also zwei Bedeutungssphären: eine *konkrete Raumvorstel-
lung* und eine *existentielle Situationsangabe*, wobei die Spannung zwischen
der Lexembedeutung von *ma'makim* (= Ort *unterhalb* der Welt der Lebenden) und der Kontextbedeutung von *ma'makim* (= Situation *bodenloser*
Verlorenheit) gewahrt bleibt. Aus dem gewöhnlichen *plurale tantum* »Tiefen« wird im Kontext von Ps 130 somit ein Terminus der alttestamentlichen
Chaostopik (»verschlingende Tiefen«)[13]

Wir können diese Transformation der Lexembedeutung als *Metaphorisierung* bezeichnen. In der Metaphorisierung geht es um die »Verwandlung
von Gewohntem« durch Aufhebung bzw. Entgrenzung der Gegenständlichkeit. »Aufhebung der Gegenständlichkeit« meint aber nicht Negation des
Konkreten, sondern *Transformation* des Gegenständlichen *ohne* Negation
des Konkreten. So spricht Ps 91,1 von »Schatten« und meint »Schutz«[14]:

---

12 Vgl. Ps 28,1; 30,4; 88,5 u.ö., siehe dazu Keel, Bildsymbolik, S. 53ff., 60ff.; Tillmann, Gestalt, S. 178ff.; Hossfeld/Zenger, Psalmen 51–100, S. 269ff. (Zenger); Schorch, Euphemismen, S.
97f., und Rudman, Use. Zu den Todesbildern »Wasser« (Meer-, Wadi- und Morastbilder) und
»Tiefe« (Gruben-, Stadt- und Dunkelbilder) siehe Krieg, Todesbilder, S. 601ff., 603ff.

13 Siehe dazu auch Rudman, ebd.

14 Vgl. Hossfeld, Metaphorisierung, S. 22f.

¹ Wer im Versteck Äljons wohnt,
der weilt im Schatten Schaddajs.
² Ich spreche zu JHWH:
Meine Zuflucht und meine Burg,
mein Gott, auf den ich vertraue!

Wenn trotzdem das sprachliche Zeichen, also »Schatten«, den gemeinten
Sachverhalt, also »Schutz«, ins Bewusstsein zu rufen vermag, so beruht das
auf der gedanklichen Beziehung, die zwischen beiden besteht – und jetzt
erneut hergestellt wird. Der gemeinte Sachverhalt »Schutz« ist mit dem
vom sprachlichen Zeichen »Schatten« üblicherweise repräsentierten Refe-
renzobjekt in irgendeiner Weise vergleichbar, wodurch die Übertragung erst
möglich wird.[15] Ebenso vergleicht sich der Beter von Ps 102,2–8 mit der
»Dohle in der Wüste« und meint sein eigenes Todesgeschick:

² JHWH, höre mein Gebet,
mein Schreien dringe zu dir.
³ Verbirg dein Gesicht nicht vor mir
am Tag meiner Not.
Neige dein Ohr zu mir;
wenn ich rufe, erhöre mich bald.
⁴ Denn entschwunden sind im Rauch meine Tage,
meine Gebeine – wie ein Kohlebecken glühen sie.
⁵ Versengt wie Gras und verdorrt ist mein Herz,
ja, ich vergaß, mein Brot zu essen.
⁶ Von meinem lauten Seufzen
klebt mein Gebein an meiner Haut.
⁷ Ich *gleiche* einer Dohle in der Wüste,
bin *wie* eine Eule in Ruinen.
⁸ Ich wache auf und bin/schreie
wie ein Vogel, einsam auf dem Dach.

Die »Dohle in der Wüste« und die »Eule in Ruinen« sind Symbole für die
Vergänglichkeit/Todesverlassenheit des Beters. In diesem Sinn sind die
besprochenen Vergleiche und Metaphern nicht eine ästhetische Ausschmückung der Wirklichkeit, sondern Ausdruck eines Wirklichkeitsverständnisses, das man mit H.-P. Müller als *religiöse Daseinsaneignung* bezeichnen
kann. »Daseinsaneignung« meint: Im Vergleich wird das Geschick des
Beters so eng mit der äußeren Wirklichkeit, in der er lebt (Menschen, Dinge, Tiere, Pflanzen), verbunden, dass dem Vergleichsempfänger (klagender
Beter) etwas vom *Wesen* des Vergleichsspenders (»Dohle in der Wüste« //
»Eule in den Ruinen«) zugeeignet wird.[16] So nimmt sich der Beter von
Ps 102,4–8 in seiner Kreatürlichkeit wahr – »wie ein *Kohlebecken*« // »wie

---

15 Vgl. Kedar, Semantik, S. 165ff.
16 Siehe dazu Müller, Vergleich, S. 49ff.

Gras« (V. 4f.), »wie eine *Dohle*« // »wie eine *Eule*« (V. 6f.) – und erfährt diese Kreatürlichkeit unter dem Aspekt der Verlorenheit (»wie ein Vogel, *einsam auf dem Dach*«). Auch diese Vergleiche durchbrechen das übliche Sachverständnis von Vergänglichkeit, indem mittels Bildsprache Grenzbereiche menschlicher Erfahrung in den Blick kommen, die dem begrifflichen Denken verschlossen oder für dieses nur schwer erreichbar sind.

2.1.2 »Mitten wir im Leben sind«

Wie die neuere Forschung gezeigt hat, thematisieren die Klage- und Danklieder des Einzelnen die *Vergänglichkeit des Menschen*, dessen Leid, wenn auch mit unterschiedlicher Nuancierung,[17] in seinem »Gefälle zum Tode hin, als Mächtigwerden des Todes mitten im Leben«[18] zur Sprache kommt. Dies ist das berühmte *Media vita in morte sumus*-Motiv: »Mitten wir im Leben sind von dem Tod umfangen« (EG 518,1).[19] Die verwendeten Sprachbilder sind dabei nicht eine ästhetische Ausschmückung der Wirklichkeit, sondern Ausdruck eines Wirklichkeitsverständnisses, das ich im Anschluss an H.-P. Müller als *religiöse Daseinsaneignung* bezeichnet habe. Einige Beispiele mögen das veranschaulichen:

Dingvergleich
Wie **Wasser** bin ich hingeschüttet,
und gelöst haben sich alle meine Gebeine,
geworden ist mein Herz wie **Wachs**,
zerflossen in meinem Inneren. (Ps 22,15)

Menschen-/Dingvergleich
Ich bin in Vergessenheit geraten wie ein **Toter** – weg aus dem Herzen.
Ich bin geworden wie ein **zerbrechendes Gefäß**. (Ps 31,13)

Tiervergleich
Wie eine **Hirschkuh** schreit über (ausgetrockneten) Bachbetten,
so schreit meine *nefesch* nach dir, Gott. (Ps 42,2)

Pflanzenvergleich
Versengt wie **Kraut** und verdorrt ist mein Herz,
ja, ich vergaß, mein Brot zu essen. (Ps 105,5, vgl. V. 12)

---

17 Westermann, Vergleiche, S. 80ff.
18 So geht es etwa in Ps 39,6f. nicht um den vorzeitigen (»bösen«) Tod, sondern um die begrenzte Lebenszeit, siehe dazu Forster, Leben, S. 35ff., 41ff.
19 Westermann, aaO, S. 81, siehe zur Sache auch Janowski, Konfliktgespräche, S. 47f., 250ff., und die Beiträge von K.E. Müller, H.-P. Hasenfratz, J. Assmann und C. Wilcke, in: Assmann /Trauzettel (Hg.), Tod, S. 204–266. Besonders signifikant ist in diesem Zusammenhang die Vorstellung vom Menschen bzw. vom menschlichen Leben als »Windhauch« (Ps 39,6.7.12; 62,10f.; 144,4), die auch in Koh 3,19; 6,12; 9,9 u.ö. begegnet, s. dazu Schwienhorst-Schönberger, Spannungsfeld, S. 14ff.; Zimmer, Tod, S. 25ff.; Krüger, Kohelet, S. 14f., 101f. u.a.

Begriffsvergleich
Siehe, eine Handbreit hast du meine Tage gemacht,
und meine Lebenszeit ist wie ein **Nichts** vor dir.
Fürwahr, ‹ein› **Hauch** ist jeder Mensch, aufrecht, wie er dasteht. (Ps 39,6)

Obwohl der semantische Gehalt des Vergleichskerns eindeutig ist – es geht durchgängig um das *Mächtigwerden des »Todes mitten im Leben«* – hat die alttestamentliche Wissenschaft verhältnismäßig lange gebraucht, um dies auch theologisch ernst zu nehmen. Immer wieder wurde dieses *Denken in Bildern* auf die »lebhafte Einbildungskraft der Semiten« (A. Bertholet) oder die »glühende Leidenschaft der Orientalen« (H. Gunkel)[20] zurückgeführt und die entsprechenden Aussagen über die Errettung vom Tod (Wasser-, Schlamm- oder Grab-/Grubebilder) als »besonders phantastische Ausdrücke« für einen Vorgang gehalten, der »objektiv und prosaisch etwa ›mit Bewahrung vor vorzeitigem Tode‹ wiederzugeben wäre.«[21] Erst Chr. Barth hat eine kohärente Gegenposition formuliert, die der Eigenintention der Texte gerecht zu werden vermag. Barth setzte für seine These an dem verbreiteten Missverständnis der Bildsprache der Psalmen als »Übertreibung oder dichterische Phantasie« an. Die Frage war: Sind die Aussagen der Klage- und Danklieder des Einzelnen über den Tod und die Errettung vom Tod bildlich oder real gemeint? Und: Inwiefern unterscheidet sich der *Tote* von dem *Bedrängten*, der sich bei ›lebendigem Leib‹ in der Unterwelt weiß und sich deshalb als »tot« oder »totengleich« bezeichnet? Nach Barth ist die Situation des Bedrängten mit der des (im physischen Sinn) Toten vergleichbar, sie ist ihr aber nicht gleich. Vergleichbarkeit besteht hinsichtlich der unheilvollen Aspekte der Todesbedrängnis. Dieser Gemeinsamkeit steht ein gravierender Unterschied gegenüber: »Nur die Nähe des Todes, nicht den Tod selbst scheint der Bedrängte erfahren zu haben.«[22] Aber:

»Im Denken der altorientalischen Völker gilt nun aber gerade diese Nähe als reale Todeserfahrung. Nur in beschränktem Umfang, vielleicht nur punktuell, kommt der Bedrängte mit der Wirklichkeit des Todes in Berührung; aber gerade das genügt, um ihn die ganze Wirklichkeit des Todes erfahren zu lassen (...) Nur vergleichsweise nennt sich der Bedrängte einen Toten; dieser Gedanke hat aber darin seinen Ursprung, daß eine reale, wenn auch nur partielle Identität zwischen Bedrängnis und Todeszustand vorliegt. (...) Der Bedrängte ist weder ein Toter noch ein in vollem Sinne Lebendiger; irgendwo in der Mitte hält er sich auf. Das Entscheidende für ihn ist aber nicht, daß er noch lebt, sondern daß er nahe beim Totenreich ist.«[23]

---

20 Die Wendung *Media vita in morte sumus* geht auf das Kirchenlied „Mitten wir im Leben sind" (EG 518) zurück, dessen erste Strophe (Salzburg 1456) der gleichlautenden lateinischen Antiphon des 11. Jh.s folgt, siehe dazu *Franz*, Leben, S. 84–93.
21 Siehe dazu Barth, Errettung, S. 11ff. mit den entsprechenden Nachweisen.
22 Ders., aaO, S. 14.
23 Ders., aaO. S. 92.

Die Todesbilder der Individualpsalmen stammen, wie die angeführten Bei-
spiele zeigen[24], allesamt aus *Räumen der Lebenswelt*, also der dem Beter
vertrauten Natur-, der Kultur-, der Tier- und der Pflanzenwelt. Durch das
Wissen um die Präsenz des »Todes mitten im Leben« wurden sie aber zu
Bildern des Todes umgeformt[25]. In der Todesmetaphorik der Ich-Klage
werden wir mit einem *besonderen Raumverständnis* konfrontiert, das das
Todesgeschick des Beters »nicht bildlich übertreibend oder als theoretische
Fiktion, sondern ganz realistisch«[26] darstellt. Das Jenseits ist dabei offenbar
ein Bereich, der geradezu räumlich ins Diesseits hineinragt und dieses zu
einem Todesraum, zu einem *jenseitigen Bereich in der diesseitigen Welt*
umgestaltet. Im Unterschied aber etwa zu Ägypten mit seinem Motiv von
der »Rückkehr des Toten ins Diesseits«[27] kehrt in Israel nicht der Verstor-
bene (und dann der verklärte Totengeist), sondern der von JHWH errettete
Beter ins Diesseits zurück. In seinem *diesseitigen Leben* – und nicht erst
nach dem Tod[28] – erfährt der Gerettete das, was die Psalmen als »Errettung
vom Tod« qualifizieren[29]. Die Bereiche, die in diesem Zusammenhang
Jenseitsfunktionen übernehmen, sind das Grab, der Staub, das Gefängnis,
die Zisterne, die Fallgrube, die Wasserflut, das Meer, die Wüste, die Steppe,
der Rand des Gebirges und – als zeitlicher Bereich – die finstere Nacht[30].
Sie bilden die schmale und gefährliche Grenze zwischen Leben und Tod,
auf der sich der bedrängte Beter befindet:

Diesseits	Diesseitsbereiche mit Jenseitsfunktion	Jenseits
Haus,	Grab, Gefängnis, Grube	Unterwelt,
Stadt,	Zisterne, Wasserflut, Meer,	Scheol,
Tempel	Wüste/Steppe, Bergland,	Abbadon
	Finsternis, Nacht	

Abb.1: Die Grenze zwischen Leben und Tod nach den Individualpsalmen

---

24 Ders., aaO, S. 92f.
25 Siehe dazu die Übersicht bei Janowski, Konfliktgespräche, S. 250ff.
26 Vgl. Krieg, Schmetterlingsweisheit, S. 29; ders., Todesbilder, S. 351ff., 612ff., und Dietrich/
Vollenweider, Art. Tod II, S. 582–600 u.a.
27 G. von Rad, Kultsprache, S. 237; vgl. ders., Theologie Bd. 1, S. 399ff.
28 Siehe dazu Hornung, Bereiche; vgl. ders., Gottesvorstellungen, S. 166ff.
29 Siehe dazu Assmann, Tod, S. 286ff., und Janowski, Konfliktgespräche, S. 256ff.
30 Diese Vorstellung entsteht erst später, s. dazu Janowski, Psalm 88, S. 33ff., und Dietrich/
Vollenweider, Tod, S. 589ff., 592ff.

Die Grenze zwischen Diesseits und Jenseits wird dabei so gezogen, dass *der Tod ins Leben hineinragt* und *das Leben des Beters die Unterwelt berührt* (Ps 88,4b) – obwohl die Unterwelt nach den kosmologischen Vorstellungen Israels doch in der äußersten, unerreichbaren Tiefe liegt (vgl. Hi 38,16–18).[31] In der *Anthropologie* verläuft die Grenze zwischen Diesseits und Jenseits, zwischen Leben und Tod aber anders als in der *Kosmologie* oder mit den Worten Chr. Barths:

> Wer auch nur in der geringsten Beziehung in die Gewalt der Scheol gerät, befindet sich faktisch ganz in ihrer Gewalt. Wessen Fuß einmal ins Gleiten gekommen ist, für den gibt es nach menschlichem Ermessen kein Aufhalten mehr. Blickt er auf das unvermeidliche Ende, so ist er schon am Anfang ein verlorener Mann. Die hier wirksame Denkweise des *pars pro toto* ist für die altorientalischen Völker ebenso bezeichnend, wie sie uns Heutigen fremd ist.[32]

Ebenso ungewöhnlich wie die Todesmetaphorik der Klagelieder ist auch die Darstellung des Rettungsgeschehens in den Dankliedern. So wird die Überwindung der – im wörtlichen Sinn – abgründigen Not des Beters immer wieder als räumlicher Vorgang dargestellt: JHWH hat den Beter nach Ps 30 »heraufgezogen« (V. 2) und seine *nefesch* aus der Scheol »heraufgeholt« (V. 4):

[2] Ich will dich erheben, JHWH,
denn du hast mich heraufgezogen
und hast nicht jubeln lassen meine Feinde über mich.
[3] JHWH, mein Gott, ich flehte zu dir,
und du hast mich geheilt.
[4] JHWH, du hast heraufgeholt aus der Unterwelt mein Leben (*nefesch*),
du hast mich zum Leben gebracht aus ‹denen, die› in die Zisterne ‹hinabsteigen›.

Eine ähnliche Vorstellung begegnet auch in Ps 116[33]:

[1] Ich liebe,
denn JHWH hört meine Stimme, mein Gnadengesuch,
[2] ja, er hat mir sein Ohr zugeneigt,
und in meiner Lebenszeit will ich rufen.
[3] Umgeben haben mich **Schlingen des Todes**,
und **Bedrängnisse der Unterwelt** haben mich angetroffen,
Bedrängnis und Kummer traf ich (immer wieder) an,
[4] und ich rief den Namen JHWHs (unentwegt) an:
›Ach JHWH, lass mein Leben (*nefesch*) entkommen!‹

---

31 Siehe dazu Barth, Errettung, S. 98ff.

32 Siehe dazu Keel, Bildsymbolik, S. 53ff.; Podella, Grundzüge, S. 80f.; ders., Totenrituale, und Berlejung, Tod, S. 485ff.

33 Nach Hi 38,17 macht alle Lebens- und Erkenntnismöglichkeit des Menschen vor den »Toren der Unterwelt« // den »Toren der Finsternis« halt, siehe dazu Strauß, Tod, S. 246f.; Fuchs, Mythos, S. 206f.; Egger-Wenzel, Freiheit, S. 139 u.a.

⁵ Gnädig ist JHWH und gerecht,
und unser Gott ist ein Erbarmer,
⁶ ein Hüter der Einfältigen ist JHWH;
ich war niedrig, und mich rettete er.
⁷ Kehre zurück, meine *nefesch*, zu deiner Ruhe,
denn JHWH hat an dir gehandelt;
⁸ ja, du hast (herausgezogen =) befreit mein Leben (*nefesch*) vom Tod,
meine Augen von Tränen, meinen Fuß vom Sturz.
⁹ Ich werde umhergehen vor JHWH
in den **Ländern der Lebenden**.
¹⁰ Ich glaube, auch wenn ich sage/sagen muss
›Ich bin tief gebeugt.‹
¹¹ Ich selbst sprach/spreche hiermit in meinem Zittern:
›Alle Menschen sind Lügner.‹
¹² Wie kann ich JHWH vergelten
für alle seine Wohltaten an mir?
¹³ Den Becher der Rettungstaten will ich erheben,
und den Namen JHWHs will ich an-/ausrufen.
¹⁴ Meine Gelübde will ich JHWH erfüllen,
ja, vor seinem ganzen Volk.
¹⁵ Kostbar/kostspielig in den Augen JHWHs
ist der Tod seiner Frommen.
¹⁶ Ach JHWH, ich bin dein Knecht,
ich bin dein Knecht, der Sohn deiner Magd,
du hast geöffnet meine Fesseln!
¹⁷ Dir will ich ein *todah*-Opfer schlachten,
und den Namen JHWHs will ich an-/ausrufen.
¹⁸ Meine Gelübde will ich JHWH erfüllen,
ja, vor seinem ganzen Volk,
¹⁹ in den **Vorhöfen des Hauses JHWHs**,
in deiner **Mitte**, Jerusalem!
Hallelujah!

Im Blick auf die Raumkonzeption dieses Textes kann man von einer »sakralen Topographie« sprechen, weil der Psalm eine Gesamtbewegung von der *Scheol* (V. 3) über die *Länder der Lebenden* (V. 9) bis zu den *Vorhöfen des Hauses JHWHs* (V. 19) nachzeichnet und damit den Beter schrittweise den dramatischen Weg vom Unheil zum Heil zurücklegen lässt.[34] Die V. 3–9 konstruieren dabei eine Bewegungslinie, die tief unten im (Gefängnis-)-Bereich der *Scheol* (V. 3f.) ansetzt und in die *Nähe des barmherzigen Gottes* (V. 5) führt, der die Distanz zum »niedrigen« Beter (V. 6bα) durch sein rettendes Eingreifen von oben (= Tempel) her überwindet (V. 6bβ, vgl. V. 8[35]) und der diesem ermöglicht, vor ihm in den *Ländern der Lebenden*

---

34 Barth, Errettung, S. 93.
35 Siehe dazu Janowski, Dankbarkeit, und ders., Konfliktgespräche, S. 299ff.

(V. 9) zu wandeln. Die auf die Vergangenheit bezogene Rettungserzählung V. 3–6 versprachlicht diese Bewegung als *vertikalen Vorgang*[36] mit der doppelten Sinnrichtung von *unten* (Scheol) nach *oben* (V. 3f.) und von *oben* (Tempel) nach *unten* (V. 5f.):

Tempel	JHWH	4	5	Erhörung JHWHs
	↑			↓
Scheol	Klage des Beters	3	6	Beter

Nach der erfolgten Rettung (V. 7f.) verläuft der Weg des Beters in *horizontaler Richtung* vom Ort der »Ruhe« (V. 7)/von den »Ländern der Lebenden« (V. 9) zu den »Vorhöfen des Hauses JHWHs« (V. 19), wobei drei konzentrische Kreise: *Länder der Lebenden > Jerusalem > Vorhöfe des Tempels* die schrittweise Rückkehr des Geretteten in die Gemeinschaft mit JHWH räumlich abbilden.[37] Der dramatische Weg vom Tod zum Leben wird hier demnach nicht nur von außen beschrieben, sondern vom Beter – und mit ihm von jedem, der diesen Text betet und meditiert – auch innerlich nachvollzogen.

Die Danklieder, die neben dem skizzierten Raumkonzept noch über ein differenziertes Zeitkonzept verfügen, gleichen damit *Texträumen*, in denen sich das Verstehen hin und her bewegen kann.[38] So wird das Beten – und Lesen – zu einem *transitorischen Akt*, der dem Bedrängten im wörtlichen Sinn den ›Schritt in das neue Leben‹ ermöglicht.[39] Ohne die Bildsprache und ihr religiöses Ausdruckspotenzial wäre dieser Schritt nicht möglich.

2.2 Lebensmetaphorik

Wie wir gesehen haben, ist die Frage nach der Grenze zwischen Leben und Tod ein zentrales Thema der Individualpsalmen. Da der Tod zum Leben gehört und ein Mensch bei lebendigem Leib »tot« sein kann, beschränkt

---

36 Der Zusammenhang von V. 8 und V. 9 unterstreicht die *Verbindung von Land- und Tempelmotivik*, vgl. dazu die kontrastive Darstellung dieses Motivzusammenhangs in Ps 52,7 (Entwurzelung des gegnerischen Helden aus dem „Land der Lebenden«) und 10f. (der Gerechte als Ölbaum im »Haus Gottes«) und zur Sache Hauge, Sheol, S. 34f. mit Anm. 67.

37 Vgl. Tita, Gelübde, S. 112f., 122f. Zum tempeltheologischen Ausdruck »Land/Länder der Lebenden« (Jes 38,11; 53,8; Jer 11,19; Ez 26,20; 32,23.24.25.27.32; Ps 52,7; 116,9; 142,6; Hi 28,13) siehe Spieckermann, Lieben, S. 273 Anm. 24; Tournay, Seeing, S. 125f., und besonders Hartenstein, Angesicht, S. 80ff.

38 Vgl. Tita, Gelübde, S. 123.

39 Zur Verschränkung der Zeitebenen Vergangenheit, Gegenwart und Zukunft, siehe Janowski, Konfliktgespräche, S. 270ff.

sich das Totenreich nicht auf einen besonderen, ihm zugewiesenen Raum. Zu seinem Wesen gehört ein ständiges »Über-die-Ufer-Treten«, ein Erobern von Räumen, die eigentlich der Lebenswelt angehören.[40] In diesem Sinn gehören die Todesbilder der Psalmen, die nicht direkt einen Sterbevorgang beschreiben, in die »Kategorie der Beschreibung der tief ins Leben hinein verschobenen Todesgrenze«[41]. Leben und Tod unterscheiden sich danach nur relativ, denn »nicht alles ›Lebendige‹ lebt wirklich, nicht alles ›Tote‹ ist wirklich tot. Als Kranker, Verfluchter usw. gehört man ›teilweise‹ schon zu den Toten, und zwar nicht nur bildlich.«[42] Durch diese Präsenz des »Todes mitten im Leben« wird das Leben um eine wichtige Dimension erweitert.[43]

Ebenso eindrücklich wie die Todesmetaphorik ist auch die Lebensmetaphorik der Individualpsalmen. Es sind vor allem Bilder und Erfahrungen des Lichts und der Finsternis, die das Motiv »Leben« prägen[44]. Aus der komplexen Thematik greife ich im Folgenden zwei Aspekte heraus.

2.2.1 Das »Licht des Lebens«

Die Klage- und Danklieder des Einzelnen fassen den Gegensatz von Leben und Tod in die Antithese von Licht und Finsternis bzw. von Sättigung und Mangel, so dass Licht und Leben bzw. Finsternis und Tod äquivok sind. Die Bitte von Ps 13,4 ist so etwas wie ein *locus classicus* der Licht/Finsternis-Antithese:

[4] Blick doch her, antworte mir, JHWH, mein Gott!
lass meine Augen leuchten, damit ich nicht zum Tod entschlafe,
[5] damit mein Feind nicht behauptet: ›Ich habe ihn überwältigt!‹,
meine Gegner nicht jubeln, dass ich wanke![45]

Diese Homologie von Licht und Leben hängt mit der biblischen Auffassung des Sehens zusammen. Da der biblische Lebensbegriff nicht das bloße Existieren meint, sondern das »lebendige«, also heilvolle und erfüllte Leben, wird auch der Lichtbegriff entsprechend gebraucht. Lichtmetaphern sind Metaphern für Leben und Lebensglück, z.B.:

---

40 Vgl. Lohfink, Psalmengebet, S. 12, dort im Blick auf die Überlagerung der Bilder und Motive (Stereometrie). Zur »Stereometrie« siehe Janowski, Konfliktgespräche, S. 13ff.

41 Zur zeitlichen und räumlichen Extension des Gotteslobs s. noch Ps 18,20: „Er führte mich hinaus *ins Weite,* er befreite mich, denn er hat Gefallen an mir" (vgl. V. 37), sowie Ps 31,9: »Du hast mich nicht der Hand des Feindes ausgeliefert, du hast meine Füße *in die Weite/auf weiten Raum* gestellt« und Ps 118,5: „*Aus der Enge* heraus rief ich Jah, es erhörte mich *in die Weite* hinein Jah«, s. dazu Bartelmus, Art. *rachav* usw., Sp. 453ff., 458; Mark, Stärke, S. 380ff., und Bail, Anmerkungen.

42 Vgl. Barth, Errettung, S. 42ff.

43 Krieg, Schmetterlingsweisheit, S. 29.

44 Barth, Errettung, S. 141.

45 Vgl. Wolff, Anthropologie, S. 166ff.

Ja, du machst hell (*'ur* hif.) meine Leuchte (*ner*), JHWH,
mein Gott lässt meine Finsternis (*choschech*) erstrahlen. (Ps 18,29)

Der Zusammenhang von Licht und Leben findet sich außer im Psalter noch
besonders in der Weisheitsliteratur. So heißt *das Licht nicht sehen* »tot
sein« (Hi 3,16) und *das Licht geben* heißt »Leben geben« (Hi 3,20). Besonders die erste Rede Elihus (Hi 32,6–33,33) ist von der Licht/Leben-
Metaphorik geprägt. Elihu spricht zu Hiob über die Weise, wie Gott dem
Menschen antwortet, ihn warnt und auf den rechten Weg zurückbringt (Hi
33,8–22). Und wenn die Unterwelt, so setzt er fort, nach dem Leidenden
greift, dann kann sich ein »Fürsprecher« finden, der vor Gott für den Leidenden eintritt, damit dieser von der »Grube« zurückkehrt und wieder das
»Licht des Lebens« schaut:

²³ Wenn dann ein (Gottes-)Bote über ihm ist,
ein Fürsprecher, einer von tausend,
zugunsten des Menschen kundzutun dessen Rechtschaffenheit,
²⁴ sich erbarmt und spricht:
›Lass ihn los, dass er nicht in die Grube hinabfahre,
ich habe ein Lösegeld gefunden!‹,
²⁵ dann ist sein Fleisch wieder frisch von Jugendkraft,
er kehrt zu den Tagen seines Jugendalters zurück.
²⁶ Er betet zu Gott, und der ist ihm geneigt;
er darf sein Angesicht mit Jubel schauen.
‹Er kündet› den Menschen sein Heil,
²⁷ ‹singt› vor den Leuten und spricht:
›Ich hatte gesündigt und das Rechte verkehrt,
doch er hat mir nicht ‹vergolten›.
²⁸ Er hat meine Seele vom Hingang in die Grube losgekauft,
und mein Leben schaut das Licht.‹
²⁹ Siehe, alles dies pflegt Gott zu tun
zwei-, dreimal für den Mann,
³⁰ um seine Seele von der Grube zurückzubringen,
‹damit er schaue› das Licht des Lebens. (Hi 33,25–30)[46]

Umgekehrt sind Sterben und Tod gleichbedeutend mit dem Verlöschen des
Lichts. Aus dem Leben zu scheiden bedeutet, aus der Helligkeit des Tages
in die Finsternis der Nacht und der Gottesferne zu gleiten, in der man verloren ist. In Bildads Rede (Hi 18,1–21) erscheint der Frevler als einer, dessen
Licht bzw. Lampe erlischt:

⁵ Auch erlischt das Licht (*'or*) der Frevler,
und die Flamme seines Feuers strahlt nicht auf.

---

46 Siehe dazu Keel, Bildsymbolik, S. 164ff.; Liess, Art. Leben II/1, Sp. 135f. und Janowski,
Art. Licht und Finsternis II, Sp. 330f.

[6]Das Licht ('or) verfinstert sich in seinem Zelt,
und seine Lampe (ner) über ihm erlischt.
[7]Eng werden seine kräftigen Schritte,
und sein eigener Plan wirft ihn hin. (Hi 18,5–7)[47]

»Wer sich je in einem großen Dunkel befunden hat, weiß, was einem eine
kleine Lampe bedeuten kann. Sie vermag den ganzen Druck des Dunkels
aufzuheben.«[48] Als *Metapher für Leben(sglück)* bezeichnet das Licht darum
die vitale wie die geistige Seite des Lebens, also – modern gesprochen – das
Sein ebenso wie das Bewusstsein.[49] Aus diesem Grund wird das Licht auch
zur *Metapher für Wahrheit*, die den Menschen auf seinem Lebensweg leitet:

Sende dein Licht ('or) und deine Wahrheit,
sie sollen mich geleiten
und bringen zum Berg deiner Heiligkeit
und zu deinen Wohnungen. (Ps 43,3)

Dein Wort ist meines Fußes Leuchte (ner)
und ein Licht ('or) für meinen Weg. (Ps 119,105)

[20] Bewahre, mein Sohn, das Gebot deines Vaters,
und verwirf nicht die Weisung deiner Mutter!
[21] Binde sie beständig auf dein Herz,
binde sie um deinen Hals!
[22] Wenn du dann umhergehst, führt sie dich.
Wenn du liegst, wacht sie über dir,
und bist du aufgewacht, spricht sie dich an.
[23] Denn eine Leuchte (ner) ist das Gebot, und die Weisung ein Licht ('or),
und den Weg des Lebens bedeuten die Zurechtweisungen der Zucht. (Prov 6,20–23)[50]

Dem weisheitlichen Gebot wird hier dieselbe Eigenschaft zuerkannt wie
dem göttlichen Wort in Ps 119,105: es »erhellt« den Weg des Gerechten
und macht ihn zum »Weg des Lebens« (Prov 6,23b).[51] Diese »Aufklärung«
(*enlightment*) ist keine Sache der Vernunft, sondern eine Gabe Gottes, die
zum Leben dient.[52]

---

47 Zu Ps 13 siehe Janowski, Konfliktgespräche, S. 56ff.
48 Übersetzung Ebach, Streiten, S. 97f. Zur Interpretation siehe Strauß, Hiob, S. 283ff. Zur
Wendung »Licht des Lebens« siehe noch Ps 56,14: „Denn du hast mein Leben vom Tod errettet
und meine Füße vor dem Sturz, damit ich wandle vor Gott im Licht des Lebens«, siehe dazu
Hossfeld/Zenger, Psalmen 51–100, S. 116 (Zenger).
49 Übersetzung Ebach, Streiten, S. 145. Es ist ein konkretes Licht, das für den Frevler hier erlischt: die »Flamme seines Feuers« und die »(Ton-)Lampe in seinem Zelt«, s. dazu Kellermann,
Art. *ner*, Sp. 622. Zum »erlöschenden Licht« des Frevlers s. noch Prov 13,9; 20,20; 24,20; Hi
21,17 und Kellermann, aaO. Sp. 623f.; Egger-Wenzel, Freiheit Gottes, S. 129, 142 u.a.
50 Übersetzung Meinhold, Sprüche 1, S. 116, siehe dazu auch Kellermann, aaO, Sp. 625f.
51 Zur Wendung »Pfad/Weg des Lebens« (Prov 2,19; 5,6; 6,23; 15,24 und Jer 21,8) s. Liess,
Weg, S. 202ff.
52 Vgl. Dtn 30,15–20 (von der Tora) u.ö.

2.2.2 Die »Quelle des Lebens«

Der beschriebene Zusammenhang von Licht und Leben kann anhand von
Ps 36 noch vertieft werden. Diese weisheitlich geprägte Reflexion über die
welterfüllende Gerechtigkeit Gottes beginnt nach der *Überschrift* (V. 1) mit
einer einzigartigen *Beschreibung des Sünders* (V. 2–5), der ein ebenso
einzigartiger *Hymnus auf Gottes Güte* gegenübergestellt wird (V. 6f.8–10).
Der Text schließt mit *Bitten* um die Güte Gottes und die Hilfe gegen die
Sünder sowie einer Feststellung über deren Geschick (V. 11–13):

[1] *Für den Chormeister. Vom Knecht JHWHs, von David.*

[2] Rauen des Treubruchs zum Frevler – inmitten meines (eigenen) Herzens,
niemals steht ein Gottesschrecken seinen Augen gegenüber.
[3] Denn er hat sich selbst (zu sehr) umschmeichelt in seinen Augen,
(als) dass er seine Schuld aufdecken könnte, (um sie) zu hassen.
[4] Die Worte seines Mundes sind Unheil und Trug,
er ist nicht fähig, aus Einsicht Gutes zu tun.
[5] Unheil ersinnt er (weiter) auf seinem Lager,
er betritt (immer wieder) einen Weg, der nicht gut ist,
Böses verschmäht er nicht.

[6] JHWH, bis an den Himmel (reicht) deine Güte,
deine Zuverlässigkeit bis zu den Wolken!
[7] Deine Gerechtigkeit ist den Gottesbergen gleich,
dein Recht der großen Urflut,
Mensch und Tier rettest du (immer neu), JHWH!

[8] Wie kostbar ist deine Güte, Gott,
Menschenkinder können sich im Schatten deiner Flügel bergen!
[9] Sie laben sich am Fett deines Hauses,
und (am) Bach deiner Wonnen lässt du sie trinken!
[10] Denn bei dir ist die Quelle des Lebens,
in deinem Licht schauen wir das Licht!

[11] Lass andauern deine Güte denen, die dich kennen,
und deine Gerechtigkeit denen mit geradem Herzen!
[12] Nicht erreiche mich der Fuß des Hochmuts,
und die Hand der Frevler mache mich nicht heimatlos!
[13] Dort sind hingefallen die Übeltäter,
sie wurden umgestoßen und können nicht mehr aufstehen.[53]

---

53 Zur Übersetzung siehe auch Lohfink, Innenschau, S. 173f.; Weber, Werkbuch Psalmen 1,
S. 173, und Sticher, Rettung, S. 123f. Für die Gliederung ist zu beachten, dass (1) in V. 3–5 vier
verschiedene Termini für »Sünde« (Schuld, Unheil, Trug, Böses) auftauchen, denen in V. 6f. vier
Termini für »Gottes Güte« (Güte, Zuverlässigkeit, Gerechtigkeit, Recht) gegenüberstehen (s. dazu

Der Beter, der hier spricht, hört in sich hinein und dabei hört er das »Raunen des Treubruchs« (V. 2a), das ihn zum Frevler machen will. Die Sünde, konstatiert er, ist eine Möglichkeit, die im Raum »meines (eigenen) Herzens« Platz greifen kann (V. 2b). Worin besteht diese unmögliche Möglichkeit? Darin, so führt die Beschreibung V. 3–5 aus, dass der Sünder eine in sich selbst verfangene Welt darstellt,[54] die allerdings ganz konsequent aufgebaut ist: Er hat Augen, die aber nicht sehen, um die eigene Schuld zu hassen (V. 3), und einen Mund, der aber nicht spricht, um aus Einsicht Gutes zu tun (V. 4). Deshalb ersinnt er Unheil »auf seinem Lager« (V. 5aα)[55] und führt es auch aus, indem er – wie bereits die klassische Prophetie und die alte Weisheit wussten – einen *Weg* betritt, der *nicht gut* ist, und das *Böse nicht verwirft* (V. 5aβ).[56]

Während der Blick des Beters in V. 2–5 *nach innen* auf das eigene Ich gerichtet ist, wird er in dem Hymnus V. 6–10 *nach außen* auf die Schöpfung Gottes gelenkt. Dieser Wechsel der Blickrichtung geschieht im Text abrupt (vgl. Abb. 2).

Abb. 2: Die Kosmosmetapher in Ps 36,6f.

Dabei nimmt der Beter nach V. 6f. zunächst die Welt in ihrer räumlichen Ausdehnung vom Himmel // den Wolken (Vertikale: oben) über die Gottesberge (Horizontale) bis zur großen Urflut (Vertikale: unten) wahr (Abb. 2)[57] und sieht in diesen Erscheinungen der Schöpfungswelt Zeichen der »Güte«,

---

Lohfink, aaO, S. 178f., 180), (2) der JHWH-Name in V. 6f. eine Inclusio bildet und (3) der Ausdruck »deine Güte« (V. 6a.8a.11a) offenbar abschnittsgliedernde Funktion besitzt.

54 V. 2–5 lesen sich wie eine klassische Beschreibung des *homo incurvatus in se ipsum*.

55 Vgl. dazu das Wehewort Mi 2,1: »Wehe denen, die Unrecht planen / und Böses tun auf ihren Lagern: / Beim Morgenlicht führen sie es aus, / denn es steht in der Macht ihrer Hände«, siehe dazu Kessler, Micha, S. 114f. Kessler kommentiert zutreffend, dass die sprachliche Nähe von Ps 36,5 zu Mi 2,1 »zeigt, daß in der prophetischen Sozialkritik häufig von außen eben die Zustände kritisiert werden, die in den Klagen des Einzelnen der Betende als Betroffener beklagt« (aaO, S. 115). Ps 36,5 liefert also die Innenansicht der Vorgänge, deren Außenwirkung Mi 2,1–3 demonstriert. Dazu passt auch die Beobachtung von Lohfink, aaO, S. 178f., dass die Wörter für »Sünde« in V. 3–5 allesamt eine soziale Dimension haben, der Frevler von V. 2ff. also »durch sein Handeln, vor allem aber durch seine Rede, die menschliche Gesellschaft durcheinander(bringt)« (S. 179).

56 Vgl. Jes 1,16f.; Am 5,14f. u.ö., s. dazu Jeremias, Amos, S. 71f.

57 Lohfink spricht hier von einer »*Kosmosmetapher*«: »Der riesenhafte Raum der gesamten Schöpfung ist (...) von Gottes Güte angefüllt. Die Welt in ihrer Weite ist der Raum der Gottesgegenwart und damit auch der möglichen Gottesbegegnung« (aaO, S. 180).

der »Zuverlässigkeit«, der »Gerechtigkeit« und des »Rechts« Gottes, die sich rettend an Mensch und Tier auswirken und so die Macht der Sünde (V. 2–5) überwinden.[58]

Mit dem dritten Stichos – »Mensch und Tier (= Gesamtheit der Lebewesen) rettest du (immer neu), JHWH!« (V. 7b) – erreicht der erste Teil (V. 6f.) des Hymnus V. 6–10 das Thema des zweiten Teils (V. 8–10), der die Partizipation der Menschen an Gottes Gegenwart und Gottes Gaben preist. Das Motivwort »Güte« (*chesed*), das in V. 6 die »Kosmosmetapher« einleitet, wird jetzt hinsichtlich seiner Bedeutung für die Menschenwelt entfaltet und in V. 11 auf die JHWH-Treuen ausgedehnt:

[6] JHWH, bis an den Himmel reicht **deine Güte**,
deine Zuverlässigkeit bis zu den Wolken.

[8] Wie kostbar ist **deine Güte**, Gott,
Menschenkinder können sich im Schatten deiner Flügel bergen.

[11] Lass andauern **deine Güte** denen, die dich kennen,
und deine Gerechtigkeit denen mit geradem Herzen.

Dabei werden in V. 8f. zwei elementare Bilder herangezogen:

Bild 1: »Im Schatten deiner Flügel«. In V. 8 wird das Bild eines schützenden Raums evoziert, in dessen »Schatten« (zel) sich die »Menschenkinder« bergen.[59] Als Vorstellungshintergrund ist mit F. Hartenstein dabei weniger das Bild eines die Flügel über seinen Jungen ausbreitenden Muttervogels[60] anzunehmen als eine »Flügelsonne mit Baldachinfunktion ..., die sowohl den Raum intensivsten Schutzes (durch den ›Schatten‹ Gottes) als auch das königliche ›Lebens-Licht‹ JHWHs bezeichnet.«[61]

Bild 2: »Der Bach deiner Wonnen«. In V. 9 wird das *Bild eines köstlichen Mahls* mit den beiden Komponenten »Essen« und »Trinken« evoziert, das von JHWH als Gastgeber an heiliger Stätte bereitet wird.[62] Der Tempel ist der Ort paradiesischer Lebensfülle, an dem der »Bach deiner Wonnen« entspringt. »Hier verlängert sich also die aus der kosmischen entstandene

---

58 Mit der »Rede von der ›Rettung‹ der Geschöpfe durch den das ganze Weltall durchwaltenden Gott ist, ohne daß das Wort dafür fallen müßte, zugleich etwas Entscheidendes über Gott gesagt: Er ist König. Denn Retten ist das Tun der Herrscher« (ders., aaO, S. 181).

59 Vgl. Ps 17,8; 57,2; 63,8 u.ö.

60 So Hossfeld/Zenger, Psalmen 51–100, S. 124 (Zenger), siehe dazu die Gegenargumentation auf S. 123ff., und Schroer, Schatten, S. 11.

61 Hartenstein, Angesicht, S. 157, Anm. 1, vgl. S. 158f.

62 Vgl. Ps 23,5; Ps 63,3; 65,5 u.ö.

kultische Perspektive in die urzeitlich-endzeitliche der paradiesischen Welt.«[63]

Diese beiden Bilder werden in V. 10 gebündelt und mit einem rätselhaften und schönen Satz ins Grundsätzliche gewendet:

Denn bei dir ist die Quelle des Lebens,
in deinem Licht schauen wir das Licht.

»Bei dir«, d.h. im Tempel, wird die Leben spendende Nähe Gottes erlebt. Der zweite Halbsatz (V. 10b) entfaltet diese Aussage durch eine *doppelte Lichtmetapher*. Das erste »Licht« dürfte

... das ›Licht seines (d.h. Gottes) Angesichts‹ (vgl. [Ps] 4,7; 44,4; 89,16) sein. Dabei ist ›seines Angesichts‹ (d.h. seiner Zuwendung; *pnim* ›Zugewandtes, Gesicht‹) ein erklärender Genitiv. Er setzt ›Licht‹ mit ›Zuwendung‹ Gottes gleich. Das zweite Licht bedeutet nichts anderes als ›Leben‹, wie der Ausdruck ›Licht des Lebens‹ ([Ps] 56,14), nahelegt. ›Des Lebens‹ ist ebenso wie ›seines Angesichts‹ ein erklärender Genitiv, der das Licht mit dem Leben identifiziert. (...) Der Sinn von (Ps) 36,10b ist also: ›Durch deine Freundlichkeit leben wir!‹ und diese Bedeutung paßt ausgezeichnet zur ersten Hälfte des Verses: ›Bei dir ist der Quell des Lebens‹ ([Ps] 36,10a).[64]

Im Bereich des Tempels, so konstatiert Ps 36,8–10, erfährt der Mensch – die »Menschenkinder« (V. 8) – die intensivste Nähe des lebendigen Gottes. Denn in den Vorhöfen des Tempels mit ihren Bäumen und im Wasser des »Ehernen Meers« (I Reg 7,23–26) und dem Kesselwagen (I Reg 7,27–39) manifestiert sich das vom Zionsgott ausgehende Leben.[65] Darum ist auch »ein Tag in deinen Vorhöfen besser als tausend in den Zelten des Frevels« (Ps 84,11) und »ein von Treue und Liebe geprägtes Gemeinschaftsverhältnis mit ihm wichtiger als das Leben selbst ([Ps] 63,4; 73,23–28)«[66]. Die Tradition der altorientalischen Tempel- und Gottesgärten,[67] die im Hintergrund des ›Paradiesbildes‹ von Ps 36,9b stehen dürfte, spricht in dieser Beziehung eine eindeutige Sprache.

Mit der Lichtaussage von Ps 36,10 schließt sich der Kreis zur Schilderung der welterfüllenden und alles durchleuchtenden[68] Gerechtigkeit Gottes

---

63 Lohfink, Innenschau, S. 184.

64 Keel, Bildsymbolik, S. 166, vgl. Hartenstein, aaO, S. 81, 157ff.

65 Zu den kosmologischen Implikationen der Jerusalemer Tempeltheologie siehe Janowski, Wohnung, S. 26ff.

66 Keel, ebd.

67 Siehe dazu Assmann, Tod, S. 299ff. (zum paradiesischen Diesseits als »Jenseitsbereich« neben Himmel und Unterwelt); Janowski, aaO, S. 50ff.

68 Ohne dass terminologisch vom »Licht der Sonne« gesprochen würde, steht im Hintergrund der »Kosmosmetapher« von V. 6f. nach Lohfink das Bild des Lichts der Sonne: »Denn was erfüllt den Raum zwischen Himmel und Erde, von einem Horizont zum anderen? Allein das köstliche und alles klärende Licht der Sonne« (aaO, S. 181).

im Zentrum des Psalms (V. 6f.). Zugleich ist damit der Kontrast zur ver-
schlossenen und düsteren Welt des Frevlers geschaffen, dessen Ende in
V. 13 konstatiert wird: »Dort sind hingefallen die Übeltäter, sie wurden
umgestoßen und können nicht mehr aufstehen.«[69] Im Gotteslob, so der
Grundgedanke von Ps 36,6–10, ist der Mensch außerhalb seiner selbst,[70]
d.h. ganz bei dem, der die »Quelle des Lebens« ist (V. 10)[71]. Sein Gotteslob
hat eine *räumliche Extension* – »bis an den Himmel« // »bis zu den Wolken« (V. 6), »gleich den Gottesbergen« // »gleich der großen Urflut« (V. 7)
– die der überwältigenden Größe der Schöpfung und der Güte ihres Schöp-
fers entspricht. Wie bei der Todesmetaphorik nimmt die Bildsprache auch
hier Zusammenhänge in den Blick, die eine neue Sicht auf die Grundfragen
des Lebens eröffnen.

3. Die Unverzichtbarkeit der Bilder

Metaphern sind, wie ich eingangs bemerkte, Sinnexperimente, die »mit den
semantischen Möglichkeiten der Sprache (spielen), indem sie im Rückgriff
auf sprachlich Vertrautes Unerwartetes zusammenstellen.«[72] »JHWH ist
mein Hirte, mir mangelt nichts,/ auf Weiden mit (saftigem) Grün lässt er
mich lagern,/ zu Wassern an Rastplätzen leitet er mich« (Ps 23,1f.) – so
beginnt einer der beliebtesten Psalmen des Alten Testaments. Man sollte
diese Bildwort nicht vorschnell interpretierend auflösen – etwa durch die
Umschreibung »Gott sorgt für den Menschen« – sondern als klare Sachver-
haltsaussage verstehen: In Ps 23,1f. wird der Beter nicht mit einem Schaf
verglichen, sondern er wird – und das ist der gemeinte Sachverhalt – als ein
Schaf klassifiziert, dem der göttliche »Hirte« alles Lebensnotwendige, »Wie-
den mit (saftigem) Grün« und »(frisches) Wasser an Rastplätzen«, gewährt
und das bzw. den er, wie der Text fortfährt, »auf Bahnen der Gerechtigkeit«
führt, auch wenn es bzw. er »im Tal der Finsternis« wandelt (V. 3f.).

Das Hirtenbild von Ps 23,1b–4 ist wohlbekannt und doch immer wieder
überraschend neu. Und zwar nicht nur, weil es für eine Metapher nie nur
eine richtige Interpretation gibt, sondern auch, weil jede Metapher etwas
Rätselhaftes hat. Rätselhaft nämlich ist, wie H. Blumenberg in seiner Studie
»Ausblick auf eine Theorie der Unbegrifflichkeit schreibt,

---

69 Zu der Frage, was mit dem »dort« gemeint ist – der Tempel oder das Jenseits, siehe Sticher,
Rettung, S. 130ff.

70 Bayer, Schöpfungsmorgen, S. 117, spricht in diesem Zusammenhang und mit Blick auf unseren Psalm treffend von der »Externität des menschlichen Seins«.

71 Vgl. Jer 2,13; Prov 13,14; 14,27 u.ö.

72 Zum Zitatnachweis s. oben Anm. 3.

... weshalb Metaphern überhaupt ›ertragen‹ werden. Daß sie in der Rhetorik als ›Schmuck der Rede‹ auftreten, mag an ihrer Gewähltheit begreiflich werden; daß sie aber auch in gegenständlichen Kontexten hingenommen werden, ist nicht selbstverständlich. Denn in jedem solchen Kontext ist die Metapher zunächst eine Störung. Betrachtet man das Bewußtsein, sofern es von Texten ›affiziert‹ wird, mit der Phänomenologie als eine intentionale Leistungsstruktur, so gefährdet jede Metapher deren ›Normalstimmigkeit‹.[73]

Auf solche *Störungen des Normalen* kommt es an, wenn außergewöhnliche Situationen, wie die Bewältigung der Leben/Tod-Problematik, dies erfordern. Dann tritt die Metapher als eine sprachliche Möglichkeit auf, Gefühle, Stimmungen und Werteinstellungen auszudrücken, die erfahrungsgemäß nur schwer in Worte zu fassen sind.[74] Die Lebens- und Todesbilder von Ps 23 sind dafür ein gelungenes Beispiel. Indem sie »im Rückgriff auf sprachlich Vertrautes Unerwartetes zusammenstellen«[75], durchbrechen sie das übliche Sachverständnis und schaffen eine neue Sicht, die man für seine Biographie als ganze gewinnt. So steckt in aller Metaphorik, besonders aber in der Bildsprache der Psalmen etwas Suggestives: keine andere Sprache führt tiefer hinein in die Finsternis des Todes und keine andere ist wie diese ein Weg zum Leben – darin liegt ihre Unverzichtbarkeit.

Literatur

Anderegg, Johannes: Sprache und Verwandlung. Zur literarischen Ästhetik, Göttingen 1985.

Assmann, Jan: Tod und Jenseits im Alten Ägypten, München 2001.

Assmann, Jan/Trauzettel, Rolf (Hg.): Tod, Jenseits und Identität. Perspektiven einer kulturwissenschaftlichen Thanatologie, Freiburg/München 2002.

Bail, Ulrike: Von zerstörten Räumen und Barfußgehen. Anmerkungen zu Text-Räumen der Enge in der Hebräischen Bibel, EvTh 61 (2001), S. 92–101.

Bartelmus, Rüdiger: Art. *rachav* usw., ThWAT 7 (1993) Sp. 449–460.

Barth, Christoph: Die Errettung vom Tode. Leben und Tod in den Klage- und Dankliedern des Alten Testaments, hg. von Janowski, Bernd, Stuttgart u.a. ³1997.

Bayer, Oswald: Der Schöpfungsmorgen, in: ders.: Schöpfung als Anrede. Zu einer Hermeneutik der Schöpfung, Tübingen ²1990, S. 109–127.

Berlejung, Angelika: Tod und Leben nach den Vorstellungen der Israeliten. Ein ausgewählter Aspekt zu einer Metapher im Spannungsfeld von Leben und Tod, in: Janowski, Bernd/Ego, Beate (Hg.): Das biblische Weltbild und seine altorientalischen Kontexte, Tübingen 2001, S. 465–502.

Berlin, Adele: On Reading Biblical Poetry: The Role of Metaphor, in: Emerton, John A. (ed.): Congress Volume Cambridge, Leiden u.a. 1997, S. 25–36.

Blumenberg, Hans: Ausblick auf eine Theorie der Unbegrifflichkeit, in: ders.: Ästhetische und metaphorologische Schriften, Franfurt a.M. 2001, S. 193–209.

Brown, William P.: Seeing the Psalms. A Theology of Metaphor, Louisville/London 2002.

Dalferth, Ingo U.: In Bildern denken. Die Sprache der Glaubenserfahrung, EK 30 (1997) 165–167.

---

73 Blumenberg, Ausblick, S. 193f.
74 Vgl. Schweizer, Art. Metaphorik, Sp. 792.
75 Dalferth, Sprache, S. 166.

Dietrich, Walter/Vollenweider, Samuel: Art. Tod II, TRE 33 (2001), S. 582–600.

Ebach, Jürgen: Streiten mit Gott. Hiob Teil 1: Hi 1–20, Neukirchen-Vluyn 1996.

Ders.: Streiten mit Gott. Hiob Teil 2: Hi 21–42, Neukirchen-Vluyn 1996.

Egger-Wenzel, Renate: Von der Freiheit Gottes, anders zu sein. Die zentrale Rolle der Kapitel 9 und 10 für das Ijobbuch, Würzburg 1998.

Forster, Christine: Begrenztes Leben als Herausforderung. Das Vergänglichkeitsmotiv in weisheitlichen Psalmen, Zürich/Freiburg 2000.

Franz, Ansgar: Mitten wir im Leben sind, in: Becker, Hansjakob u.a. (Hg.): Geistliches Wunderhorn. Große deutsche Kirchenlieder, München 2001, S. 84–93.

Fuchs, Gisela: Mythos und Hiobdichtung. Aufnahme und Umdeutung altorientalischer Vorstellungen, Stuttgart u.a. 1993.

Görg, Manfred: Art. Bildsprache, NBL 1 (1991), Sp. 298f.

Gunkel, Hermann/Begrich, Joachim: Einleitung in die Psalmen. Die Gattung der religiösen Lyrik Israels, Göttingen [4]1984.

Hartenstein, Friedhelm: ‚Das »Angesicht JHWHs«. Studien zu seinem höfischen und kultischen Bedeutungshintergrund in den Psalmen und in Exodus 32–34, masch. Habil.schrift Marburg 2000 (erscheint in FAT).

Hauge, Martin Ravndal: Between Sheol and Temple: motif structure and function in the I-psalms, Sheffield 1995.

Hornung, Erik: Chaotische Bereiche in der geordneten Welt, ZÄS 81 (1956), S. 28–32.

Ders.: Der Eine und die Vielen. Ägyptische Gottesvorstellungen, Darmstadt [5]1993.

Hossfeld, Frank-Lothar: Die Metaphorisierung der Beziehung Israels zum Land im Frühjudentum und im Christentum, in: Hahn, Ferdinand u.a. (Hg.): Zion – Ort der Begegnung. FS für Laurentius Klein, Bodenheim 1993, S. 19–33.

Hossfeld, Frank-Lothar/Zenger, Erich: Psalmen 51–100, Freiburg u.a. 2000.

Janowski, Bernd: Art. Licht und Finsternis II, RGG[4] 5 (2002), Sp. 330f.

Ders.: Dankbarkeit. Ein anthropologischer Grundbegriff im Spiegel der Toda-Psalmen, in: Zenger, Erich (Hg.): Ritual und Poesie. Zur Funktion von Gebeten und Psalmen im Alten Orient, im Judentum und im Christentum, Freiburg u.a. 2003, S. 91–136.

Ders.: Die heilige Wohnung des Höchsten. Kosmologische Implikationen der Jerusalemer Tempeltheologie, in: Keel, Othmar/Zenger, Erich (Hg.): Gottesstadt und Gottesgarten. Zu Geschichte und Theologie des Jerusalemer Tempels (QD 191), Freiburg u.a. 2002, S. 24–68.

Ders.: Die Toten loben JHWH nicht. Psalm 88 und das alttestamentliche Todesverständnis, in: Avemarie, Friedrich/Lichtenberger, Hermann (Hg.): Auferstehung – Resurrection, Tübingen 2001, S. 3–45.

Ders.: Konfliktgespräche mit Gott. Eine Anthropologie der Psalmen, Neukirchen-Vluyn 2003.

Jeremias, Jörg: Psalm 130 und Luthers Nachdichtung, ThBeitr 20 (1989), S. 284–297.

Ders.: Der Prophet Amos, Göttingen 1995.

Kedar, Benjamin: Biblische Semantik. Eine Einführung, Stuttgart u.a. 1981.

Keel, Othmar: Die Welt der altorientalischen Bildsymbolik und das Alte Testament. Am Beispiel der Psalmen, Göttingen [5]1996.

Kellermann, Diether: Art. ner usw., ThWAT 5 (1986), Sp. 616–626.

Kessler, Rainer: Micha, Freiburg u.a. 1999.

Krieg, Matthias: Schmetterlingsweisheit. Die Todesbilder von Nelly Sachs, Berlin 1983.

Ders.: Todesbilder im Alten Testament oder: »Wie die Alten den Tod gebildet«, Zürich 1988.

Krüger, Thomas: Kohelet (Prediger), Neukirchen-Vluyn 2000.

Liess, Kathrin: Art. Leben II/1, RGG[4] 5 (2002), Sp. 135f.

Dies.: Der Weg des Lebens. Psalm 16 und das Lebens- und Todesverständnis der Individualpsalmen, Tübingen 2004.

Lohfink, Norbert: Psalmengebet und Psalterredaktion, ALW 34 (1992), S. 1–22.

Ders.: Innenschau und Kosmosmystik. Zu Psalm 36, in: ders.: Im Schatten deiner Flügel. Große Bibeltexte neu erschlossen, Freiburg u.a. 1999, S. 172–187.

Mark, Martin: Meine Stärke und mein Schutz ist der Herr. Poetologisch-theologische Studie zu Ps 118, Würzburg 1999.

Meinhold, Arndt: Die Sprüche 1: Kap. 1–15, Zürich 1991.

Müller, Hans-Peter: Vergleich und Metapher im Hohenlied, Freiburg (Schweiz)/Göttingen 1984.

Nitsche, Stefan A.: Vor der Antwort käme die Frage. Die Psalmenrezeption im Evangelischen Gesangbuch, in: Steins, Georg (Hg.): Schweigen wäre gotteslästerlich. Die heilende Kraft der Klage, Würzburg 2000, S. 133–153.

Podella, Thomas: Grundzüge alttestamentlicher Jenseitsvorstellungen, BN 43 (1988), S. 70–89.

Ders.: Totenrituale und Jenseitsbeschreibungen. Zur anamnetischen Struktur der Religionsgeschichte Israels, in: Assmann, Jan/Trauzettel, Rolf: Tod, Jenseits und Identität, S. 530–561.

Rad, v., Gerhard: »Gerechtigkeit« und »,Leben« in der Kultsprache der Psalmen, in: ders.: Gesammelte Studien zum Alten Testament (TB 8), München [3]1965, S. 225–247.

Ders.: Theologie des Alten Testaments, Bd. 1, Gütersloh [10]1992.

Rudman, Dominic: The Use of Water Imagery in Descriptions of Sheol, ZAW 113 (2001), S. 240–244.

Schorch, Stefan: Euphemismen in der hebräischen Bibel, Wiesbaden 2000.

Schroer, Silvia: »Im Schatten Deiner Flügel«, in: Keel, Othmar/Staubli, Thomas: »Im Schatten Deiner Flügel«. Tiere in der Bibel und im Alten Orient, Freiburg (Schweiz) 2001, S. 8–12.

Schweizer, H.: Art. Metaphorik, NBL 2 (1995), Sp. 791f.

Schwienhorst-Schönberger, Ludger: »Nicht im Menschen gründet das Glück« (Koh 2,24). Kohelet im Spannungsfeld jüdischer Weisheit und hellenistischer Philosophie, Freiburg u.a. 1994.

Seifert, Brigitte: Metaphorisches Reden von Gott im Hoseabuch, Göttingen 1996.

Seybold, Klaus: Poetik der Psalmen, Stuttgart 2003.

Spieckermann, Hermann: Lieben und Glauben. Beobachtungen in Psalm 116, in: Weippert, Manfred/Timm, Stefan (Hg.): Meilenstein. FS für Herbert Donner, Wiesbaden 1995, S. 266–275.

Sticher, Claudia: Die Rettung der Guten durch Gott und die Selbstzerstörung der Bösen. Ein theologisches Denkmuster im Psalter, Berlin/Wien 2002.

Strauß, Hans: Hiob, Neukirchen-Vluyn 2000.

Ders.: Tod (Todeswunsch; »Jenseits«?) im Buch Hiob, in: Mommer, Peter u.a. (Hg.): Gottes Recht als Lebensraum. FS Hans Jochen Boecker, Neukirchen-Vluyn 1993, S. 239–249.

Tillmann, Norbert: „Das Wasser bis zum Hals!« Gestalt, Geschichte und Theologie des 69. Psalms, Münster 1993.

Tita, Hubert: Gelübde als Bekenntnis. Eine Studie zu den Gelübden im Alten Testament, Freiburg (Schweiz)/Göttingen 2001.

Tournay, Raymond J.: Seeing and Hearing God with the Psalms. The Prophetic Liturgy of the Second Temple in Jerusalem, Sheffield 1991.

Wahrig, Gerhard (Hg.): dtv-Wörterbuch der deutschen Sprache, München 1978.

Weber, Beat: »Wenn du Vergehen aufbewahrtest ...« Linguistische, poetologische und theologische Notizen zu Psalm 130, BN 107/108 (2001), S. 146–160.

Ders.: Werkbuch Psalmen 1. Die Psalmen 1 bis 72, Stuttgart u.a. 2001.

Wehrle, Josef: Art. Metapher, NBL 2 (1995), Sp. 789–791.

Westermann, Claus: Vergleiche und Gleichnisse im Alten und Neuen Testament, Stuttgart 1984.

Wolff, Hans Walter: Anthropologie des Alten Testaments, München [7]2002.

Zimmer, Tilmann: Zwischen Tod und Lebensglück. Eine Untersuchung zur Anthropologie Kohelets, Berlin/New York 1999.

Zimmermann, Ruben: Metaphern theorie und biblische Bildsprache. Ein methodologischer Versuch, ThZ 56 (2000), S. 108–133.

BEATE EGO

Die Gewaltthematik im Esterbuch

Exegetische und didaktische Überlegungen

1. Die Estererzählung im Religionsunterricht – eine Problemanzeige

Jahrhunderte lang stand das Esterbuch im Zentrum christlicher Kritik, da man dem Buch Nationalismus und blinde Gewalt vorgeworfen hat. Berühmt sind die Worte Luthers von den »Lügnern« und »Bluthunden«, die das Buch Ester lieb haben,[1] und die kleine Studie »Ester im Streit der Meinungen«, die W. Hermann nun vor bereits zwanzig Jahren publiziert hat, zeigt eindrücklich, wie eine solche negative Einschätzung im Folgenden weitertradiert wurde. Aber auch auf jüdischer Seite wurde das Buch durchaus mit kritischen Augen gelesen. Allen voran sei hier auf Schalom Ben Chorins Kritik am Esterbuch verwiesen, der dieses aus dem Kanon der heiligen Schriften des Judentums entfernen und damit auch das alljährlich gefeierte Purimfest aus dem jüdischen Festkalender eliminieren wollte.[2]

Da mit solchen negativen Einschätzungen des Werkes häufig auch antisemitische Aussagen verbunden sind, ist es zunächst sehr zu begrüßen, dass Arbeiten zum Esterbuch aus den letzten Dekaden eine deutliche Wende zeigen und sich durchaus positiv zu diesem Werk äußern.[3] So wurden in den letzten Jahren – sei es bewusst oder unbewusst – in der Exegese zahlreiche Versuche unternommen, die Erzählung inhaltlich zu »entlasten«.

---

1 »Sie [die Juden] sind die rechten Lügener und Bluthunde, die nicht allein die gantze Schrifft mit jren erlogenen glosen, von anfang bis noch daher, on auffhören verkeret und verfelscht [...] haben. Und alle jrs hertzen engstlich seufftzen und sehnen und hoffen gehet dahin, das sie ein mal möchten mit uns Heiden umbgehen, wie sie zur zeit Esther in Persia mit den Heiden umbgiengen. O, wie lieb haben sie das Buch Esther, das so fein stimmet auff jre blutdürstige, rachgyrige, mörderische begir und hoffnung, Kein blutdürstigers und rachgyrigers Volck hat die Sonnen je beschienen, als die sich düncken lassen, Sie seien darumb Gottes Volck, das sie sollen und müssen die Heiden morden und würgen. Und ist auch das furnemeste stück, das sie an jrem Messia gewarten, Er solle die gantze Welt durch jr Schwert ermorden und umbbringen« (Von den Juden, 433). Schließlich verlangte LUTHER: »Sie aber jmer zum Land ausgetrieben. [...9 Drumb jmer weg mit jnen« (526). Vgl. hierzu auch die Arbeit von Bardtke, Luther.

2 Ben-Chorin, Kritik des Esterbuches; s.a. ders., Jenseits von Orthodoxie, S. 54–59; ders., Ich lebe in Jerusalem, S. 612. Zur liberal-jüdischen Kritik am Esterbuch s.a. Wacker, Tödliche Gewalt, S. 612f. mit weiteren Literaturhinweisen.

3 Herrmann, Ester.

Eine ausführliche und umsichtige Zusammenstellung solcher »Strategien« hat jüngst die Münsteraner Exegetin M. T. Wacker vorgelegt, so dass an dieser Stelle wenige kurze Hinweise genügen mögen.[4] Um die Estererzählung in einem positiveren Licht erscheinen zu lassen, versuchte man – um nur einige Beispiele zu nennen – die Passagen des Buches, die Gewalt implizieren, im Horizont des weisheitlichen Entsprechungsdenkens zu begreifen, wonach in einem Art »Reversal-Prinzip« ein böser Plan dazu führt, dass dessen Initiator dasselbe Geschick erfährt.

Es [gemeint ist das Esterbuch] kommt im Stil, mit den Motiven und in den Strukturen weisheitlicher Lehrerzählungen daher, und dazu gehört die Figur des auf den Täter selbst zurückfallenden bösen (wie guten) Planens und Tuns. Die Ehrung etwa, die Haman für sich selbst erhofft, muss er an seinem Gegner Mordechai vollziehen (Est 6), und der Galgen, an den er den Mordechai zu bringen versucht, wird der Ort seiner eigenen Hinrichtung (Est 7). Den Siegelring des Königs, den dieser dem Haman einst überlassen hatte, erhält nun Mordechai (8,2; vgl. 3,10). Er und Ester siegeln damit ihren Gegenerlass, der wie der des Haman von königlichen Schreibern festgehalten, vervielfältigt, übersetzt und in alle Provinzen des Reiches versandt wird (8,9–14; vgl. 3,12–15a). Est 9,1 bringt diese Struktur meta-narrativ auf den Punkt: »Am Tag, als die Feinde der Juden hofften, Macht über sie zu gewinnen, da wurde dies umgewendet [...], so dass nun die Juden Macht gewannen über ihre Hasser«.[5]

In diesem Zusammenhang wurde auch auf die Funktion der Erzählung verwiesen sowie darauf, dass Geschichte hier in der »Perspektive von unten« dargestellt wird. »Das Esterbuch erzählt die Geschichte in der Weise einer Umkehrung der realen Verhältnisse; es ist *Geschichte* im Sinne einer Erzählung, die Vergangenheit konstruiert, und *Gegen*-Geschichte, insofern es gegen die herrschenden drückenden Verhältnisse erzählt. Das Lesen bzw. das Hören des Esterbuches kann jüdischen Menschen dazu verhelfen, Atem zu holen und so für den Alltag, der oft genug von subtiler antisemitischer Diskriminierung bis hin zu offener Bedrohung geprägt ist, neue Kraft zu schöpfen.«[6] Da Haman als Abkömmling der Amalekiter der Erzfeind des Gottesvolks schlechthin ist,[7] ist die tödliche Bedrohung des Volkes »in den Horizont eines tiefgreifenden Antagonismus (gestellt), in den auch der Gott Israels involviert ist.« [8]

---

4 Wacker, Tödliche Gewalt.

5 So Wacker, Tödliche Gewalt, S. 614. Zum Reversal-Prinzip s.u.a. Berg, Esther, S. 106–113 (mit Hinweisen auf die ältere Literatur); Stefanovic, Thematic Reversals, passim; Zenger, Einleitung, S. 305f.

6 Wacker, Widerstand, S. 38f.; dies., Tödliche Gewalt, S. 619f. mit Verweis auf Ausführungen E. Zengers und J. Assmanns.

7 Vgl. hierzu die Details weiter unten.

8 Wacker, Tödliche Gewalt, S. 625. Andere Ausleger betonen wiederum, dass es sich hier um legitime Gewalt handelt und sehen deshalb wohl keine Notwendigkeit einer »Entlastung« der Estererzählung; s. hierzu die ausführlichen Referate bei Wacker, Tödliche Gewalt, S. 626–633.

Das Buch enthält aber auch gewaltminimierende Momente, wenn die Dramatik auf den Tag hinausläuft, an dem das Blutvergießen ein Ende findet oder wenn mehrmals darauf hingewiesen wird, dass die Juden sich des Beutenehmens enthalten (vgl. 9,10.15.16).[9] Zahlreiche jüngere Arbeiten sehen in den Gewaltdarstellungen – wie auch in anderen Passagen des Buches – komödienhafte, burleske Züge,[10] sodass die brutalen Elemente in gewisser Art und Weise relativiert werden.

Dieser positiven Einschätzung des Buches in der jüngeren exegetischen Forschung entspricht es, wenn der Stoff in den letzten Jahren auch Eingang in den Religionsunterricht gefunden hat. Diesbezügliche Unterrichtsentwürfe stehen in einer engen Verbindung mit dem Purimfest, so dass der Stoff zunächst im Kontext einer Einführung in Leben und Brauchtum des Judentums erscheinen kann.[11] In theologischer Hinsicht erscheint der Religionsdidaktik das Buch darüber hinaus insofern für den Religionsunterricht interessant, da ein zentrales Anliegen des Stoffes darin besteht, »die Menschen auf Gottes verborgene Gegenwart in dieser Welt hinzuweisen«.[12] Anhand der Estergeschichte kann – so N. Metzger in ihrem Unterrichtsentwurf – deutlich gemacht werden, »dass wir in der Gewissheit der Gottesnähe leben können. [...] Das Buch Esther wird so zu einer Hoffnungsgeschichte für die Schüler/innen; denn es vermittelt ganz klar, dass wir eben aus dieser Gewissheit der Gottesnähe heraus in der Lage sind, schwere Lebenssituationen zu bestehen und aus eigener Verantwortung heraus zu handeln – wie Esther.«[13] Ester erscheint als Identifikationsfigur, die sich mit Eigeninitiative und Gottvertrauen mutig für andere einsetzt.[14]

Außerdem wird die Erzählung auch in den Kontext einer Auseinandersetzung mit dem Antisemitismus gestellt:

---

9 Wacker, Tödliche Gewalt, S. 616.

10 S. hierzu u.a. Berlin, Esther, S. xxiii: »Esther may not be a play but it is surely carnivalesque literature. Its secret identities, gross indulgences, sexual innuendoes, and nefarious plot against the Jews are part and parcel of the carnivalesque world of madness, hilarity, violence, and mock destruction. Indeed, violence is very much part of this world, and it is in this framework that we should understand the slaughter of the enemies of the Jews in chapter 9. [...] The killing is no more real than anything else in the plot, and is completely in character with the story's carnivalesque nature«. Zu den karnevalesken Zügen vgl. auch die Ausführungen bei Wacker, Tödliche Gewalt, S. 620–623; dies., Widerstand, S. 39, sowie die Publikation von Craig. Sei es der persische König, der trotz all seiner Macht durch das Handeln einer Frau seine Grenzen erfährt und lächerlich gemacht wird, sei es Haman, der den Triumphzug für Mordechai, seinen größten Gegner, ausrichten muss, aber auch Verkleidungen wie Esters Neubekleidung bei ihrem Besuch vor dem König oder Mordechais Einkleidung durch Haman sollen als solche karnevalesken Momente gelten.

11 S. hierzu Wermke, Buch Esther.

12 Metzger, S. 7.

13 Metzger, S. 8.

14 Metzger, S. 8; Wermke, Gottes Heilsplan, S. 16; ders., Das Buch Esther, S. 136f.; zu diesem Aspekt s.a. Maier, S. 54: Ester ordnet sich der männlichen Macht unter und wird zur Heldin.

Auch der Missbrauch von Macht, das Problem des Antisemitismus bzw. Rassenhasses müssen bedacht und verbalisiert werden, um die Schüler/innen zu verantwortungsvollen und dialogfähigen Mitbürger/innen zu erziehen, denn der »fortlaufende Dialog zwischen Juden und anderen Religionen ist ein heilsamer Weg, mit dem Antisemitismus fertig zu werden«.[15]

Recht unbestimmt bleiben die Unterrichtsentwürfe freilich, wenn es um das Thema der Gewalt im Kontext der Gegenwehr der Juden geht. So formuliert N. Metzger zwar ganz allgemein, dass das Buch Esther sich insbesondere deshalb für die fünfte und sechste Jahrgangsstufe an(biete), »weil es Gelegenheit gibt, die Perspektiven anderer zu übernehmen, moralische Konfliktsituationen ins Auge zu sehen, über sie zu sprechen und zu erkennen, wie andere damit umgehen«[16] – einen konkreten Vorschlag, wie dieser Aspekt im Unterrichtsgeschehen umgesetzt werden könnte, sucht man in den entsprechenden Unterrichtsentwürfen freilich vergeblich. Stattdessen fällt auf, dass in den diesbezüglichen Materialien die Gewaltproblematik verharmlost wird. So fassen die Materialkarten das Geschehen am Ende der Erzählung folgendermaßen zusammen:

Er (sc. Mordechai) schickte sofort den Befehl an alle Provinzen, dass die Juden sich am Tag des Überfalls gegen ihre Feinde wehren dürften. Beute dürfe aber keine gemacht werden. Und so geschah es dann. Einen Tag nach den Kämpfen feierten die Juden ein großes Fest aus Freude über ihre Rettung [...].[17]

Das Ausklammern der Gewaltproblematik ist sicherlich von einem *good will* getragen, der seine Wurzel darin hat, dass man keinen negativen Schatten auf dieser Überlieferung, die ja aufs Engste mit dem Judentum und jüdischen Brauchtum verbunden ist, sehen möchte. Ähnlich wie im Kontext der Psalmenrezeption, für die im liturgischen Bereich eine Ausblendung der Gewaltproblematik ebenfalls charakteristisch ist,[18] stellt sich aber auch für die Rezeption des Esterbuches die Frage, ob eine solche selektive Lesart

---

15 Metzger, S. 9; Wermke, Gottes Heilsplan, S. 16; ders., Buch Esther, S. 136; Maier, S. 54.

16 Metzger, S. 9.

17 Metzger, S. 40f. Eine Verharmlosung der dem Buch impliziten Gewaltproblematik findet sich auch bei Wermke, Gottes Heilsplan, S. 16: »Dies Märchen endet so, wie ein Märchen, das man sich in der Situation der äußerlichen Bedrängung erzählt, zu enden hat. Die Juden können sich nun mit Erlaubnis des Königs gegen ihre Feinde verteidigen. So wie einst die Wellen des Schilfmeers die Streitmacht des Pharao unter sich begruben, erwehren sich die Juden mit Waffengewalt ihrer Gegner. Mordechai wird, wie vor ihm schon Joseph, der wichtigste Berater des Königs und tritt das Erbe Hamans an. Jedoch kommt Ester aufgrund ihres schicksalshaften Entschlusses der entscheidende Anteil bei der Abwendung der drohenden Vernichtung ihres Volkes zu und sie wird daher zu Recht bis in die heutige Zeit als die Retterin Israels in einem fröhlichen Fest gefeiert.« Auf die dem Buch inhärente Gewaltproblematik geht Wermke hier gar nicht ein. Überraschend ist auch, dass sich bei Dietrich/Mayordomo, Gewalt und Gewaltüberwindung, sowie bei den anderen im Literaturverzeichnis angegebenen Publikationen W. Dietrichs kein Hinweis auf die Problematik des Esterbuches findet.

18 Vgl. hierzu Zenger, Gott der Rache, S. 43–46; s.a. Butting, Gewalt, S. 58.

legitim ist, da sie doch – zumindest auf längere Sicht – eine offenkundig bestehende Problematik marginalisiert und damit den biblischen Stoffen und in gewisser Hinsicht auch den Schülerinnen und Schülern nicht gerecht wird.

Aber auch da, wo das Thema der Gewalt nicht tabuisiert, sondern im Kontext des Religionsunterrichts rezipiert wird, bleiben Fragen. So formuliert J. Maier in seinem Unterrichtsentwurf zum Esterbuch:

> Die Behandlung des Buches Ester im RU der 7./8. Klasse ist keine leichte Aufgabe. Widerspricht es doch ziemlich allem, was Schüler und Schülerinnen aus dem RU gewohnt sind und was sie erwarten. Auch wenn die Ehrlichkeit beeindruckt, scheint die gewalttätige Darstellung einen Zugang doch zu erschweren. Gleichwohl kann die Beschäftigung mit diesem Buch unter verschiedenen Gesichtspunkten gewinnbringend sein. [...] Die Geschehnisse werden ehrlich dargestellt, Gewalt und Rachebedürfnis und andere menschliche Schwächen nicht verschleiert. Die Bibel zeigt Menschen, die den hehren moralischen Ansprüchen anderer Zeiten nicht entsprechen, und fordert daher auch zum Widerspruch heraus [...].«[19]

Wenn diesen Ausführungen auch prinzipiell zuzustimmen ist, wirkt die Umsetzung dieses Interesses freilich nicht unproblematisch. In einem der Stundenentwürfe dieser Unterrichtseinheit heißt es nämlich unter der Rubrik »Schüler/Lehrer«:

> L. erklärt die Folgen für Haman;
> erläutert die Darstellung der Bibel über die Gegenwehr der Juden:
> Tod Hamans und seiner Söhne; 500 Tote auf der Burg, 300 Tote in Susa, 75 000 Tote in den Provinzen; keine Beute (9,10.15.16).
> Sch. äußern Meinung dazu:
> – Rache und Vergeltung?
> – Sieg und Errettung?
> Sch. kennzeichnen die Rolle Esters:
> – Heldin? – Retterin?
> – »männliche« Frauenrolle: Macht gegen Macht?
> – mögliche Alternative zur Versöhnung?[20]

Sicherlich hängt in diesem Zusammenhang sehr vieles von der konkreten Umsetzung dieses Vorschlags und der Sensibilität der Lehrperson ab. Generell stellt diese Zusammenstellung vor die Frage, in welche Richtung eine solche Diskussion gehen soll. Wird mit der bloßen Darstellung der Gegenwehr, die die Zahl der Getöteten auflistet, nicht wieder Tür und Tor geöffnet für jene »alte« Form der Esterauslegung, die nur allzu schnell bereit ist, antijüdische Klischees zu bedienen? Wie soll mit Aussagen umgegangen werden, die hier nur negative Rache entdecken wollen? Wie werden antijü-

19 Maier, S. 53.
20 Maier, S. 60.

dische Ressentiments angegangen? Die Behandlung des Esterstoffes im Religionsunterricht steht somit in einem höchst problematischen Kontext. Weder die Verdrängung der Thematik noch eine offene Diskussion über die Gegenwehr der Juden erscheinen als der geeignete Weg, um den biblischen Stoffen, den Schülerinnen und Schülern und der Problematik des Antijudaismus letztendlich gerecht zu werden. Um mögliche Wege aus diesem Konflikt aufzuzeigen, soll hier zunächst einmal die Problemstellung exegetisch ausgeleuchtet werden. Damit soll die Basis geschaffen werden, um Anstöße für eine Rezeption des Esterbuches im Schulunterricht zu geben.

2. Historisch-kritische Aspekte der Gewaltthematik im Esterbuch am Beispiel von Est 9,1–19

Der wohl bedeutendste Abschnitt aus dem Esterbuch, in dem die Gewaltthematik am deutlichsten zu greifen ist und der daher im Zentrum meiner Ausführungen stehen soll, findet sich in Est 9,1–19:

9[1] Und im zwölften Monat – das ist der Monat Adar –, am dreizehnten Tag desselben, als das Wort des Königs und sein Gesetz ausgeführt werden sollten, an dem Tag, an dem die Feinde der Juden gedacht hatten, Herr über sie zu werden, es aber umgewendet wurde [hpk nif.], so dass die Juden selbst über ihre Feinde Herr wurden[21],
[2] da versammelten sich die Juden in ihren Städten in allen Provinzen des Königs Ahasveros, um ihre Hände auszustrecken[22] gegen die, die ihnen Böses wollten. Niemand konnte vor ihnen bestehen, denn die Furcht vor ihnen war auf alle Völker gefallen.
[3] Und alle Fürsten der Provinzen, die Satrapen und die Statthalter sowie diejenigen, die die Geschäfte des Königs betreiben, unterstützten die Juden, denn die Furcht vor Mordechai war über sie gekommen.
[4] Denn mächtig war Mordechai im Hause des Königs, und sein Ruf ging in alle Provinzen, denn der Mann Mordechai wurde immer mächtiger.
[5] Und die Juden schlugen alle ihre Feinde (mit) dem Schlag des Schwertes und (mit) Mord und (mit) Vernichtung, und sie taten auch an ihren Hassern nach ihrem Willen.
[6] Und in der Burg Susa töteten und vernichteten die Juden 500 Mann.
[7] Und Parschandata und Dalfon und Aspata
[8] und Porata und Adalja und Aridata
[9] Parmaschta und Arisai und Aridai und Wajesata,

---

21 Zu שלט s.a. Koh 2,19; 5,18; 8,9; Neh 5,15. Danach ist ein breites semantisches Spektrum im Sinne von »herrschen, Macht haben, verfügen über« anzunehmen; vgl. auch den entsprechenden aramäischen Begriff in Dan 2,39; 5,7.16; 3,27.

22 Manche Übersetzer geben den Inf. constr. mit lamed als finites Verb wieder. Zu der hier gewählten Übersetzung vgl. Brockelmann, § 47; Meyer, Hebräische Grammatik III, S. 58.

[10] die zehn Söhne Hamans, des Sohnes Hammedatas, des Feindes der Juden, töteten sie, aber nach der Beute streckten sie ihre Hand nicht aus.
[11] An diesem Tag kam die Kunde von der Anzahl[23] der in der Burg Susa Getöteten vor den König.
[12] Und es sprach der König zu Ester, der Königin: »In der Burg Susa haben die Juden 500 Mann und die Söhne Hamans getötet und vernichtet. Was haben sie wohl in den anderen Provinzen des Königs getan? Was ist deine Bitte? Und es sei dir gewährt! Und was ist noch dein Wunsch? Es soll erfüllt werden.«
[13] Da sprach Ester: »Wenn es dem König gefällt, so werde es auch morgen den Juden, die in der Burg Susa [sind], gestattet entsprechend dem Gesetz dieses Tages zu tun, und die zehn Söhne Hamans soll man an das Holz hängen.«
[14] Und es sprach der König, dass es so geschehen solle; und ein Gesetz wurde in Susa veröffentlicht und die zehn Söhne Hamans hängte man.
[15] Und es versammelten sich die Juden, die in der Burg Susa [waren], auch am 14. Tag des Monats Adar, und sie töteten in Susa 300 Mann, aber gegen die Beute streckten sie ihre Hände nicht aus.
[16] Die übrigen Juden, die in den Provinzen des Königs [waren], versammelten sich, und traten für ihr Leben ein und verschafften sich Ruhe vor ihren Feinden und töteten 75 000 ihrer Feinde, aber an die Beute legten sie die Hand nicht an
[17] am 13. Tag des Monats Adar, und am 14. Tag desselben ruhten sie und machten ihn zu einem Tag des Festmahles und der Freude.
[18] Und die Juden, die in Susa [waren], versammelten sich am 13. desselben [Monats] und am 14. desselben [Monats], und sie ruhten am 15. [Tag] desselben [Monats] und machten ihn zu einem Tag der Freude und des Festmahls.
[19] Deshalb machen die Juden, die Bewohner des offenen Landes, die in den offenen Städten wohnen, den 14. Tag des Monats Adar [zum Tag der] Freude und des Festmahles und zu einem Feiertag, und einer sendet dem anderen Geschenke.

Der vorliegende Text ist klar gegliedert: Auf einen einführenden und gleichzeitig zusammenfassenden Abschnitt (Est 9,1–4) folgen zunächst Ausführungen zum Geschehen in Susa am 13. Adar (Est 9,5–10) bzw. 14. Adar (Est 9,11–15). Dann werden die kämpferischen Ereignisse in den Provinzen knapp skizziert (Est 9,16). Der Abschnitt schließt mit Ausführungen zu den unterschiedlichen Tagen, an denen die wieder gewonnene Ruhe vor den Feinden gefeiert wird (9,17–19).

2.1 Est 9,1–4: Einleitung und Überblick

Der Abschnitt setzt mit einer Zeitangabe ein, durch die verschiedene Bezüge zur bisherigen Erzählung erfolgen: Da der hier genannte Tag, der 13. Adar, ursprünglich – wie explizit bemerkt wird – der Tag sein sollte, an

---

23 Wörtl.: die Zahl.

dem die Juden durch ihre Feinde vernichtet werden sollten, verweist die Zeiteingabe zum einen auf das Vernichtungsedikt Hamans in Est 3,13 zurück. Gleichzeitig führt diese Datumsangabe aber auch Est 8,9 weiter, wo zum letzten Mal eine Datumsangabe erfolgte und vom Versenden des Gegenwehrerlasses die Rede war. Zwischen dem dort genannten 23. Sivan und dem hier genannten Termin liegen mehr als acht Monate. Aufgrund dieser intratextuellen Bezüge in der Estererzählung werden zwei zentrale Elemente der Handlung – Vernichtungsedikt und Gegenwehrerlass – fokussiert und man wartet jetzt voller Spannung auf den Fortgang der Handlung. Dieser Aspekt wird im letzten Teil des einleitenden Satzes in Est 9,1 thematisiert, wenn berichtet wird, dass das Geschehen eine Wende nimmt (*hpk* nif.), die den mit dem Vernichtungsedikt verbundenen Plänen diametral entgegensteht. In der zusammenfassenden Bemerkung über die Umkehrung des Geschehens artikuliert der Erzähler die ihm eigene Sichtweise und Interpretation der Handlung: Das negative Geschick, das nach Hamans Plan eigentlich die Juden treffen sollte, schlägt nun auf die Judenfeinde zurück. Die neuere Exegese hat für diese Struktur den Begriff des »Reversal-Motivs« eingeführt.[24] Die Darstellungen des Esterbuches entsprechen somit ein Stückweit dem, was in dem Sprichwort aus Prov 26,27 angedeutet wird, wonach der, der eine Grube gräbt, selbst in diese hineinfallen kann.[25]

Dieses »Reversal-Prinzip« lässt sich auch an anderen Stellen in der Erzählung aufweisen: Dementsprechend heißt es bezüglich der Einführung des Purimfestes in Est 9,22, dass es sich für die Juden vom Kummer zur Freude und von der Trauer zu einem Festtag »gewandelt« hat (*hpk* nif.). Umgekehrt fällt auf Haman sein eigener böser Plan zurück, und es widerfährt ihm und seinen Söhnen das Geschick, das er eigentlich Mordechai zudacht hatte, nämlich der Tod am Galgen (9,25). Die Ehrungen, die Haman für sich erhofft hatte, werden dagegen Mordechai zuteil (Est 6,6–9.10).[26]

Mit der Verwendung des Verbs *hpk*, das hier die Wende des Geschehens signalisiert, benutzt der Erzähler des Esterbuches eine gängige Formel der

---

24 Vgl. z.B. Berg, Book, S. 103–113; Stefanovic, Thematic Reversals; Rodriguez, Esther, S. 36–38.
25 Wenn Prov 26,27 auch zunächst einfach sagen möchte, dass derjenige, der sich berufsmäßig mit dem Ausheben von Gruben und dem Transport von Steinen beschäftigt, dabei Schaden erleiden kann, so zeigt die Rezeption (und wohl auch der Kontext) dieser Aussage aber deutlich, dass die Verbindung zwischen dem Graben und dem Fall als eine Strafe verstanden wurde. Vgl. hierzu die Übersetzung der Septuaginta: »Wer dem Nächsten eine Grube gräbt, wird in diese fallen.« Durch die Einfügung des Begriffes *plēsios* (»Nächster«) wird deutlich gemacht, dass die genannte Tätigkeit von der Absicht geleitet ist, den Nächsten zu schädigen. Vgl. hierzu Plöger, S. 315; Freuling, S. 53f.
26 S. hierzu Schmitt, S. 100f. Diese Entsprechungsstruktur durchzieht auf narrativer Ebene darüber hinaus die gesamte Erzählung, vgl. hierzu die Übersicht bei Schmitt, S. 97–101 mit Hinweisen auf weitere Literatur.

biblischen Tradition. So wird in Ex 7,17.20 der Nil zu Blut (*hpk* nif.), in Ex 10,19 wiederum verwandelt Gott den Ostwind in einen Westwind (*hpk* q.). In den Psalmen, die auf den Exodus Bezug nehmen, erscheint der Terminus für die Verwandlung des Meeres in Trockene (Ps 66,6), bzw. des Nils in Blut (Ps 78,44; 105,29) sowie als Verweis auf das Wasserwunder von Mara (Ps 114,8).[27] In diesen Texten fungiert der Begriff als Signalwort für Gottes Rettungshandeln, wobei sowohl Konkreta als auch Abstrakta damit verbunden werden können. Am bekanntesten ist sicherlich Ps 30,12, wo es heißt: »Du hast mir meine Klage verwandelt in einen Reigen«; aber auch das Wort vom »Wenden des Lagers« in Ps 41,4, das konkret Jahwes Heilungshandeln meint, liegt auf dieser Ebene. Eine Reminiszenz an die Bileamserzählung liegt in Dtn 23,6 bzw. Neh 13,2 vor, wenn erzählt wird, dass Gott den Fluch Bileams in Segen umgewandelt habe. Von einer Verwandlung des Leids in Freude durch Gott selbst ist auch im sog. Trostbüchlein Jeremias in Jer 31,12f. die Rede.[28]

Während in diesen Beispielen explizit oder kontextuell der theologische Bezug der Wendung eindeutig gegeben ist, muss es für die Estererzählung an dieser Stelle offen bleiben, inwieweit eine solche theologische Dimension des Geschehens der *intentio auctoris* entspricht. Deutlich wird aber in jedem Fall, dass durch die intertextuellen Bezüge eine Leerstelle markiert wird. Assoziationen an ein theologisches Textverständnis werden geweckt und die Rezipienten des Textes selbst werden so zu einer eigenen Deutung des Geschehens aufgefordert.[29]

Auffallend ist zunächst, dass in Est 9,2 von einem Angriff gegen die Juden und einem Kampfesgeschehen explizit nicht die Rede ist und so stellt sich die Frage, ob hier »die Furcht vor den Juden« die Feinde bereits an jeder kämpferischen Aktivität   hinderte.[30] Verschiedene Ausleger haben

---

27 Auf dieser Linie, derzufolge Gott mit seinem Wandlungshandeln in die Schöpfung eingreifen kann, liegen auch Belege wie Am 5,8; Hi 9,5.

28 Vgl. zum Ganzen Seybold, Art. הפך u.a., Sp. 457ff. Der Begriff kann darüber hinaus auch formalisiert im Sinne von »zu etwas werden« gebraucht werden; so z.B. in Lev 13,16.17.25 im Kontext der Reinheitstorot, wenn von verschiedenen körperlichen Veränderungen gesprochen wird; s.a. Hi 20,14, wo von der Verwandlung von wohlschmeckender Speise zu Gift die Rede ist.

29 Vgl. hierzu grundlegend Iser, Appellstruktur; ders., Akt; Warning, Rezeptionsästhetik; Mayordomo-Marín, Den Anfang hören; Erbele-Küster, Lesen, S. 5–50 (ebenfalls Referate zu früheren theoretischen Arbeiten); s.a. auch die im Literaturverzeichnis genannten Beiträge von Utzschneider. Zur Leerstelle generell s. Iser, Akt, S. 284–327, sowie Erbele-Küster, Lesen, S. 173–177; vgl. auch Utzschneider, Problem, S. 184, 187. Speziell zur Leerstelle im Esterbuch vgl. meine Ausführungen in: Die biblische Prophetie und das Esterbuch – ein Experiment, S. 520.

30 Vgl. dagegen Bardtke, Esther, S. 380, der den Infinitiv im Sinne eines lateinischen Gerundiums übersetzt und betont, dass es nicht nur um die Absicht gehe, sondern um das tatsächliche Kampfesgeschehen. Eine Übersetzung, die das finale Element wiedergibt, findet sich u.a. bei Gerleman, S. 130; Meinhold, S. 78; Dommershausen, S. 111; Loader, S. 270; Moore, S. 84; Paton, S. 282; Berlin, S. 83.

darauf aufmerksam gemacht, dass an dieser Stelle Vorstellungen vom Heiligen Krieg rezipiert worden sind.[31] Nach den älteren Überlieferungen ist es Gott selbst, der Furcht auf die Feinde kommen lässt, sodass diese den Israeliten beim Kampf nicht standhalten können und unterliegen.[32] Dementsprechend heißt es auch in Ps 76,5–8:

Erleuchtet bist du,
gewaltiger als die Raub-Berge.
Es werden zur Beute tapfere Krieger, fielen in Schlaf,
und es fanden alle Kriegsleute ihre Hände nicht mehr.
Vor deinem Schelten, Gott Jakobs,
wurde betäubt so Gespann wie Pferd.
Du, furchtbar bist du,
und wer kann bestehen ('md) vor dir?
Dein Zorn ist seit jeher.[33]

Eine Theophanieerscheinung Gottes auf dem Zion (vgl. Ps 76,2–4) blendet mit ihrem Licht selbst die Helden unter den Feinden, so dass diese ohnmächtig werden. Gottes Schelten, also ein akustisches Element, betäubt zudem die Kriegsgespanne, so dass die Kriegsmacht der Feinde gelähmt wird und nicht mehr angreifen kann.[34]

So vermag der traditionsgeschichtliche Kontext auf jeden Fall die Vermutung bestätigen, dass hier nicht notwendigerweise an ein Kampfgeschehen zu denken ist. Bereits beim Anblick der Juden scheint der Mut die Feinde verlassen zu haben, sie vielleicht in eine Starre versetzt zu haben, so dass es gar nicht mehr zu einem Angriff kommt. Vom jüdischen Volk geht ein Numinosum aus, das jegliche Aggression zunichte werden lässt. Während die Völker anscheinend regungslos verharren, unterstützen – so Est 9,3 – die Repräsentanten des Reiches, die Fürsten der Provinzen, die Satrapen und die Statthalter sowie die Beauftragten des Königs das jüdische Volk. Dieses Verhalten der Würdenträger gegenüber dem jüdischen Volk hat seine Grundlage in der »Furcht vor Mordechai«. Die Furcht vor Mordechai wiederum gründet in dem ständig wachsenden Ansehen Mordechais und seinem Ruhm in der Völkerwelt (Est 9,4). Dabei ist es im vorliegenden

---

31 Vgl. hierzu z.B. Gerleman, S. 132; Dommershausen, S. 116f.; Loader, S. 271f. Vgl. hierzu auch Badtke, Esther, S. 384, der in dem Motiv des Verzichts auf die Beute einen Hinweis auf ältere Traditionen sieht; andererseits betont er aber auch den Abstand zum Konzept des »Heiligen Krieges«. Zur Überlieferung des Heiligen Krieges s. Kegler, Politisches Geschehen, und Scherer, Überlieferungen (beide mit weiterführenden Literaturangaben).

32 S. hierzu Jos 10,8; 21,44; 23,9; und II Reg 10,4.

33 Zitiert nach der Übersetzung von Seybold, Psalmen, S. 294.

34 Vgl. zu diesem Text Seybold, Psalmen, S. 296; Kraus, Psalmen, S. 691. Vgl. hierzu auch Ps 48,5. War es im vorigen Beleg die visuelle und akustische Theophanie des Israelgottes, die die Feinde lähmt, so ist es hier der Anblick der Gottesstadt, der diese in Panik versetzt, so dass sie fliehen und damit jedem Kampfesgeschehen auszuweichen versuchen.

Kontext eher unwahrscheinlich, dass der Erzähler hier eine militärische
Unterstützung im Sinne hat. Da das in Est 9,4 verwendete Verb *ns'* pi. an
keiner Stelle in der biblischen Überlieferung in einem kriegerischen Sinne
verwendet wird, scheint ein aktives, kämpferisches Eingreifen hier nicht
intendiert zu sein. Während der Begriff in der biblischen Überlieferung
generell im Sinne einer materiellen Unterstützung gemeint ist,[35] erscheint er
in der Estererzählung lediglich im Hinblick auf die Beförderung Hamans,
von der in Est 3,1 und Est 5,11 erzählt wird. So klingt auch in diesem Vers
das oben beschriebene »Reversal-Prinzip« an, wonach sich das Geschick
Hamans und das Mordechais bzw. das der Juden umkehren.

Eine Kombination des Motivs des Gottesschreckens mit der Vorstellung
einer materiellen Unterstützung durch die ursprünglichen Widersacher
findet sich in der Exodustradition, wenn es in Ps 105,37f. heißt:

Und er führte sie weg mit Silber und Gold;
unter seinen Stämmen keiner, der strauchelte.
Es freute sich Ägypten ihres Abzugs,
denn Angst vor ihnen hatte sie befallen.[36]

Wie bereits beim »Reversal-Motiv«, das in Est 9,1 formuliert ist, wird mit
den Anspielungen auf die Traditionen vom Heiligen Krieg ein Assoziationsfeld eröffnet, das an eine göttliche Lenkung des Geschehens denken
lässt. Entscheidend für den Erzählstil des Esterbuches ist es aber, dass ein
solches Koordinatensystem durch intertextuelle Bezüge zwar geschaffen
wird; eine explizite Festlegung findet sich freilich nicht.

2.2 Die Ereignisse in Susa am 13. Adar (Est 9,5–10)

Erst im Anschluss an diese den Abschnitt einleitenden Verse wird berichtet,
dass die Juden in der Stadt Susa 500 Mann sowie die zehn Söhne Hamans
töten (9,5–10). War es bislang offen geblieben, inwieweit es tatsächlich zu
einer militärischen Auseinandersetzung zwischen den Juden und ihrer Gegnern gekommen ist, wird nun direkt und mit sehr klaren Worten das Kampfesgeschehen geschildert. Die Juden gehen mit Erfolg gegen ihre Feinde
vor; dabei werden auch die Söhne Hamans umgebracht. Wie die zahlreichen wörtlichen Anklänge an Est 8,13 und die Rede von den Feinden zeigen, steht dieses Verhalten durchaus in Einklang mit dem Gegenwehrerlass.
Geht man davon aus, dass die Feinde aber durch die Furcht vor den Juden –

35 S. hierzu I Reg 9,11; Esr 1,4; 8,36.
36 Zitiert nach Seybold, Psalmen, S. 413.

wie oben aufgezeigt – in eine Art Schreckensstarre verfallen sind, so sind es geradezu wehrlose Opfer, die angegriffen werden.[37]

Bemerkenswert ist die Tatsache, dass explizit darauf hingewiesen wird, dass die erfolgreich kämpfenden Juden keine Beute machen. Es ist zu erwägen, inwieweit auch mit der Notiz von der Nichtaneignung der Beute auf Traditionen vom Heiligen Krieg angespielt werden soll. Nach dieser Tradition war dem Volk die Inbesitznahme der Beute ja versagt, Beute wurde vielmehr durch den Bann an Jahwe übereignet.[38] Mit dem Verzicht auf Beute verhalten sich die Juden im Perserreich als positives Gegenbild zu Mordechais Vorfahre Saul, der sich ja dem göttlichen Befehl, alles Eroberte zu bannen, widersetzt und Agag, den König der Amalekiter, sowie das erbeutete Vieh am Leben gelassen hatte (I Sam 17).[39] Durch dieses Verhalten erfolgt nun in Est 9,10 freilich eine überraschende Abkehr von dem oben aufgezeigten »Reversal-Prinzip«, war die Erbeutung des Eigentums doch auch Bestandteil des Vernichtungsedikts (3,13). Dass den Juden durchaus das Recht zur Beute zugestanden hat, wird zudem aus dem Gegenwehrerlass in Est 8,13 ersichtlich. Zahlreiche Ausleger des Esterbuches weisen auf den positiven Aspekt dieser Aussage hin; mit dem Verzicht auf die Beute kommt zum Ausdruck, dass es den Juden nicht um ihre eigene persönliche Bereicherung ging, sondern lediglich um die Verteidigung ihres Lebens.[40] In jedem Falle wird so ein positives Gegenbild zu dem Aggressor

---

37 Gerleman, S. 131.

38 Auf mögliche Beziehungen zur Tradition des Bannes im Kontext der Konzeption vom Heiligen Krieg s. u.a. McKane, Note, S. 260f.; Bardtke, Neuere Arbeiten, S. 527; Loader, Ester, S. 272; Dommershausen, Esther-Rolle, S. 117; Butting, Buchstaben, S. 81; Gerleman, Esther, S. 132, sieht hier einen Bezug zur Exoduserzählung.

39 Vgl. hierzu u.a. McKane, Note, S. 260f.; Bardtke, Neuere Arbeiten, S. 524f. Bardtke, Esther, S. 388, verweist auf Gen 14,22–24.

40 Vgl. z.B. Dommershausen, S. 117; eine explizite Würdigung dieses Aspektes erfolgt bei Butting, Buchstaben, S. 81, sowie van den Eynde S. 149. Vgl. hierzu z.B. Bardtke, Neuere Arbeiten, S. 527: »Theologisch ist aber noch ein anderer Zug zu berücksichtigen. Die Feier des auf den Kampf folgenden Tages gilt der wiedererlangten Ruhe vor den Feinden. Dieser wiedererlangten Ruhe gelten Freude und Jubel des Festtags. Es würden diese Freude und Jubel in ihrer Wurzelschicht getrübt sein, wenn die Juden sich an diesem Tag über Beute zu freuen Anlass hätten. Dann würde die Freude beim Austeilen der Beute, wie sie in Jes 9 bezeugt ist, sich häßlich einmischen in die Freude über die wiedererlangte Ruhe, daß selbst die ausdrückliche Erlaubnis zur Beute im Gegenwehrerlaß nicht befolgt wird. Auch darin drückt sich die Gesinnung des Diasporajudentums aus. Ruhe vor ihren Feinden wollen sie haben, Ruhe und Frieden in der Welt, ohne verfolgt zu werden. Daher strecken sie die Hände nicht nach der Beute aus«; s.a. van den Eynde, S. 149: »When both letters are compared in Hebrew, the wording is exactly the same, but with one important change: the people are not allowed to plunder. Whereas Ahasuerus and Haman sought power and wealth, the motivation of the Jews is different: they want only to defend themselves against evil and against those who attack them. In biblical language, this is presented (as in the story of Saul and Amalek) as a struggle from generation to generation. In this story, too, the successful struggle is presented as a literal obedience to the same command God had given to Saul: destroy without plundering.«

Haman gezeichnet, für den das Beutenehmen integraler Bestandteil seines
Planes war.

2.3 Die Ereignisse in Susa am 14. Adar (Est 9,11–15)

Der König erfährt noch am selben Tag von dem Geschehen in Susa. Seine
Frage nach dem Geschehen in den Provinzen seines Reiches ist vor diesem
Hintergrund nur nahe liegend. Umso mehr überrascht es aber, wenn Ester in
unmittelbaren Anschluss daran nach ihrem Wunsch gefragt wird[41] und nun
den König darum bittet, dass die Juden auch am folgenden Tag das Recht
haben sollen, nach dem Gesetz dieses Tages zu handeln; außerdem sollen
Hamans Söhne am Pfahl aufgehängt werden. Diese Bitte Esters erscheint in
dem vorliegenden Kontext völlig demotiviert: Zum einen hat das ursprüngliche Vernichtungsedikt lediglich den 13. Adar als Tag des Angriffs ins
Auge gefasst; das Gegenwehredikt sieht dementsprechend auch nur diesen
Tag als Tag der Verteidigung vor.[42] Außerdem hören wir an keiner Stelle
etwas davon, dass die Feinde die Juden angegriffen haben. Die Tatsache,
dass die Kampfhandlungen gar keine äußere Notwendigkeit mehr haben,
signalisiert freilich, welche Macht den Juden zwischenzeitlich zugekommen
ist.

Neben diesem textpragmatischem Aspekt ist aber auch auf die motivge-
schichtliche Komponente der Darstellung zu verweisen. Denn dieser Erzählzug wird vom Schluss der Erzählung her verständlich, der besagt, dass
die Juden in Susa im Gegensatz zu den anderen Juden des Reiches nicht den
14. Adar, sondern vielmehr den 15. Adar als Tag der Ruhe vor den Feinden
feiern. Der Abschnitt über diese Bitte Esters ist damit liturgisch motiviert
und besitzt eine ätiologische Funktion.[43] Auch das Aufhängen der Söhne

---

41 Vgl. hierzu den Bezug zu Est 5,6 und Est 6,2f.

42 Vgl. hierzu Clines, S. 48.

43 S. hierzu Dommershausen, S. 119: »Zur Begründung und Entschuldigung dieser Forderung
sind verschiedene Hypothesen aufgestellt worden. Wir möchten meinen: der wahre Grund ist ein
ätiologisch-literarischer. Der jüdische Verfasser will einen zu seinen Lebzeiten bestehenden
Brauch erklären und begründen: warum nämlich die jüdischen Landbewohner das Purimfest am
14. Adar und die Juden in Susa am 15. Adar begingen. [...] Dabei legt der Verfasser keinen Wert
auf kausale, psychologische oder gar moralische Momente. Auch der Exeget sollte alle moraltheo-
logischen Bedenken beiseite schieben und nur die Absicht des Erzählers sehen, der an der Erlaubt-
heit eines zweiten Kampftages – nach demselben Gesetz der Selbstverteidigung wie am vorherge-
henden – nicht zweifelt und darin eine gute Begründung für die von ihm vorgefundene Purimsitte
sieht.« Vgl. dagegen die harschen Worte bei Bardtke, Esther, S. 387: »Die Bitte der Esther geht
aber über den Sinn des Gegenwehrerlasses hinaus. Die Selbstverteidigung am 13. Adar war
vorüber. Danach konnte es keine Selbstverteidigung mehr geben, da das Ausmordungsdekret des
Haman nur für diesen einen Tag angesetzt war (3,13). Was jetzt erbeten wurde, konnte als Vor-

Hamans verlässt den Rahmen des Gegenwehredikts, und es wird deutlich: Ester möchte nicht nur den Tod der gesamten Familie des Widersachers, sondern deren öffentliche Entehrung.[44]

2.4 Die Ereignisse in den Provinzen (Est 9,16)

Nun wendet sich die Erzählung dem Geschehen außerhalb der Stadt Susa zu: Dort verteidigten sich die Juden der königlichen Provinzen, indem sie 75.000 ihrer Feinde töteten. Gerade an dieser Stelle wird die Tendenz der Septuaginta, die Gewalt des Textes einzuschränken, besonders offensichtlich, denn der »im hebräischen Text genannten Zahl der 75.000 Getöteten entspricht in der Septuaginta mit 15.000 lediglich ein Fünftel (9,16).«[45] Nach dem masoretischen Text steigt die Zahl der Opfer in den Provinzen also ins Maßlose, und es bedarf schon eines besonderen Humors, wenn man – wie in der Kommentierung von A. Berlin – von karnevalesken Zügen dieser Erzählung sprechen will.[46] Traditionsgeschichtlich interessant ist in diesem Kontext der Terminus der »Ruhe«, der in der biblischen Überlieferung häufig im Kontext von deuteronomistisch geprägten Reden über die Landnahme erscheint. »Mit diesem »Ruhe verschaffen« durch die Verleihung des Landes gehört implizit die Gewährung des Sieges über die Feinde Israels zusammen; nachdem das Land im Besitz der Israeliten ist, tritt in der dtr.-theologischen Formulierung dieses letztere Moment in den Vordergrund: Jahwe verschafft Ruhe vor den Feinden [...]. Doch damit ist nicht nur ein politisch-äußerlicher, sondern ein vollständiger, das ganze Leben umfassender Heilszustand gemeint.«[47] Der Begriff erscheint darüber hinaus auch in eschatologischen Zusammenhängen, wenn die »Ruhe« integraler Bestandteil der künftigen Heilszeit darstellt.[48] Inwiefern der Ester-Erzähler

---

sichtsmaßnahme verstanden werden, indem noch zu viele bekannte Judengegner in der Stadt Susa vorhanden waren. [...] Und die Schändung der Leichen hatte selbstverständlich mit einer Selbstverteidigung zum Zweck der Abwehr des Ausmordungsdekrets nichts zu tun. Der König gewährt die Bitte. Ihre Ausführung durch die Juden wird in den Versen 14 und 15 beschrieben. [...] Die Zahl der in Susa Getöteten beträgt dreihundert, also weniger als im Schlossbezirk. Hier, wenn man so will, ist nun das peinliche Element des Esterbuches vorhanden.«

44 Vgl. hierzu Gerleman, Esther; Bardtke; s.a. I Sam 31,10 und Jos 8,29f.

45 Wacker, Widerstand, S. 43; dies., Tödliche Gewalt, S. 617.

46 Berlin, S. xxiii. Die satirische Note der Erzählung sowie die grotesken, karnevalesken Züge werden auch von Wacker hervorgehoben, die auf den liturgischen Kontext der Verlesung der Esterrolle beim Purimfest rekurriert. Die Zahl der Getöteten wird in diesem Kontext freilich nicht genannt (Wacker, Widerstand, S. 39).

47 Vgl. hierzu Stolz, S. 46.

48 Vgl. hierzu Stolz, S. 46, s.a. Preuss, S. 300f. Zum Motiv der Ruhe in der dtr. Landnahmetradition s. u.a. Dtn 12,9; Ps 95,11; I Reg 8,56; vgl. auch die Verwendung des entsprechenden

hier auch die theologischen Implikationen dieser Tradition mit aktualisieren möchte und diese damit bereits Bestandteil der *intentio auctoris* sind, ist aus der Perspektive heutiger Auslegung nur schwerlich festzumachen. Somit handelt es sich bei diesem Beleg, wie bereits beim Begriff *hpk* und beim Motiv der »Furcht« um eine semantische Leerstelle, die von den Rezipienten zu füllen ist. Diese Leerstelle wird als solche weniger textimmanent durch eine Lücke oder einen Bruch in der Textkohärenz deutlich, sondern wird vielmehr durch die intertextuellen Bezüge erst evoziert.

Wie bereits im Kontext des Kampfgeschehens in Susa wird auch hier explizit darauf verwiesen, dass es bei diesen Kämpfen nicht um die Bereicherung der Juden ging.

2.5 Die Feiern im Anschluss an das Kampfesgeschehen (Est 9,17–19)

Der Abschnitt schließt mit Hinweisen auf die Feierlichkeiten, die sich an die Kampfesaktivitäten anschließen. Unmittelbar nach dem Bericht von dem Geschehen in den Provinzen erfolgt zunächst die Angabe, dass die Juden der Provinzen den 14. Adar zu einem Tag »des festlichen Mahls und der Freude« machten. Noch einmal wendet sich der Blick auf das Geschehen in Susa: Weil die Kampfeshandlungen dort am 13. und 14. Adar stattfanden, wurde dort der 15. Adar als Tag der Feierlichkeiten begangen. Der Abschnitt schließt mit einer ätiologischen Notiz, die Est 9,17 direkt weiterführt: Weil der 14. Adar in den Provinzen ein Ruhetag war, begehen die Juden, die auf dem offenen Land wohnen, diesen Tag als einen Feiertag. Da der Verfasser als Stadtjude schreibt, übergeht er – geradezu selbstverständlich – den 15. Adar als Festtag der Stadtjuden.[49] Durch diese abschließenden Verse wird die Gewaltthematik, die den Abschnitt über weite Strecken hin dominierte, ein Stück weit zurückgenommen: Nicht mehr eine Verabsolutierung der Gewalt, die als Ausdruck der Macht gedeutet werden kann, steht im Zentrum des Geschehens, sondern vielmehr der Aspekt eines ruhigen, friedvollen Lebens jenseits von Lebensgefahr und feindlicher Bedrohung.[50]

Verbs *nwch* hif. in Ex 33,14; Dtn 3,20; 12,10; 25,19; Jos 1,13.15; 21,44; 22,4; 23,1. Zum eschatologischen Kontext s. Jes 14,3; 43,18 oder 43,13. Auf diese traditionsgeschichtlichen Zusammenhänge wurde in der Literatur zum Esterbuch wiederholt verwiesen, vgl. z.B. Lebram, S. 217; Loader, S. 273.

49 Dommershausen, Esther-Rolle, S. 122; Bardtke, Esther, S. 389.

50 Vgl. hierzu Gerleman, S. 134: »Es fällt auf, daß die Feier des Purim nicht zur Erinnerung an den Sieg selber begangen wird, sondern zur Erinnerung an den Ruhetag nach dem Siege.«

2.6. Zusammenfassung

Nach diesen grundsätzlichen Ausführungen zu Est 9,1–19, einem Abschnitt, dem im Hinblick auf die Gewaltthematik im Esterbuch eine zentrale Rolle zukommt, ist zusammenfassend festzustellen:

— Eine detaillierte Analyse der einschlägigen Passage Est 9,1–19 zeigt zunächst, dass die im Esterbuch entfaltete Gewaltthematik nicht isoliert betrachtet werden kann, sondern im Kontext des gesamten Buches im Rahmen des weisheitlichen »Reversal-Motivs« zu verstehen ist. Danach wendet sich negatives Planen und Handeln letztlich gegen die eigentlichen Verursacher. Die Ereignisse bestätigen so in gewisser Art und Weise eine gerechte Weltordnung. Im Medium des Erzählens versichert sich die Erzählgemeinschaft der Geltung dieser Weltordnung.

— Dieser Zusammenhang vermag aber die in Est 9,1–19 dargestellten Ereignisse nur bedingt zu erfassen. Es zeigen sich vielmehr auch deutliche Abweichungen von diesem »Reversal-Motiv«: So ist das von Ester initiierte Kampfeshandeln, das in Susa am 14. Adar stattfindet, weder durch das Vernichtungsedikt noch durch das Gegenwehredikt motiviert. Vielmehr kommt es hier zu einer krassen Überbietung dessen, was ursprünglich intendiert war. Wenn hier auch die Macht Esters bzw. die des jüdischen Volkes klar zum Ausdruck kommt, so erscheinen Ester und das gesamte jüdische Volk den heutigen Lesern in einem grausamen Licht.

— Wenn explizit darauf hingewiesen wird, dass die jüdischen Kämpfer auf das Beutenehmen verzichten, so wird das »Reversal-Motiv« aber auch in eine andere Richtung durchbrochen. Denn das Beutemotiv aus dem Vernichtungsedikt (3,13) bzw. das im Gegenwehrerlass zugestandene Recht auf Aneignung der Beute findet damit im Abschluss der Erzählung keine Entsprechung. Zudem wird die Aggresivität des Berichteten am Ende der Erzählung insofern etwas zurückgenommen, da die Feierlichkeiten, die ja auch das Purimfest begründen, den Akzent nicht auf die Kampfeshandlungen, sondern auf die Ruhe vor den Feinden legen.

— Die Gewaltthematik in Est 9,1–19 steht damit durchaus in einem ambivalenten Licht, da das Kampfesgeschehen zum einen als Selbstverteidigung gedeutet werden kann, zum anderen sich aber auch eine gewisse Eigendynamik der Gewaltentwicklung andeutet.

— Ambivalent erscheint das Geschehen darüber hinaus auch durch die Offenheit im Hinblick auf die theologische Komponente des Geschehens. Gottes Eingreifen und Unterstützung wird – wie allseits bekannt – ja an keiner Stelle explizit genannt; umso auffälliger ist es aber, dass durch zahlreiche intertextuelle Bezüge ein Assoziationsfeld eröffnet wird, das auf eine theologische Metaebene des Geschehens verweist. Dabei spielen insbesondere Vorstellungen aus dem Konzept des »Heiligen Krieges« und – mit dem Motiv der Ruhe – aus den Traditionen der Landnahme eine herausragende Rolle. Interessanterweise verweisen die intertextuellen Anspielungen gar nicht auf das Kampfeshandeln als solches, sondern vielmehr auf den den eigentlichen Kämpfen vorausgehenden Gottesschrecken, in dem die Feinde zunächst gelähmt erstarren. Wenn von Gott selbst nicht explizit die Rede, sondern nur auf die göttliche Hilfe indirekt angespielt wird, dann zeigt sich durch diese offene Struktur deutlich, dass Gott in dieser Erzählung nicht zur Sanktionierung von menschlicher Gewalt herangezogen werden kann.

3. Ausblick: Perspektiven einer Behandlung der Estererzählung im Religionsunterricht

Im Hinblick auf einen redlichen Umgang mit der biblischen Tradition sollte bei der Behandlung des Ester-Stoffes im Religionsunterricht von Anfang an darauf hingewiesen werden, dass es sich hier wegen der inhärenten Gewaltthematik um eine schwierige biblische Überlieferung handelt, in der das Thema »Gewalt« in einem durchaus ambivalenten Licht erscheint. Von zentraler Bedeutung ist es, in diesem Zusammenhang auf die Vielstimmigkeit der Erzählung in der Darstellung der Gewalt aufmerksam zu machen.[51] Nicht nur Anknüpfungspunkte einer Gewaltminderung, wie sie durch das Motiv des Beuteverzichts gegeben sind, und das »Reversal-Motiv«, sondern auch die unangemessen wirkende Gewaltbereitschaft Esters sollte bei der Besprechung des Stoffes zur Sprache kommen und didaktisch vertieft werden. Ebenso wichtig ist es, die theologische Meta-Ebene des Geschehens, wie sie häufig auch in Unterrichtsentwürfen formuliert wird, zu thematisieren.

Zunächst ist auf das »Reversal-Motiv« als auch auf dessen »zweifache Durchbrechung« einzugehen. Ausgehend von der weisheitlichen Entsprechung von Tun und Ergehen kann die allgemeine Thematik der menschlichen Suche und Sehnsucht nach einer verbindlichen Gerechtigkeit themati-

---

51 Zur Friedenserziehung als Gegenstand des Religionsunterrichts vgl. weiterführend die Beiträge in N. Ammermann u.a., Frieden, sowie Mokrosch, Gewalt, und Nipkow, Christliche Pädagogik.

siert werden.[52] Gerade an dieser Stelle ist auf die Funktion der Erzählung als einer Gegengeschichte zu verweisen, die in der Situation der Unterdrückung eine Befreiung aus diesen Verhältnissen erhofft. In diesem Kontext bietet sich ein Ausblick auf die Geschichte des jüdischen Volkes und auf die Feier des Purimfestes an.

Das Durchbrechen dieses »Reversal-Prinzips« in Esters Wunsch, auch am 14. Adar mit den Kämpfen in Susa fortzufahren, zeigt aber auch die Problematik einer sich selbst verabsolutierenden Gewalt. Gerade in diesem Zusammenhang ist weiter ausholend ganz grundlegend auf die Realistik biblischen Erzählens hinzuweisen. Nicht die Idealität menschlichen Seins steht im Vordergrund des Erzählens, sondern menschliches Fühlen, Denken und Handeln mit all seinen Verwerfungen und Problemen.[53] Gerade die biblische Estererzählung ist so zunächst eine Erzählung, die menschliches Wünschen und Handeln der Wirklichkeit entsprechend widerspiegelt. Ester kann einerseits als eine bewundernswerte und tapfere Frau gezeichnet werden, die unter Einsatz ihres Lebens für ihr eigenes Volk eintritt; wie andere biblische Gestalten ist sie aber keine Idealfigur, die keine negativen menschlichen Züge kennt.

Schließlich bietet sich die Erzählung auch dafür an, über die derzeit hochaktuelle Verbindung von Gewalt und Religion zu diskutieren. Dabei sollte nicht vorschnell und vereinfachend von der göttlichen Hilfe beim Sieg über die Feinde gesprochen werden. Vielmehr ist hier auf die Offenheit des biblischen Textes und sein Interpretationspotenzial einzugehen. So ist zu zeigen, dass das Buch als Glaubenszeugnis für Gottes Eingreifen zugunsten seines Volkes in der Geschichte gelesen werden *kann* und in der jüdischen Tradition auch gelesen wurde und gelesen wird. Die Gewalt, mit denen sich die Juden gegen ihre Feinde richten, wird freilich in der Erzählung in keiner Weise – auch nicht durch intertextuelle Bezüge – religiös legitimiert, sondern erscheint als Ausdruck menschlichen, selbstbestimmten Handelns. Die Erzählung wirft den Leser somit auf sich selbst zurück und fordert von ihm eine eigene theologische und ethische Positionsbestimmung.[54] Gerade weil diese Art des Umgangs mit der Heiligen Schrift hohe

---

52 Zur Gerechtigkeit s. Zenger, Gott der Rache, S. 130–137.

53 Zum realistischen Menschenbild der biblischen Überlieferungen s. Oeming, S. 75; Dietrich, Im Zeichen Kains, S. 257; Kiesow, S. 73.

54 »Diese vielfachen rhetorischen Ironien des Buches sind dazu angetan, bei LeserInnen die Erwartung immer neuer ironischer Wendungen zu erzeugen und so die Bedeutung des Textes immer wieder zu hinterfragen. Auf diese Weise einer generativen Ironie, so Goldman, werden LeserInnen geradezu herausgefordert, den ethischen Problemen des Textes auf die Spur zu kommen, die insbesondere mit Kap. 9 gegeben sind. [...] Die Antwort gibt das Esterbuch selbst: Das Bild jüdischer Menschen, das in Kap. 9,1ff gezeichnet wird, ist ein Negativporträt zu dem Zweck, jüdische Selbstkritik zu initiieren. Indem Juden als wie ihre Feinde handelnd gezeichnet werden, können jüdische LeserInnen sich herausgefordert fühlen, ihre Feindbilder und ihr Selbstbild einer

Anforderungen an die Rezipienten stellt, liegt hier ein großes Potential für die Erziehung zu einem mündigen Umgang mit der religiösen Tradition.

Bei aller Differenziertheit der Darstellung – die Estergeschichte bleibt durch die Ambivalenz der Gewaltdarstellung ein schwieriges Buch. Soll die Erzählung einen Beitrag im Kontext der Friedenserziehung im Religionsunterricht leisten, so ist es notwendig, diese mit anderen biblischen Überlieferungen in Beziehung zu setzen, die den Hauptakzent nicht auf die Wirklichkeit menschlicher Gewaltverstrickung legen, sondern vielmehr im weitesten Sinne Anleitung zur Überwindung von Gewalt geben und Hoffnungsbilder auf das Ende der Gewalt sowie Utopien der Gewaltlosigkeit entwerfen.[55]

Literatur

Ammermann, Norbert/Ego, Beate/Merkel, Helmut (Hg.): Frieden als Gabe und Aufgabe. Beiträge zur theologischen Friedensforschung, Göttingen 2005.

Bardtke, Hans: Das Buch Esther, Gütersloh 1963.

Ders.: Luther und das Buch Esther, Tübingen 1964.

Ders.: Neuere Arbeiten zum Estherbuch. Eine kritische Würdigung, Ex oriente lux 19 (1965/66), S. 519–549.

Ben-Chorin, Schalom: Kritik des Estherbuches. Eine theologische Streitschrift, Jerusalem 1938.

Ders.: Ich lebe in Jerusalem, Gerlingen 1979.

Ders.: Jenseits von Orthodoxie und Liberalismus. Versuch über die jüdische Glaubenslage der Gegenwart (Erstveröffentlichung Tel Aviv 1939), Tübingen ³1991.

Berg, Sandra B.: The Book of Esther. Motifs, Themes and Structures, Missoula 1979.

Berlin, Adele: Esther. The Traditional Hebrew Text with the New JPS Translation. Commentary, Philadelphia 2001.

Brockelmann, Carl: Hebräische Syntax, Neukirchen 1956.

Butting, Clara: Die Buchstaben werden sich noch wundern. Innerbiblische Kritik als Wegweisung feministischer Hermeneutik, Berlin 1994.

Dies.: Verstrickt in Gewalt? Überlegungen zur Gewalt biblischer Texte, Arbeitshilfe zum Weitergeben 2 (2002), S. 6–13.

Clines, David J.A.: The Esther Scroll. The Story of the Story, Sheffield 1983.

Craig, Kenneth: Reading Esther. A Case for the Literary Carnevalesque, Louisville 1995.

Dietrich, Walter: Gewalt wahrnehmen – von Gewalt heilen. Theologische und religionswissenschaftliche Perspektiven (hg. zusammen mit Wolfgang Lienemann), Stuttgart 2004.

Ders.: Im Zeichen Kains. Gewalt und Gewaltüberwindung in der Hebräischen Bibel, EvTh 64 (2004), S. 252–267.

Dietrich, Walter/Mayordomo, Moises: Gewalt und Gewaltüberwindung in der Bibel, Zürich 2005.

Dommershausen, Werner: Die Esther-Rolle. Stil und Ziel einer alttestamentlichen Schrift, Stuttgart 1968.

Ego, Beate: Die biblische Prophetie und das Esterbuch – ein Experiment, in: Rüdiger Lux/ Ernst Joachim Waschke (Hg.): Die unwiderstehliche Wahrheit. Studien zur alttestamentlichen Prophetie. FS Arndt Meinhold, Leipzig 2006, S. 513–528.

---

ironisch-kritischen Überprüfung zu unterziehen. [...] intuitive Ironie [...] als Strategie des Überlebens [...]«, Wacker, Tödliche Gewalt, S. 634.

55 Vgl. zu diesem Aspekt die Ausführungen bei Dietrich/Mayordomo, S. 134–250; Dietrich, Im Zeichen Kains, S. 259–267.

Erbele-Küster, Dorothea: Lesen als Akt des Betens. Eine Rezeptionsästhetik der Psalmen, Neukirchen-Vluyn 2001.

Freuling, Georg: »Wer eine Grube gräbt ...«. Der Tun-Ergehens-Zusammenhang und sein Wandel in der alttestamentlichen Weisheitsliteratur, Neukirchen-Vluyn 2004.

Gerleman, Gillis: Esther, Neukirchen-Vluyn [2]1984.

Herrmann, Wolfram: Ester im Streit der Meinungen, Frankfurt a.M. 1986.

Iser, Wolfgang: Die Appellstruktur der Texte. Unbestimmtheit als Wirkungsbedingung literarischer Prosa, Konstanz 1972.

Ders.: Der Akt des Lesens. Theorie ästhetischer Wirkung, München 1976 ([4]1994).

Kegler, Jürgen: Politisches Geschehen und theologisches Verstehen. Zum Geschichtsverständnis in der frühen israelitischen Königszeit, Stuttgart 1977.

Kiesow, Klaus: Das Erste Testament und die Gewalt. Ein Orientierungsversuch in fünf Schritten, rhs 37.2 (1994), S. 73–76.

Kraus, Hans-Joachim: Die Psalmen, 2 Bde., Neukirchen-Vluyn [5]1978.

Lebram, Jürgen: Purimfest und Esterbuch, in: Moore, Carey A. (Hg.): Studies in the Book of Esther, New York 1982, S. 205–219 (erstmals erschienen in: VT 22 [1972], S. 208–222).

Loader, James A.: Das Buch Ester, Göttingen [4]1992.

Luther, Martin: Von den Juden und ihren Lügen (WA 53), Weimar 1920, S. 412–552.

Maier, Joachim: Ester – ein »historischer« Roman in vier Akten – Unterrichtseinheit für 7./8. Schuljahr, in: Gerhard Büttner/Joachim Maier: Maria aus Magdala – Ester – Debora. Modelle für den evangelischen und katholischen Sekundarstufe I Religionsunterricht, Stuttgart 1994, S. 51–75.

Mayordomo-Marín, Mòses: Den Anfang hören. Leseorientierte Evangelienexegese am Beispiel Matthäus 1–2, Göttingen 1998.

McKane, William: A Note on Esther IX and 1 Samuel XV, JTS 12 (1961), S. 260–261.

Meinhold, Arndt: Das Buch Esther, Zürich 1983.

Metzger, Nicole: Das Buch Esther. Anregungen für eine narrative Suche nach dem verborgenen Gott, in: Kliemann, Peter/ Kurz, Helmut (Hg.): Unterrichtsentwürfe für die Sekundarstufe Band 3, Stuttgart 2004, S. 7–63.

Meyer, Rudolf: Hebräische Grammatik, 4 Bde., Berlin u.a. [3]1966.1969.1972.

Mokrosch, Reinhold: Gewalt. Arbeitshefte Ethik Sekundarstufe II: Ethik- Religions- und Philosophieunterricht, Donauwörth 2000.

Moore, Carey A.: Esther. Introduction, Translation and Notes, New York 1971.

Nipkow, Karl E.: Christliche Pädagogik und interreligiöses Lernen, Friedenserziehung, Religionsunterricht und Ethikunterricht, Gütersloh 2005.

Oeming, Manfred: Gott und Gewalt im Alten Testament. Unzeitgemäße Betrachtungen eines Exegeten, in: Ammermann, Norbert/Ego, Beate/Merkel, Helmut (Hg.): Frieden als Gabe und Aufgabe, Beiträge zur theologischen Friedensforschung, Göttingen 2005, S. 67–88.

Paton, Lewis Bayles: A Critical and Exegetical Commentary on the Book of Esther, Edinburgh [2]1951.

Plöger, Otto: Sprüche Salomos (Proverbia), Neukirchen-Vluyn 1984.

Preuss, Horst Dietrich: Art. נוח, ThWAT V (1985), Sp. 297–307.

Rodriguez, Angel Manuel: Esther. A Theological Approach, Berrien Springs/Mich. 1995.

Scherer, Andreas: Überlieferungen von Religion und Krieg. Exegetische und religionsgeschichtliche Untersuchungen zu Richter 3–8 und verwandten Texten, Neukirchen-Vluyn 2005.

Schmid, Hans Heinrich: Heiliger Krieg und Gottesfrieden im Alten Testament, in: Stolz, Fritz (Hg.): Religion zu Krieg und Frieden, Zürich 1986, S. 49–64.

Schmitt, Armin: Wende des Lebens. Untersuchungen zu einem Situationsmotiv, Berlin u.a. 2000.

Seybold, Klaus: Art. הפך u.a., ThWAT II (1975), Sp. 454–459.

Ders.: Die Psalmen, Tübingen 1996.

Stefanovic, Zdravko: »Go at once!«. Thematic Reversals in the Book of Esther, AJTh 8 (1994), S. 163–171.

Stolz, Fritz: Art. נוח ruhen, THAT II ([3]1993), Sp. 43–46.

Utzschneider, Helmut: Das hermeneutische Problem der Uneindeutigkeit biblischer Texte –
    dargestellt an Text und Rezeption der Erzählung von Jakob am Jabbok (Gen 32,23–33), EvTh
    48 (1988), S. 182–198.

Ders.: Text – Leser – Autor. Bestandsaufnahme zu einer Theorie der Exegese, BZ 43 (1999), S.
    224–238.

van den Eynde, Sabine: If Esther Had Not Been That Beautiful: Dealing with the Hidden God in
    the (Hebrew) Book of Esther, BTB 31 (2001), S. 145–150.

Wacker, Marie-Theres, Tödliche Gewalt des Judenhasses – mit tödlicher Gewalt gegen Judenhass?
    Hermeneutische Überlegungen zu Est 9, in: Frank-Lothar Hossfeld u.a. (Hg.): Das Manna fällt
    auch heute noch. Beiträge zur Geschichte und Theologie des Alten, Ersten Testaments, Frei-
    burg i. Br. 2004, S. 609–637.

Dies.: Widerstand – Rache – verkehrte Welt. Oder: Vom Umgang mit Gewalt im Esterbuch, in:
    Butting, Klara/Minnaard, Gerard/Wacker, Marie-Theres (Hg.): Ester. Mit Beiträgen aus Juden-
    tum. Christentum. Islam. Literatur. Kunst (Die Bibel erzählt), Wittingen 2005.

Warning, Rainer (Hg.): Rezeptionsästhetik. Theorie und Praxis, München 1995.

Wermke, Michael: Das Buch Esther. Hintergründe und Impulse für die unterrichtliche Behand-
    lung, in: Jüdische Feste – Wurzeln des Glaubens. Bilderzyklus von Hartmut R. Berlinicke
    (›Die Weiße Reihe‹ Bd. 4, hg. v. Manfred Kwiran/Michael Künne), Braunschweig 1994, S.
    135–138.

Wermke, Michael: Gottes Heilsplan im Buch Esther. Religionspädagogische Überlegungen zu
    einem nahezu vergessenen Buch, Loccumer Pelikan 4 (1993), S. 13–17.

Zenger, Erich: Ein Gott der Rache? Feindpsalmen verstehen, Freiburg u.a. 1998.

Ders: Das Buch Ester, in: Erich Zenger u.a., Einleitung in das Alte Testament, Stuttgart ⁵2004, S.
    302–311.

Neutestamentliche Beiträge

PETER MÜLLER

»Da mussten die Leute erst nachdenken«

Chancen und Grenzen der Gleichnisdidaktik

Der Titel dieses Beitrags stammt von einem 9-jährigen Mädchen. Ich nenne sie Melanie. Melanie hat vor ein paar Jahren an einer Befragung von rund 700 Grundschulkindern an hessischen Schulen teilgenommen. Den Kindern wurde das Gleichnis vom verlorenen Schaf vorgelegt, verbunden mit einigen Fragen, die zur Identifikation oder zur gedanklichen Auseinandersetzung mit dem Text einluden. Melanie schrieb: »Ich finde es gut, wie Jesus diese Geschichte erzählt hat, da mussten die Leute erst nachdenken, und so wissen sie auch: Gott ist für alle da (falls sie es noch nicht wussten).«[1] Dass Melanie die exegetische Terminologie beherrschte, mit der Bildworte, Gleichnisse, Parabeln und Beispielgeschichten unterschieden werden, kann man mit gutem Recht bezweifeln. Möglicherweise war ihr das Wort »Gleichnis« bekannt. Aber unabhängig von der Terminologie war sie in der Lage, treffend zu beschreiben, was es mit einem Gleichnis auf sich hat: »Da mussten die Leute erst nachdenken.«[2] Die Antwort zeigt, dass bei Melanie selbst ein Übertragungsprozess stattgefunden hat, der vom Gleichnis provoziert wurde. Gleichnisse sind Texte, die Verstehen anstoßen wollen, die zum Übertragen reizen, die einen neuen Horizont öffnen über die Worte hinaus.

Literaturwissenschaft und Exegese arbeiten – anders als Melanie – mit einem bestimmten Begriffsrepertoire. Wenn es darum geht, einen Text in seiner literarischen Qualität zu bestimmen, spielt das Kriterium der »Überstrukturierung« oder der »Mehrfachcodierung« eine wichtige Rolle. Literarische Texte weben ein Netz von Verweisen, Anspielungen und Symbolen, das verschiedene Interpretationsrichtungen ermöglicht. »Der Anspielungsreichtum oder die charakteristische Offenheit für Deutungen regt den Leser zur Reflexion über das Gelesene an«[3] und fordert dadurch Interpretationen

---

1 Vgl. Müller-Friese, Gott; Müller, Leute.

2 Vgl. auch Jana (in derselben Umfrage): Die Geschichte »handelt von Gott und man kann darüber lange nachdenken.« Fabienne: »Weil es für sie eine Geschichte war, über die sie nachdenken konnten. Und weil es jeden Tag passieren kann, dass einem etwas verloren geht.« Aber auch Johanna: »Weil sie wollten, dass wir es immer weiter erzählen und andre Menschen es auch so machen wie der Hirte.«

3 Vgl. hierzu Neuhaus, Grundriss, S. 180f. Neuhaus bezieht sich auf die Arbeit Heydebrand/Winko, Einführung. Neben der Mehrfachcodierung werden von Neuhaus noch die Originalität (verstanden als die Spannung zwischen der Aufnahme literarischer Tradition bei gleichzeitiger Neuakzentuierung) und die Stimmigkeit der Konstruktion (verstanden als Binnenorganisati-

und Aktualisierungen heraus.[4] Einfacher gesagt: Da müssen die Leute nachdenken.

Das Nachdenken über die Gleichnisse hat in der Theologie eine lange Tradition. Die Jahrhunderte lang geübte und verfeinerte allegorische Auslegung zeigt das ebenso wie die verschiedenen Gleichnistheorien und Interpretationsansätze des 20. Jahrhunderts. In der Geschichte der Gleichnisauslegung hat man deshalb gewissermaßen eine Kurzfassung der Auslegungsgeschichte des Neuen Testaments vor sich (s. nebenstehende Abb.).

Die hier nur mit Stichworten angedeuteten Auslegungsoptionen[5] betrachten die Gleichnisse aus verschiedenen Blickwinkeln. Sie heben jeweils bestimmte Aspekte hervor und blenden andere ab. Ein integratives Auslegungsmodell achtet auf die Stärken der einzelnen Positionen und versucht sie miteinander zu verbinden. Die Gleichnisse greifen ja in der Tat bestimmte Erfahrungen auf und sprechen in bestimmte Situationen hinein, so dass sich sowohl die historische Rückfrage als auch die Frage nach der Erfahrungsdimension als sinnvoll erweisen. Als Texte, die in bestimmte Situationen hinein sprechen, offenbar aber auch über diese Situationen hinaus Wirkung entfalten, lassen sie sich auch als Sprachphänomen, als kommunikativer Akt, als poetische Größe und als Spiel verstehen. Gleichnisse sind einlinig nicht hinreichend zu erfassen.

---

on) genannt. Wischmeyer, Hermeneutik, S. 161f., hat diese Überlegungen in die neutestamentliche Hermeneutik eingeführt.

4 Wischmeyer, Hermeneutik, S. 165. Die Qualität der Gleichnisse, »verstanden als Überstrukturiertheit, bemisst sich vor allem an der Polyvalenz und Stringenz ihrer Metaphorik, an der Präzision und Plausibilität ihrer Pragmatik sowie an dem Zusammenspiel von Verständlichkeit in Anknüpfung an die frühjüdische kanonische und deuterokanonische Literatur und Innovation im Kontext der zeitgenössischen religiösen Literatur der frühen Kaiserzeit. Sprache, Stil und Gattung dieser Literatur mussten folgendem Umstand gerecht werden: Sie wollten Leser finden und diese überzeugen. Sie mussten für Männer und Frauen, für Gebildete und Ungebildete, für Juden und Griechen bzw. Römer, für Arme und Reiche – kurz für alle natürlichen und sozialen Gruppierungen des Römischen Reiches – existenzerschließend sein, *euaggelion* verkündigen und auslegen. (…) Sie vermittelten diese Botschaft erzählend, argumentativ, ermahnend, erklärend und visionär. Die Qualität der Schriften bemisst sich grundsätzlich an der Bewältigung dieser Aufgabe. Dabei geht es jeweils sowohl um die literarische Qualität als auch um den sachlichen Anspruch und die sachliche Würde der Texte.«

5 Vgl. hierzu Müller/Büttner/Heiligenthal/Thierfelder, Gleichnisse, S. 16–47.

Das Gleichnis als	
Allegorie	= die Jahrhunderte lang gültige Form der Gleichnisauslegung
Lehre	Gleichnis als Darlegung religiöser Grundwahrheiten
Historische Aussage	Gleichnis als ipsissima vox / Gleichnisse müssen von ihrem historischen Ort her erschlossen werden
Sprachphänomen	Gleichnis als Sprachgeschehen / als autonomes Kunstwerk / als Metapher
Kommunikativer Akt	Stichworte: Verschränkung / Sprechakt / Disclosure
Spiel	Gleichnis als Drama in Kleinstform / mit Elementen des Spiels
Poesie und Therapie	= Zugang mithilfe psychologischer Theorien

Integration verschiedener Ansätze

Abb.: 1 Die wichtigsten Auslegungsoptionen

Von Anfang an verlangen Gleichnisse nach Interpretation: »Womit sollen wir das Reich Gottes vergleichen und durch welches Gleichnis wollen wir es abbilden?« (Mk 4,30). Gleichnisse sind nicht nur deutungsfähig, sondern auch deutungsbedürftig. Sie sprechen über Saat und Ernte, über ökonomische Verhältnisse, über alltägliche Erfahrungen und im gleichen Atemzug über das Reich Gottes. Sie öffnen damit den Blick über die vorhandene Realität hinaus. Ohne diese auszublenden (z.B. im Blick auf Abhängigkeits- und Lohnverhältnisse in Mt 20,1–16) fügen die Gleichnisse ihr als neues Element die Perspektive des Reiches Gottes hinzu – und verändern damit den Blick auf die Wirklichkeit. Wenn Jesus von Gott und seiner kommenden Herrschaft spricht, greift er alltägliche Beobachtungen und Erfahrungen auf und spitzt sie theologisch zu. Damit sind Chance und Grenze des Redens von Gott markiert:

– Über Gott und seine Herrschaft aus der eigenen Erfahrung heraus zu sprechen ist möglich.

– Über Gott und seine Herrschaft zu sprechen ist nur in andeutender
   und gleichnishafter Weise möglich. Gott entzieht sich jeder Feststellung und Definition.
– Insofern sind die Gleichnisse nicht nur faktisch zentraler Bestandteil
   der Verkündigung Jesu, sondern zugleich eine jedem Reden von Gott
   angemessene Redeform.

Mit dieser doppelten Bestimmung ist ein erkenntnistheoretisches Problem
angedeutet. Gleichnisse greifen die vorfindliche Realität auf und gehen
zugleich über sie hinaus, indem sie Gott ins Spiel bringen. Dadurch lassen
sie, wie bei einem Transparent, die Realität in einem anderen Licht erscheinen. Bei den Gleichnissen und dem Versuch, sie zu verstehen, geht es dementsprechend um die Frage nach dem Wirklichkeitsverständnis. Gott gehört
nach biblischem Verständnis nicht akzidentiell, sondern unabdingbar zur
Wirklichkeit hinzu. Die Wirklichkeit wäre nicht wirklich ohne Gott. Obwohl aber Gott die Wirklichkeit des Wirklichen erst schafft und gewährleis-
tet, kann man auch in biblischer Zeit von Gott und von der Wirklichkeit
unabhängig voneinander sprechen. »Lasst uns essen und trinken, denn
morgen sind wir tot« (I Kor 15,32) ist als Verständnis der Wirklichkeit
nicht erst in der Gegenwart zu finden.

Thomas Ruster hat in verschiedenen Arbeiten dafür geworben, den Religionsunterricht als »Einführung in das biblische Wirklichkeitsverständnis«
zu gestalten.[6] Mit dem Begriff »biblisches Wirklichkeitsverständnis« ist (in
Anlehnung an Friedrich Wilhelm Marquardt) die eigene Symbol- und Zei-
chenwelt der Bibel gemeint. Ihr gegenüber befinde sich der gegenwärtige
Mensch in einem diametralen Gegensatz, und zwar deshalb, weil der Gott
der Bibel gegenüber dem, was heute als bestimmende Wirklichkeit erfahren
werde (nämlich das Geld), in keine vernünftige Beziehung mehr gesetzt
werden könne.[7] Der Gott der Bibel und das gesamte Zeichensystem, das auf
ihn verweist, seien deshalb in ihrer ganzen Fremdheit ernst- und wahrzunehmen. Gewissermaßen müsse man der Bibel wie eine Raumschiff-Crew dem
fremden Planeten begegnen. Der Religionsunterricht habe demnach zwei
Aufgaben: Zum einen gehe es darum, das fremde Zeichenuniversum »zu
erkunden und zu befragen, wie in der fremden Welt der Bibel von Gott gedacht werde«; dies geschehe vor allem durch die Erkundung der bibelinter-
nen Querverweise.[8] Zum anderen könne sich vor dem Hintergrund des
Wirklichkeitsverständisses der Bibel eine Umcodierung des Welt- und
Selbstbildes der Schüler ergeben, die freilich nicht im Sinne eines Lernziels
planbar sei.

---

6 Ruster, Welt, S. 189–203; ders., Gott, S. 198–201.
7 Ruster, Welt, S. 191.
8 Ruster, Welt, S. 249f.

Ruster hat mit seinem dezidierten Standpunkt die Diskussion belebt und die Kriterien der religionspädagogischen Debatte geschärft. Darin liegt sein Verdienst. Inhaltlich zustimmen kann ich ihm jedoch nicht. Sein Ansatz ist (religions-) pädagogisch defizitär. Kritiker[9] werfen ihm mit Recht ein naives und idealistisches Schülerbild vor. Zwar bin ich keineswegs der Meinung, der Religionsunterricht dürfe sich nur oder vor allem von den Fragen, Problemen und Bedürfnissen der SchülerInnen her bestimmen lassen. Auf der anderen Seite ist die »empirische Wende« in der Religionspädagogik aber nicht umkehrbar. Im vorliegenden Zusammenhang ebenso wichtig ist die exegetische Kritik. »Das« biblische Wirklichkeitsverständnis ist eine Konstruktion, die der Bibel als »Viel-Stimmen-Buch« (Kurt Marti) nicht gerecht wird. Im Blick auf die Gleichnisse kommt hinzu, dass das biblische Zeichensystem alltägliche Erfahrungen und ökonomische Gegebenheiten (vgl. hierzu besonders Mt 20,1ff. oder Mk 12,13–17) keineswegs ausblendet, sondern aufgreift und als Ausgangspunkt für eine neue Wirklichkeitsdeutung nimmt.

In den Gleichnissen geht es um die Frage nach der Wirklichkeit und ihrer Deutung. Kennzeichnend für sie ist dabei, dass sie den rezeptiven Aspekt der Erkenntnis mit einem produktiven Aspekt verbinden:[10] Dieser produktive Aspekt »besteht darin, dass Erkenntnis nicht (nur) auf der Gegebenheit des Wahrgenommenen basiert, sondern (auch) das Gegebene beeinflusst und so Wahrnehmung ermöglicht.«[11] Dies geschieht bereits darin, dass im Gleichnis Geschichten erzählt werden. In Geschichten werden Erfahrungen verdichtet und strukturiert. Damit konzentrieren Geschichten die Fülle des Tatsächlichen auf das Bedeutsame und konturieren so die Wirklichkeit. Darüber hinaus geht es in den Gleichnissen neben der Erkenntnis des Faktischen immer um die Erkenntnis des Möglichen, wobei das Mögliche nicht nur als real existierende Alternative verstanden wird, sondern als eine auf Zukunft hin offene Möglichkeit.[12] Zum Verstehen der Gleichnisse gehört deshalb das Rechnen mit zukünftigen Möglichkeiten wesentlich hinzu, die aber verbunden bleiben mit Erfahrungen der vorgegebenen Wirklichkeit. Das Wirklichkeitsverständnis der Gleichnisse lässt sich deshalb auf verschiedene Weise konkretisieren:

---

9 Vgl. z.B. Meurer, Bibelkunde, S. 248–255.
10 Vgl. zu dieser Unterscheidung Härle, Dogmatik, S. 201ff.
11 Härle, Dogmatik, S. 201.
12 Härle, Dogmatik, S. 203: »Versteht man unter ›Möglichkeit‹ (…) nicht Denkmöglichkeit, sondern nur reale Möglichkeit im Sinne dessen, was in einer bestimmten Situation gewählt und aktualisiert werden kann, dann greift die Deutung an entscheidender Stelle zu kurz. Denn es kommt gerade darauf an, dass durch eine Zusage oder Verheißung solche reale Möglichkeiten nicht nur aufgewiesen, sondern u. U. allererst geschaffen werden. Und diese realen Möglichkeiten stehen als realisierte Möglichkeiten erst der zukünftigen (das kann auch heißen: eschatologischen) Verwirklichung und Wahrnehmung offen. D.h.: Ob es sie tatsächlich (als Möglichkeiten) gibt, lässt sich nicht jetzt hinreichend erkennen, wohl aber in der noch ausstehenden Zukunft.«

- Wirklichkeit lässt sich erzählen.
- Wirklichkeit ist nicht statisch, sondern offen für Deutungen.
- Wirklichkeit eröffnet Erwartungen, Ziele, Träume und Hoffnungen.
- Wirklichkeit motiviert zum Handeln und entfaltet Wirkung.

Diese verschiedenen Wirklichkeitsdimensionen[13] sind für das Gleichnisverstehen von Bedeutung. Dass Gleichnisse kleine Geschichten sind, verweist auf die Erzählbarkeit der Wirklichkeit. Dass sie die Wirklichkeit als Bilder für Gottes Welt verstehen, deutet ihren Bezug zur Zukunft und zur Möglichkeit an. Dass Gleichnisse Wirkungen entfalten und zum Handeln anregen, verweist auf den produktiven Aspekt von Wirklichkeit und Möglichkeit.

Als zentrale Texte der Verkündigung Jesu haben die Gleichnisse vielfach Aufnahme in die Lehrpläne gefunden. Wegen ihrer Anschaulichkeit gelten sie als (scheinbar) leicht zu vermittelnde Texte. Wie diese Vermittlung zu geschehen habe, wurde in den verschiedenen religionspädagogischen Konzeptionen aber durchaus unterschiedlich interpretiert. Ging es in der »Evangelischen Unterweisung« vor allem darum, den SchülerInnen die frohe Botschaft nahe zu bringen und sie in die Gleichnisse »einstimmen« zu lassen, so stellte der »Hermeneutische Unterricht« das Verstehen der Texte in den Mittelpunkt. Im »Problemorientierten Unterricht« wurden Gleichnisse aufgenommen, insofern sie für die Situation der Lernenden relevant waren und auf ihre Fragen und Probleme eine Antwortmöglichkeit boten. In der »Symboldidaktik« ging es vor allem darum, den Bedeutungsüberschuss der Gleichnisse offenzulegen und auf die Tiefendimension der Gleichnisse aufmerksam zu machen. In diesen Konzeptionen wurden jeweils (unterschiedliche) exegetische Erkenntnisse aufgegriffen und mit religionspädagogischen Erkenntnissen verknüpft.[14]

Als grundlegendes Problem der Religionspädagogik stellt sich die Frage nach dem Verhältnis der Tradition zur Situation der SchülerInnen. Ein gerade für die Gleichnisse viel versprechender Ansatz, beides miteinander zu verbinden, stellt das Elementarisierungskonzept dar, das Karl Ernst

---

13 Dass die Wirklichkeit verschiedene Facetten aufweist, wird auch außerhalb der Gleichnisexegese gesehen. Bekannt ist Paul Watzlawicks Einteilung der Wirklichkeit in verschiedene Ordnungen: Die Wirklichkeit 1. Ordnung ist das, was wir täglich zusammen mit anderen Menschen erleben und was anhand von Experimenten »überprüfbar« ist. Die Wirklichkeit 2. Ordnung ist auf ein Individuum bezogen und mit »Grundannahmen« zu umschreiben, die wir über die Welt durch Erfahrung haben. Sie ist eng verbunden mit Sinn und Wertvorstellungen, die wir mit den Dingen an sich verbinden und das Resultat höchst komplexer Kommunikationsvorgänge. Die Wirklichkeit 3. Ordnung ist das mehr oder weniger »einheitliche Bild«, das wir aus unserer Erfahrung heraus erschaffen. Diese Ebene der Wirklichkeit ist identisch mit unserem Weltbild.

14 So stand beispielsweise im hermeneutischen Religionsunterricht vor allem die historisch (und existenzial) orientierte Exegese von Jeremias und Bultmann Pate, der symboldidaktisch orientierte Unterricht ist vor allem von der metapherntheoretischen Gleichnisauslegung bestimmt.

Nipkow und andere entwickelt haben.[15] Die vier Dimensionen der Element-
arisierung beziehen sich in gleicher Weise auf die Texte und ihre Welt und
auf die Welt der Schülerinnen und Schüler. Stärker am Text orientiert ist
die Dimension der »elementaren Strukturen«, stärker an den Lernenden die
der »elementaren Zugänge«. Sowohl den Text als auch die gegenwärtige
Lebenswirklichkeit betreffen die Dimensionen der »elementaren Erfahrungen« und der »elementaren Wahrheit« (vgl. Abb. auf der nächsten Seite).
Denn Erfahrungen sind einerseits in die Gleichnisse eingegangen und werden andererseits heute an die Gleichnisse heran gebracht. Und um Wahrheit
geht es in den Gleichnissen, insofern sie mit ihrer neuen Sicht auf die Wirklichkeit die Wahrheitsfrage anstoßen; die Wahrheitsfrage stellt sich aber
auch im Blick darauf, ob mit den Gleichnissen eine Gegenwarts- und Zu-
kunftsperspektive für die SchülerInnen eröffnet werden kann.

Wie die Wirklichkeit haben auch die Gleichnisse verschiedene Facetten.
Die Tatsache, dass sie bereits im NT als deutungsbedürftige Texte betrachtet werden (vgl. Mk 4), weist darauf hin, dass in ihnen der Bezug auf Gott
nicht überall und in gleicher Weise auf der Hand liegt. Gleichnisse sind
deutungsoffen und auf Deutung angewiesen.

Elementare Strukturen	**Elementare Zugänge**
textorientiert	*schülerorientiert*
Strukturelemente und Sinnlinien eines Textes herausarbeiten; Szenenfolge, Wiederholungen, Oppositionen etc. Ziel ist der Aufweis von Strukturen, die für das Verhältnis des Textes zentral sind.	Hier wird nach den Entwicklungs- und Verstehensbedingungen von Jugendlichen und Kindern gefragt, also nach den Zugängen, über die sich ihnen Erfahrungen erschließen.
Elementare Erfahrungen	**Elementare Wahrheit**
text- und schülerorientiert	*text- und schülerorientiert*
Hier geht es sowohl um Erfahrungen, die in den Text eingegangen sind, als auch um Erfahrungen heutiger Leser-der, die an den Text herangebracht werden.	Hier wird der Wahrheitsanspruch des Textes thematisiert und die ihm zuer-kannte Gegenwarts- und Zukunftsbe-deutung – und zwar in einem suchen-den Gespräch über grundlegende Fragen menschlichen Lebens.

Abb.: 2 Ebenen der religionspädagogischen Arbeit an Gleichnissen

---

15 Vgl. Schweitzer/Nipkow/Faust-Siehl/Krupka, Religionsunterricht, S. 26ff.

Dieser Sachverhalt ist religionspädagogisch von Bedeutung. Er entlastet zum einen von dem Zwang zu der einen »richtigen« Interpretation. Denn Gleichnisse sind ja Texte, die Interpretation, Aktualisierung und damit einen Deutungsprozess anregen, Deutungen aber nicht festschreiben, sondern auf Zukunft hin offen lassen. Zum anderen wirkt sich dieser Sachverhalt auf die Frage aus, ab welchem Alter und Verstehensniveau Gleichnisse mit Kindern behandelt werden können. Diese Frage wird häufig im Rahmen der kognitiven Psychologie viel zu stark auf die Fähigkeit zu formaloperatorischem Denken verengt. Sie lautet dann, ab wann SchülerInnen in der Lage sind, Übertragungen mit genügend großer Verlässlichkeit intellektuell nachvollziehen zu können. Dieser Ansatzpunkt ist aber aus verschiedenen Gründen unzureichend. Er beurteilt die formale Denkoperation der Übertragung als den im Vergleich mit anderen Zugängen zur Wirklichkeit angemesseneren und höherwertigen Zugang. Dies stellt faktisch eine Verkürzung der Wahrnehmung auf die Kognition dar, die nicht zuletzt auch theologisch bedenklich ist. In exegetischer Hinsicht knüpft er an die Unterscheidung von Bild- und Sachhälfte an, die inzwischen aber aus guten Gründen aufgegeben, zumindest jedoch erweitert worden ist. Und in pädagogischer Hinsicht verkürzt er die Frage, wie Gleichnisverstehen (und damit Wirklichkeitsverstehen) gefördert werden kann, auf die Frage, ab wann mit einem bestimmten kognitiven Niveau zu rechnen ist. »Da mussten die Leute erst nachdenken« sagt das 9-jährige Mädchen und zeigt damit, abseits von Fachterminologie, dass sie sehr wohl erfasst hat, worum es im Gleichnis geht.

Vor diesem Hintergrund ergeben sich verschiedene Möglichkeiten, Gleichnisse im Religionsunterricht zur Sprache zu bringen. Sie lassen sich als Geschichten erzählen, die Identifikation und den Vergleich mit eigenen Erfahrungen anregen und zum eigenen Erzählen im Anschluss an das Gleichnis. Sie können zum Handeln ebenso motivieren wie zum Umdeuten und Infragestellen der Wirklichkeit. Sie lassen sich als Bilder für die Wirklichkeit Gottes verstehen, die Anlass geben, eigene Bilder zu entwickeln. Nicht jede dieser Aktualisierungsmöglichkeiten ist auf jedem Verstehensniveau in gleicher Weise möglich.

Grundschulkinder werden Gleichnisse überwiegend[16] als Geschichten verstehen. Sie als Infragestellung der Wirklichkeit zu sehen ist in der Grundschule in der Regel noch keine Verstehensoption. Es stellt jedoch keine Verkürzung dar, wenn ein Gleichnis als Geschichte verstanden und mit eigenen Erfahrungen verknüpft wird. Denn damit ist ein bestimmter Aspekt des Wirklichkeitsverständnisses von Gleichnissen ja tatsächlich

---

16 Die neuere Diskussion um die Entwicklung von Sprache und Denken sowie verschiedene Stufentheorien zur religiösen Entwicklung haben gezeigt, dass feste Altersangaben oder abrupte Übergänge zwischen einzelnen Stufen die erhebliche Variabilität des Entwicklungsstandes der Lernenden ein und derselben Klasse nicht hinreichend beschreiben können.

angesprochen. Das folgende Schema soll deshalb nicht im Sinne einer sich zu einem angemessenen Gleichnisverständnis steigernden Stufentheorie verstanden werden. Es geht vielmehr darum, verschiedene Verstehensdimensionen darzustellen und jeweils zu ihnen passenden Aktualisierungsmöglichkeiten zu benennen. Damit sind verschiedene Kompetenzen angesprochen,[17] die im Umgang mit den Gleichnissen erworben und auf das Textverstehen generell ausgeweitet werden können.

Gleichnisverstehen	Aktualisierungen	Kompetenzen
Gleichnisse sind Geschichten.	Die Geschichte erzählen und mit eigenen Erfahrungen verknüpfen; sich mit bestimmten Handlungsträgern identifizieren.	Die Schülerinnen und Schüler können eigene Erfahrungen mit den Geschichten verbinden.
Gleichnisse sprechen bildhaft von Gott und seiner Herrschaft.	Eigene Bilder von Gott und seiner Herrschaft entwerfen.	Die Schülerinnen und Schüler können Elemente der Bildersprache wahrnehmen und deuten.
Gleichnisse sprechen von Hoffnungen und Träumen.	Eigene Hoffnungsbilder mit anderen und mit den Texten vergleichen.	Die Schülerinnen und Schüler sind in der Lage, Tiefendimensionen von Texten aufzuspüren.
Gleichnisse motivieren zum Handeln.	Handlungsoptionen, die von den Texten ausgehen, entdecken.	Die Schülerinnen und Schüler können die pragmatische Dimension von Texten erkennen und beschreiben.
Gleichnisse ermöglichen neue Erfahrungen.	Mit den Gleichnissen spielerisch umgehen: Einzelzüge ändern, weitererzählen, Gegengeschichten schreiben, in einen neuen Kontext stellen.	Die Schülerinnen und Schüler können einen Text aus verschiedenen Perspektiven betrachten. Sie können die Geschichte weiter erzählen.
Gleichnisse entwerfen Gegenbilder zur Wirklichkeit.	Das Gleichnis als Kritik an bestehenden Verhältnissen lesen.	Die Schülerinnen und Schüler können Texte als Anfrage an die damalige und gegenwärtige Wirklichkeit verstehen.
Gleichnisse sind offen für Deutungen.	Zeitgemäße Deutungen entwickeln oder Gleichnisse so umformulieren, dass sie aktuelle Fragestellungen aufgreifen.	Die Schülerinnen und Schüler können nachvollziehen, dass Texte in verschiedenen Zeiten und Umständen verschieden gedeutet werden.

Abb. 3: Verstehensdimensionen und ihre religionspädagogischen Perspektiven

---

17 Mit dem knappen Hinweis auf die Kompetenzen ist die Kompetenzorientierung von Bildungsplänen angesprochen, die die Orientierung an Stoffen oder Inhalten abgelöst hat. Dies hebt natürlich nicht auf, dass Kompetenzen anhand bestimmter Inhalte gewonnen werden. Der Kompetenzorientierung geht es aber darüber hinaus um die Fähigkeit, an bestimmten Inhalten erworbene Kompetenzen auf andere Inhalte ausdehnen zu können.

Der Untertitel meines Beitrags lautet: Chancen und Grenzen der Gleichnisdidaktik. Die Chancen liegen auf der Hand. Sie sind gegeben mit der Offenheit und Bedeutungsvielfalt der Gleichnisse.

– Gleichnisse sind nicht einlinig. Sie durchbrechen übliche Erwartungen. Sie geben zu denken. Sie entlassen die Leser/innen nicht in das
   Wohlgefallen an einer schönen Geschichte, sondern werden zu Fragen, manchmal zu Anweisungen, manchmal zu Provokationen. Negativ formuliert bedeutet dies: Ein Gleichnis zu kennen und es »auflösen« zu können wird ihm nicht gerecht. Positiv formuliert heißt es:
   Bei den Gleichnissen geht es nicht um ein richtiges oder falsches,
   sondern um ein ahnendes Lesen und um ein Verstehen im Sinne der
   Transparenz. Gleichnisse verknüpfen die erfahrbare Wirklichkeit mit
   der auf Zukunft hin offenen Möglichkeit Gottes und geben dadurch
   dem Denken und Ahnen eine neue Richtung. Die Gleichnisse sprechen undogmatisch von Gott. Sie geben Impulse, wie von Gott gesprochen werden kann, ohne dieses Sprechen zu reglementieren.18
– Auf jedem Verstehensniveau können Gleichnisse Wirklichkeit zur
   Sprache bringen. Da Wirklichkeit verschiedene Aspekte aufweist,
   sind Gleichnisse auf unterschiedlichen Verstehensniveaus zugänglich. Sie als Geschichten zu lesen und sich zum Erzählen eigener Erfahrungen anregen zu lassen ist kein defizitärer Zugang zu ihnen. Eine aus meiner Sicht unzulässige Reduktion wäre es dagegen, die Fähigkeit zu formalen Denkoperationen und die entsprechende
   Ausdrucksfähigkeit als Voraussetzung zur Behandlung von Gleichnissen im Unterricht zu betrachten.
– Gleichnisse sind Geschichten mit vielen verschiedenen Facetten. An
   ihnen kann exemplarisch deutlich werden, dass Geschichten nicht
   »bloß« Geschichten sind, sondern »ein Kleid der Wirklichkeit« (Max
   Frisch). Sie können deshalb dazu helfen, den vielfach erlebten Bruch
   bei der Rezeption von Geschichten zu mindern.

Ich plädiere also dafür, in der Gleichnisdidaktik die Chancen zu sehen und
nicht die Grenzen zu betonen. Gibt es Grenzen? Natürlich. Nicht jedes
Verstehensniveau ist jederzeit zugänglich und man muss sich schon die
Mühe machen, das jeweils angemessene herauszufinden. Nicht alle Kinder
oder Jugendliche in einer Lerngruppe denken und verstehen auf demselben
Niveau. Das macht die Vorbereitung nicht einfacher. Hinzu kommt, dass

---

18 Vgl. Theißen/Merz, Jesus, S. 309: Jesus »stellt ins Zentrum seiner Verkündigung eine metaphorische Zeichensprache: die Gleichnisse, eine undogmatische Art, von Gott zu sprechen. Sie
will nicht bezeugen, wie man schon immer über Gott dachte. Sie will nicht vorschreiben, wie man
über ihn denken soll. Sie will Impulse geben, immer wieder neu und anders von ihm zu denken.«

die bildhafte Sprache der Gleichnisse zwar ein zentraler, aber durchaus nicht der einzige Aspekt religiöser Sprache ist. Auch die Begriffssprache gehört dazu und muss eingeübt werden. Und bei den Gleichnissen selbst geht es immer wieder um Sachverhalte, die dem aktuellen Weltwissen fremd sind, deren Kenntnis aber z.T. unabdingbar für das Verstehen der Gleichnisse ist. Diese Grenzen muss man sehen und über Wege nachdenken, sie zu überwinden. Keinesfalls aber heben sie die Chancen auf, die die Behandlung von Gleichnissen im Unterricht bieten.

Ich gehe noch einmal zu dem Gleichnis vom verlorenen Schaf zurück, das am Anfang angeklungen ist. An diesem Beispiel will ich ausprobieren, wie tragfähig der Ansatz bei dem Wirklichkeitsverständnis der Gleichnisse ist. Ich wähle diesen Text mit Bedacht, weil es sich um ein erfahrungsnahes Gleichnis mit einem überschaubaren Komplexitätsgrad handelt, das vielfach in den Bildungsplänen der Grundschule begegnet.

Überliefert ist das Gleichnis in Mt 18,10–14 und Lk 15,1–7. Die schlichte Grundstruktur stammt aus der Logienquelle: Ein Mensch, der 100 Schafe besitzt, sucht ein verlorenes und lässt dabei die 99 übrigen zurück. Nachdem er es gefunden hat, freut er sich. Die Pointe liegt offenbar darin, dass ein Mensch etwas verliert, sucht, wieder findet und sich darüber freut. Matthäus und Lukas interpretieren diese Struktur auf verschiedene Weise, vor allem das Wiederfinden, das Zurückkehren und die Begründung der Freude. Für Matthäus liegt ihr Grund in dem göttlichen Willen, dass auch nicht eines der Kleinen verloren gehen soll, obwohl sie besonders gefährdet sind (Mt 18,6ff.). Er spricht deshalb auch nicht vom »Verlieren« des Schafes, sondern davon, dass es »in die Irre geht«. Aber die Kleinen stehen in Gottes Nähe, ihre Engel sehen allezeit das Angesicht Gottes (V. 10b). Die Freude über das wieder gefundene Kleine ist deshalb größer als über die, die sich nicht verirren. Im weiteren Verlauf von Mt 18 wird die Vergebung zum Leitthema. Besonders in der Parabel vom Schalksknecht (Mt 18,21–35) wird Gott als Vorbild größter Vergebungsbereitschaft vorgestellt. Matthäus ordnet das Gleichnis auf diese Weise dem Thema der Vergebung zu.

Lukas akzentuiert die Freude in Richtung auf die Mitfreude. Er erzählt in 15,6 das Zusammenrufen von Nachbarn und Freunden und die Aufforderung zur Mitfreude über das wieder gefundene Schaf. Er fügt dieses und das Gleichnis vom verlorenen Groschen mit der Parabel vom »verlorenen Sohn« zusammen und leitet die ganze Komposition mit einer gemeinsamen Szene, einem kleinen Streitgespräch, ein (15,1–3). In allen drei Texten geht es um das Gegensatzpaar »verloren – wieder gefunden«, aus dem als Reaktion die Freude entsteht. Im Gleichnis vom verlorenen Schaf und vom verlorenen Groschen finden sich viele Züge, die sie mit der abschließenden Parabel vom Vater und den beiden Söhnen verbinden. Besonders auffallend sind der Kontrast zwischen sündhaft und gerecht, die Betonung der Freude als Mitfreunde, der Hinweis auf die Umkehr als Bedingung, mit der Lukas das Wiederfinden verknüpft. Das Gleichnis handelt bei Lukas also von der Freude und der Einladung zur Mitfreude über die Bekehrung eines Sünders. Die Gerechten bilden den Hintergrund der Erzählung, sie sind aber auch die Adressaten, die in die Freude mit einstimmen sollen.

Im gnostischen Thomasevangelium (Logion 107) findet sich eine interessante Variante des Gleichnisses: »Das Reich gleicht einem Hirten, der hundert Schafe hat. Eins von ihnen verlief sich, das größte. Er verließ die neunundneunzig und suchte nach diesem einen, bis er es fand. Als er sich abgemüht hatte, sagte er zu dem Schaf: Ich liebe dich mehr als die neunundneunzig.« Die Suche des Hirten wird hier durch Größe und Wert des verloren gegangenen Schaftes motiviert. Die Gnostiker verstanden sich selbst als die vollkommenen Christen. Vor diesem Hintergrund sollte man nun auch die charakteristische Pointe des Gleichnisses verstehen: Jesus liebt das eine, vollkommene Schaf mehr als die anderen und geht ihm deshalb nach. Das Gleichnis beinhaltet hier also eine Selbstaussage mit exklusivem Charakter.

In das Gleichnis sind Erfahrungen eingegangen, Erfahrungen bringen aber auch diejenigen mit, die das Gleichnis hören oder lesen. Im biblischen Sprachgebrauch hängt das Verlieren mit dem Verlorensein zusammen und dies wiederum mit dem Vernichten bzw. Umkommen. Bei dem Verlieren eines Schafes ist deshalb ein Verlorensein im übertragenen Sinn mit gedacht. Ps 119,176 nennt Menschen ohne Gott »verlorene Schafe«, die ohne einen sorgenden Hirten zugrunde gehen.

Joh 10,11ff. überträgt diese Vorstellung auf Jesus und in Lk 19,10 sagt Jesus zum Abschluss der Zachäusepisode, dass der Menschensohn gekommen ist, zu suchen und selig zu machen, was verloren ist. Mt 16,24f. wendet diesen Gedanken auf die Nachfolge an. Wer sein Leben selbst gewährleisten will, wird es verlieren; wer aber sich selbst aufgibt und Jesus nachfolgt, wird sein Leben finden. Der jüngere Sohn in Lk 15,24 war verloren und tot, ist nun aber wiedergefunden und lebendig. Verlieren und Verlorensein hat so bereits im biblischen Sprachgebrauch eine ins Existenzielle übertragene Bedeutung. Dass Menschen wie die Zöllner und Sünder als Verlorene galten, gibt dieser Wortbedeutung zurzeit Jesu zugleich konkrete, aktuelle Bedeutung.

Der Vorstellung vom Verlorensein korrespondiert das ebenfalls biblische Bild vom Hirten. Häufig ist von Gott als dem Hirten seines Volkes Israel die Rede, und vor allem in den Psalmen und Propheten tritt das Hirtenbild deutlich hervor. Das Gegenbild sind die Hirten, die die Herde zerstreuen, verstoßen und nicht nach ihr sehen (Jer 23,2). Dieser Gedanke wird in Joh 10,11ff. wiederum aufgenommen und zwar im Gegenüber zu Jesus als dem guten Hirten. Von hier aus wird die Darstellung Jesu als des Hirten zu einer der frühesten Typen der Christusdarstellung. Diese Tradition hat sich bis in das Gesangbuch hinein niedergeschlagen (Weil ich Jesu Schäflein bin), und das Schäfchen-Motiv ist – für Kinder noch näher liegend – in der vorösterlichen Zeit in der Werbung allgegenwärtig. Abschließend greife ich die oben vorgestellte Tabelle in vereinfachter Form noch einmal auf und formuliere Fragen, die an den verschiedenen Möglichkeiten, Gleichnisse zu verstehen, entlang gehen:

Gleichnisse sind Geschichten.	Eigene Erfahrungen mit Verlieren und Verlorensein: Wann habe ich selbst etwas verloren? Mich verloren gefühlt? Kann ich mich in die Menschen hinein denken, von denen erzählt wird?
Gleichnisse sprechen andeutend von Gott und seiner Herrschaft.	Bildelemente beschreiben. Ist Gott ein Hirte? Oder wie ein Hirte? Wie spricht die Bibel von Hirten? Was sagt man von Gott aus, wenn man ihn als Hirte bezeichnet?
Gleichnisse sprechen von Hoffnungen, Träumen.	Wie kann eine Welt aussehen, in der niemand »verloren gehen« muss?
Gleichnisse motivieren zum Handeln.	Wie kann eigenes Handeln aussehen, das zur Freude und Mitfreude führt?
Gleichnisse ermöglichen neue Erfahrungen.	Was heißt »in die Irre gehen« oder »verloren gehen«? Was bedeutet es, jemandem »nachzugehen«?
Gleichnisse entwerfen Gegenbilder zur Wirklichkeit.	Gibt es Aspekte der eigenen Wirklichkeit, die durch das Gleichnis in Frage gestellt werden?
Gleichnisse sind offen für Deutungen.	Wie haben Matthäus und Lukas (und spätere Auslegungen) die Geschichte verstanden? Wie kann eine gegenwärtige Deutung aussehen?

Abb. 4: Verstehensdimensionen und ihre religionspädagogische »Füllung«

Literatur

Heydebrand, Renate von / Winko, Simone: Einführung in die Wertung von Literatur. Systematik – Geschichte – Legitimation, Paderborn u.a. 1996
Härle, Wilfried: Dogmatik, Berlin/New York [2]2000.
Meurer, Thomas: Bibelkunde statt Religionsunterricht? Zu Thomas Rusters Konzept einer »Einführung in das biblische Wirklichkeitsverständnis«, rhs 4/2001, S. 248–255.
Müller, Peter: »Da mussten die Leute erst nachdenken …« Kinder als Exegeten – Kinder als Interpreten biblischer Texte, in: Bucher, Anton A./Büttner, Gerhard/Freudenberger-Lötz, Petra/ Schreiner, Martin (Hg.): »Im Himmelreich ist keiner sauer.« Kinder als Exegeten, Stuttgart 2003, S. 19–30.

Müller, Peter/Büttner, Gerhard/Heiligenthal, Roman/Thierfelder, Jörg: Die Gleichnisse Jesu. Ein Arbeitsbuch für den Unterricht, Stuttgart 2002.

Müller-Friese, Anita: »Gott hält auch zu denen, die Mist bauen.« Grundschulkinder verstehen das Gleichnis vom verlorenen Schaf, Schönberger Hefte 3/2002, S. 10–20.

Neuhaus, Stefan: Grundriss der Literaturwissenschaft, Tübingen/Basel 2003.

Ruster, Thomas: Der verwechselbare Gott. Theologie nach der Entflechtung von Christentum und Religion, Freiburg u.a. 2000.

Ders.: Die Welt verstehen »gemäß den Schriften«. Religionsunterricht als Einführung in das biblische Wirklichkeitsverständnis, rhs 3/2000, S. 189–203.

Schweitzer, Friedrich/Nipkow, Karl Ernst/Faust-Siehl, Gabriele/Krupka, Bernd: Religionsunterricht und Entwicklungspsychologie, Gütersloh 1995.

Theißen, Gerd/Merz, Annette: Der historische Jesus. Ein Lehrbuch, Göttingen 1996.

Watzlawick, Paul: Wie wirklich ist die Wirklichkeit? Wahn, Täuschung, Verstehen, München ²2005.

Wischmeyer, Oda: Hermeneutik des Neuen Testaments. Ein Lehrbuch, Tübingen/Basel 2004.

CHRISTINA HOEGEN-ROHLS

Im Gespräch mit Gott

Neutestamentliche Wundergeschichten auf dem Hintergrund
alttestamentlicher Psalmen exegetisch lesen und didaktisch vermitteln

1. »Und müssen es denn Wundergeschichten sein,
die im Religionsunterricht behandelt werden?«[1]
Einleitende Problemanzeige

1.1 Nein?

Die Vermittlung biblischer Wundergeschichten im schulischen Religionsunterricht gehört zu den anspruchsvollsten Aufgaben der religionspädagogischen Praxis.[2] Bis weit in die fünfziger Jahre hinein galt es zwar als weithin
unproblematisch, Wundergeschichten in allen Schulstufen zum Thema des
Religionsunterrichts zu machen.[3] Doch änderte sich dies zumindest für die
Primarstufe schlagartig, als Klaus Wegenast 1966 die in der Zeitschrift
»Evangelische Unterweisung« (Zeitschrift für Erziehung und Unterricht)
geführte Diskussion um die Frage »Wundergeschichten der Bibel in der
Grundschule: Sind sie erlaubt, richtig und nötig, oder bedenklich und ver-
hängnisvoll?« in neue, kritisch reflektierende Bahnen lenkte.[4] Drei eng
miteinander verklammerte Argumente trug Wegenast vor, die »gegen Wundergeschichten in der Grundschule« sprächen: erstens – im Anschluss an
Heinz Grosch[5] – die Gefahr, dass Grundschulkinder den Jesus der Wundergeschichten missverstehen könnten »als immer schon auf seine Gottheit hin
durchschaubare(s) Überwesen« und als »immer schon in der Sphäre des
›Übernatürlichen‹, Wunderbaren« angesiedelte Größe, der »für das konkrete Leben keine Relevanz« zukomme; zweitens die gesellschaftliche Situation, in der Wunder »nicht mehr Chiffre für Bedeutsamkeit« seien, »sondern
ins Reich des Märchens oder des Priesterbetrugs« gehörten; und drittens die
Einsicht, »daß die Wundergeschichten ihrem Wesen nach nicht Bericht von

---

1 Wegenast, Wundergeschichten im Unterricht, S. 45.
2 Vgl. Kollmann, Wundergeschichten, S. 184–220.
3 Vgl. dazu Ritter, Wunder, S. 832.
4 Vgl. Wegenast, Wundergeschichten der Bibel, S. 39–42.
5 Vgl. Grosch, Stoffauswahl, S. 205–210; ders., Wundergeschichten, S. 38–39.

Vergangenem sein wollen, wie sie ein Kind notwendig verstehen muß, sondern Bekenntnis des Glaubens.«[6]

Grundschulkinder verstünden die neutestamentlichen Wundergeschichten als reine Tatsachenberichte, als Glaubens- und Bekenntnisgeschichten hingegen könnten sie sie nicht erfassen, und der Unterschied zwischen beiden Verstehensmöglichkeiten sei dieser Altersstufe intellektuell nicht zu vermitteln.[7] Wegenast resümierte: »Einerseits ist es die Gesellschaft – und damit das Kind, das von dieser Gesellschaft um und um bestimmt ist –, andererseits die Theologie, die uns daran hindern sollte, Wundergeschichten zu erzählen, bevor es möglich geworden ist, die Wundergeschichten als Glaubenszeugnis der Väter verständlich zu machen. Diese Möglichkeit ist aber erst in der 3. Altersstufe gegeben.«[8]

Erst bei den in der Phase des »kritischen Realismus« sich befindenden 13- bis 16-jährigen sei es also sinnvoll, »sich um ein sachgemäßes Verständnis mythologisch stilisierter Texte zu mühen.«[9] Eine Vielzahl von Religionspädagoginnen und -pädagogen pflichtete Wegenast bei: Wunder sollten frühestens in der Sekundarstufe, am besten nicht vor dem 7. Schuljahr behandelt werden.[10] Vereinzelt wurde sogar die zu frühe und daher zum Scheitern verurteilte Behandlung von Wundergeschichten für die Krise des Religionsunterrichts insgesamt verantwortlich gemacht.[11]

Nicht ohne Grund ist seither eine intensive religionspädagogische Diskussion um die Frage entbrannt, ob und wie die Wunder Jesu Gegenstand des schulischen Religionsunterrichts werden können.[12] Dabei wurde und wird diese Diskussion unter Berücksichtigung entwicklungspsychologischer Erkenntnisse der vergangenen zwanzig Jahre geführt, wie das auch für die in ihren Grundzügen vergleichbare Diskussion um die Gleichnisdidaktik gilt,[13] wobei im Rahmen der wunderdidaktischen Reflexion neben der Frage nach der Entwicklung des religiösen Urteils und der Wahrnehmung von Symbolen auch der Frage nach der Entwicklung des Weltbildes, des Wirklichkeitsverständnisses und des sozialen Verstehens ein eigenes Gewicht beigemessen wird.[14] Für die unterrichtliche Arbeit mit Wundergeschichten schlägt eine Stimme der jüngeren Forschung vor, eine an Goethes Wilhelm Meister orientierte »Stufen-Pädagogik« zu nutzen, Wundergeschichten also

---

6 Vgl. Wegenast, Wundergeschichten der Bibel, S. 40.
7 Vgl. Wegenast, Wundergeschichten der Bibel, S. 40.
8 Wegenast, Wundergeschichten der Bibel, S. 40.
9 Vgl. dazu Wegenast, Das Fundamentale, S. 174f.
10 Vgl. etwa Kwiran, Wundergeschichten, S. 67.
11 Vgl. dazu Ritter, Wunder, S. 832–842.
12 Zur aktuellen wissenschaftlichen Diskussion um die Wunderdidaktik vgl. Lachmann, Wundergeschichten, S. 206–211.
13 Vgl. dazu Müller u.a., Gleichnisse, S. 64–68.
14 Vgl. dazu zuletzt Bee-Schroedter, Wundergeschichten, Kapitel 4.

in der Grundschule als »sinnliche Zeichen« fruchtbar zu machen, später als »symbolischen Anklang« zu erschließen und schließlich deren »oberste Deutung« zu behandeln.[15]

1.2 Doch!

Trotz und gerade wegen der in der neueren Diskussion eher wieder zuversichtlich beurteilten Möglichkeit, Wundergeschichten »als undispensierbaren Teil«[16] des religionsunterrichtlichen Curriculums verteidigen zu können,[17] hat Klaus Wegenast 1999 seine Position erneuert und sogar ausgeweitet.[18] Denn seine oben in der Überschrift des Abschnitts 1. ganz allgemein gestellte Frage »Und müssen es denn Wunder sein, die im Religionsunterricht behandelt werden?«[19] bezieht sich nicht mehr nur auf die Grundschule, sondern auf den schulischen Religionsunterricht insgesamt. Doch müssen wir – ungeachtet der bedenkenswerten und durchaus berechtigten Einwände Wegenasts – bei seiner Antwort stehen bleiben? Sollen wir unseren Schülerinnen und Schülern von der Grundschule bis zu den weiterführenden Schulen tatsächlich die Wunder Jesu vorenthalten, gar »verheimlichen«?

Gerade angesichts der von Wegenast aufgestellten Forderung, den Faktor des gesamtgesellschaftlichen Bewusstseins bei der Frage nach den Wundergeschichten im Religionsunterricht nicht außer Acht zu lassen, stellen sich gegenwärtig neue Herausforderungen. Denn unsere Schülerinnen und Schüler haben als Glieder unserer Gesellschaft eine Vorstellung von Wundern, wenn auch vielleicht nur vage und diffus. In einer Repräsentativumfrage von September 2006 ist das Allensbacher Institut im Auftrag der Frankfurter Allgemeinen Zeitung den Fragen »Wer glaubt an Wunder, und mit welcher Lebenseinstellung ist der Wunderglaube verbunden?« nachgegangen.[20] Die Ergebnisse zeigen, dass die Deutschen dem Gedanken an Wunder in den ersten Jahren des 21. Jahrhunderts mit wachsender Offenheit gegenüberstehen. Die Frage »Glauben Sie an Wunder?« beantworteten im Jahr 2000 neunundzwanzig Prozent der befragten Deutschen mit »Ja«, im Jahr 2006 sechsundfünfzig Prozent, und zwar quer durch die Generationen.

---

15 Vgl. dazu Scholz, Wundergeschichten, S. 151, mit Hinweis auf J. W. v. Goethe, Wilhelm Meisters Wanderjahre, in: Ernst Trunz (Hg.), Goethes Werke, Bd. VII, S. 158.

16 Wegenast, Wundergeschichten im Unterricht, S. 45.

17 Vgl. etwa Kollmann, Wundergeschichten, S. 186.

18 Vgl. Wegenast, Wundergeschichten im Unterricht, S. 32–45.

19 Vgl. Anm. 1.

20 Vgl. dazu den Artikel "Wer glaubt an Wunder? Westdeutsche mehr als Ostdeutsche" von Professorin Elisabeth Noelle und Dr. Thomas Petersen in der FAZ von Mittwoch, den 20. September 2006, Nr. 219/ S. 5.

Die Befragten unterschieden dabei durchaus zwischen alltäglichem Sprachgebrauch und grundlegender Bedeutung des Begriffs »Wunder«: Außerge-
wöhnlich politische, sportliche oder gesellschaftliche Vorgänge wie das
»Wunder von Bern« oder das »Wirtschaftswunder« akzeptierten nur wenige
Befragte als »echte« Wunder. Siebenundsechzig Prozent der Befragten
meinten hingegen, die Heilung von einer schweren, scheinbar hoffnungslo-
sen Krankheit könne als Wunder bezeichnet werden.

Sollen wir also unsere Schülerinnen und Schüler inmitten solcher gesellschaftlich präsenter Wundervorstellungen mit ihrem ungefähren Wunder-
wissen allein lassen? Oder sollten wir nicht unsere Kompetenz als Lehrkräfte für das Unterrichtsfach Religion dazu nutzen, ein tieferes Wissen über
und um die Wunder Jesu anzubahnen? Gerade da der Religionsunterricht
selbst in besonderem Maße kommunikatives Geschehen ermöglicht: Könnten wir da nicht das Gespräch über die Wundergeschichten neu und inspi-
rierend führen – in allen Schulstufen, eben auch in der Primarstufe?

2. Wunder nicht ohne Psalmen. Eine biblisch-theologische Perspektive als Ausweg aus dem wunderdidaktischen Dilemma

2.1 An Ingo Baldermanns Vorschlag anknüpfen

Ein Ausweg aus dem Dilemma der wunderdidaktischen Diskussion scheint
mir durch eine Perspektive gegeben zu sein, die die neutestamentlichen
Wundergeschichten im schulischen Religionsunterricht in den Horizont der
Biblischen Theologie stellt. Schon Ingo Baldermann hatte Mitte der neun-
ziger Jahre didaktisch diesen Weg gewiesen,[21] und seine Impulse sollen hier
aufgenommen und weitergeführt werden. »Ich kann mich noch genau daran
erinnern«, berichtet er aus seiner religionspädagogischen Praxis, »daß eines
Tages im Unterricht Wundergeschichten auch für die Kinder ganz anders zu
reden begannen: Die Kinder legten dem Gelähmten aus der Geschichte, die
Markus 2 erzählt wird, Worte in den Mund, die sie sich *in unserer Arbeit an
den Psalmen zuvor angeeignet* hatten. Jetzt holten sie sie wieder aus ihrem
Kopf hervor.«[22] In dieser anschaulichen, von pädagogischer Wärme und
pädagogischem Respekt getragenen Beschreibung eines höchst produktiven, selbstständig geleisteten und wahrhaft gelungenen Transfers zwischen
alttestamentlichen Psalmen und neutestamentlichen Wundergeschichten

---

21 Baldermann, Didaktik, S. 76–81.
22 Baldermann, Didaktik, S. 77. Die Hervorhebung stammt von mir.

wird meines Erachtens der zentrale Nerv der Wunderdidaktik getroffen, den ich in direkter Anlehnung an das Zitierte dreifach bestimmen möchte.

Erstens: »in unserer Arbeit«. a. Wundergeschichten eignen sich als Gegenstand des Religionsunterrichts nur dann, wenn die Lehrkraft bereit ist, mit ihrer Klasse über eine längere Unterrichtseinheit hinweg an biblischen Texten zu arbeiten und diese dabei nicht nur als mehr oder weniger wichtigen »Aufhänger« für ein übergeordnetes Thema zu nutzen, sondern sachlich und methodisch von mehreren Seiten so zu umkreisen, dass sich das zu behandelnde Unterrichtsthema in seiner Tiefe von den Texten her erschließt. b. Wundergeschichten eignen sich als Gegenstand des Religionsunterrichts erst dann, wenn die Lehrkraft bereits mit einer Klasse religionspädagogisch gearbeitet hat und mit ihr vertraut ist, wenn sie weiß, auf welchem Grund sie bauen, das heißt, auf welchem Wissen und welchem tieferen Verständnis sie bei ihren Schülerinnen und Schülern aufbauen kann.

Zweitens: »in unserer Arbeit an den Psalmen«. Wundergeschichten eignen sich als Gegenstand des Religionsunterrichts erst dann, wenn Schülerinnen und Schüler bereits Grundkompetenzen im Umgang mit biblischen Texten erworben haben, wenn sie vertraut sind mit der Eigenart biblischer Sprache, und zwar insbesondere mit dem Sprechgestus und den durch Sprachbilder artikulierten dialogischen Beziehungsmustern der Psalmen, die den Menschen im Gespräch mit Gott zeigen. Wie im Umgang mit den Gleichnissen, so zeigt sich auch in der Arbeit an Wundergeschichten, »dass ein wesentliches Ziel des Religionsunterrichts darin besteht, religiöse Sprachfähigkeit zu fördern«.[23]

Drittens: »in unserer Arbeit an den Psalmen zuvor angeeignet«. Erst wenn Schülerinnen und Schüler mit Hilfe der Lehrkraft durch memorierende und sprachschöpferische Arbeit an den Psalmen die poetische und theologische Kraft biblischer Sprache einüben und sich aneignen konnten, wenn sie mittels des erworbenen biblischen Sprachrepertoires auch eine kultur- und frömmigkeitsgeschichtlich über Jahrhunderte hinweg bewährte Form religiösen Denkens und Empfindens kennenlernen und vielleicht sogar nachvollziehen konnten, eröffnen sich Zugänge zu den Wundergeschichten, die diesen alten und doch noch immer lebendigen Texten in ihrem Wirklichkeitsverständnis gerecht werden.

---

23 Müller u.a., Gleichnisse, S. 75.

2.2 Den Dialog mit Gott entdecken

Ingo Baldermann bewertet den von seinen Schülerinnen und Schülern geleisteten Transfer zu Recht als einen doppelten Gewinn. Gewonnen sei zum
einen, »daß mit den Worten der Psalmen die Kinder selbst in die Geschichte
hineinkamen«[24]: »Wir haben das nicht nur einmal, sondern immer wieder so
erlebt, an ganz unterschiedlichen Wundergeschichten. Was uns auf keinem
anderen Weg gelungen war, das leisteten die Worte der Psalmen.[25] Gewonnen sei zum anderen, dass die in Mk 2 erzählte Heilungsgeschichte »jetzt
eine theologische Dimension bekommen«[26] hat. »Auch wenn ich zur Hin-
führung Spiele veranstalte, in denen die Kinder selbst die Erfahrung des
Blind- oder Gelähmtseins machen sollen«, so reflektiert er seine methodi-
schen Bemühungen um die neutestamentlichen Heilungsgeschichten, »sind
der Blinde und der Gelähmte für sie Objekte ihres Mitleids, und die ein-
leuchtende Lehre der Geschichte ist, daß man mit solchen Menschen
freundlich umgehen soll, wie es Jesus auch getan hat.«[27] Auf diese Weise
aber bleibe die Heilungserzählung eine ethische, mit moralischem Appell
verbundene »Mitleidsgeschichte«.

Durch die aus der Sprache der Psalmen gewonnenen und dem Gelähmten
aus Mk 2 von den Kindern in den Mund gelegten Worte – »Ich rufe, doch
du antwortest nicht! Ich habe mich müde geschrieen, mein Hals ist heiser,
weil ich so lange warten muß. Ich versinke im tiefen Schlamm, wo kein
Grund ist. Ich bin wie ein zerbrochenes Gefäß«[28] – trete hingegen zu Tage,
dass bei der Geschichte »Gott mit im Spiel ist«, und zwar, so möchte ich
pointiert ergänzen, als der, der auf das flehentliche Rufen des in Not sich
befindenden Menschen antwortet. Die Theologizität der Wundergeschichten, so meine These, liegt in der Dialogizität ihrer geschilderten Gesprächsbegegnung zwischen Mensch und Gott begründet.

Eingedenk dieser Überlegungen möchte der vorliegende Beitrag auf be-
grenztem Raum einige Anregungen dafür bieten, die Wundergeschichten
des Neuen Testaments auf dem Hintergrund alttestamentlicher Psalmen als
»Gespräch mit Gott« exegetisch zu lesen und in diesem hermeneutischen
Licht gewinnbringend didaktisch zu vermitteln. Zur Durchführung dieses
Vorhabens werden in einem ersten Schritt an exemplarisch ausgewählten
individuellen Klagepsalmen biblische Grundaspekte der Kommunikation
zwischen Gott und Mensch herausgearbeitet (3.). In einem zweiten Schritt

---

24 Baldermann, Didaktik, S. 78.
25 Baldermann, Didaktik, S. 77f.
26 Baldermann, Didaktik, S. 77.
27 Baldermann, Didaktik, S. 77.
28 Vgl. Baldermann, Didaktik, S. 77.

können dann die den Psalmen entsprechenden Grundformen der Kommunikation in exemplarisch ausgewählten markinischen Heilungsgeschichten entdeckt werden (4.). Und im dritten Schritt lassen sich fachdidaktische Anreize dafür bieten (5.), die neutestamentlichen Wundergeschichten im Kontext der Psalmen mit den Mitteln performativer Textarbeit als Gespräch mit Gott zu inszenieren. Ein Plädoyer für den mutigen hermeneutischen und theologischen Umgang mit den Wundergeschichten im schulischen Unterricht schließt den Beitrag ab, verbunden mit einer Reflexion auf die hochschuldidaktische Verantwortung, diese Texte den künftigen Lehrerinnen und Lehrern so differenziert und lebendig wie möglich zu erschließen (6.).

3. Im Gespräch mit Gott aus der Tiefe der Not: Kommunikation zwischen Mensch und Gott in ausgewählten individuellen Klagepsalmen des Alten Testaments[29]

3.1 Textbeispiel: Ps 38,2.4.12–16[30]

[2] Herr,
strafe mich nicht in deinem Zorn
und züchtige mich nicht in deinem Grimm!
[4] Es ist nichts Gesundes an meinem Leibe wegen deines Drohens
und ist nichts Heiles an meinen Gebeinen wegen meiner Sünde.
[12] Meine Lieben und Freunde scheuen zurück vor meiner Plage,
und meine Nächsten halten sich ferne.
[13] Die mir nach dem Leben trachten, stellen mir nach;
und die mein Unglück suchen, bereden, wie sie mir schaden;
sie sinnen auf Trug den ganzen Tag.
[14] Ich bin wie taub und höre nicht,
und wie ein Stummer, der seinen Mund nicht auftut.
[15] Ich muß sein wie einer, der nicht hört,
und keine Widerrede in seinem Mund hat.
[16] Aber ich harre, Herr, auf dich;
du, Herr, mein Gott, wirst erhören.

---

29 Zu den sog. »Klageliedern des Einzelnen« als der am häufigsten vertretenen Gattung des Psalters vgl. grundlegend Gunkel/Begrich, Psalmen, §6 (S. 172–265).
30 Die Texte werden in der revidierten Lutherübersetzung von 1984 geboten.

3.1.1 Hören- und Antwortenkönnen als Grundlagen des Menschseins

»Ich bin wie taub und höre nicht, und wie ein Stummer, der seinen Mund nicht auftut«, so klagt – nach Luthers Übersetzung – die betende Stimme in Psalm 38, Vers 14 und fährt im folgenden Vers 15 in Form des für die Poetik der Psalmen typischen Parallelismus membrorum fort: »Ich muss sein wie einer, der nicht hört, und keine Widerrede in seinem Mund hat.«[31] In diesen sich inhaltlich komplementär ergänzenden Versen eines synonymen »Gedankenreims«[32], dessen Motivik an den Taubstummen aus Mk 7 erinnert, hören wir exemplarisch von einer als existenziell erfahrenen menschlichen Not: Hören und Sprechen, Sprache vernehmen und Sprache äußern, Gesprochenes verstehen und sinnerfassend darauf antworten – all das gelingt nicht. Dem Menschen, der hier klagt, sind die Grundlagen der Kommunikation entzogen und damit die Grundlagen des Menschseins selbst. Denn »hören, hören, das macht den Menschen, und entsprechend den Mund öffnen, antworten können«, wie Hans-Walter Wolff in seiner Anthropologie des Alten Testaments mit Nachdruck betont hat.[33] Der hörende und der antwortende Mensch ist nach dem Menschenbild des Alten Testaments der eigentlich existierende Mensch: »Wer taub und stumm zu werden droht, der muss um sein eigentliches Menschsein bangen.«[34] Als »die wesentlichen Organe des Menschen« gelten daher das »hörende Ohr und die wohl orientierte Zunge«[35].

3.1.2 Kommunikative Störung als soziale Isolation

Im Hintergrund der vorgebrachten Klage des zur Gruppe der Davidpsalmen gehörenden Psalm 38, des dritten der sieben sog. »kirchlichen Bußpsalmen«, steht die Erfahrung eines Kranken, der sich aus Gründen seiner Krankheit kommunikativ von seinen nächsten zwischenmenschlichen Bezügen isoliert sieht. So sagt Vers 12: »Meine Lieben und Freunde scheuen zurück vor meiner Plage und meine Nächsten halten sich ferne«. Nicht nur

---

31 Zum Parallelismus membrorum (»Gedankenreim«) vgl. Smend, Parallelismus; Seybold, Poetik, S. 83–101; Janowski, Konfliktgespräche, S. 13–21. Das kompositorische Prinzip der paarweisen Anordnung von Versen oder Versgliedern ist ein stilistisches Charakteristikum der hebräischen Poesie, das nicht nur ästhetische, sondern auch semantische und pragmatische Relevanz besitzt. Durch Wiederholung, Ergänzung oder Gegenüberstellung von Gedanken auf engstem literarischen Raum wird sachlich eine Vertiefung, Steigerung, Verdeutlichung, eine »Multiperspektivität« oder auch eine »produktive Unschärfe und Plastizität« der Aussage erreicht (Janowski, aaO, S. 18). Mnemotechnisch wird Einprägbarkeit erzielt.
32 Zu den unterschiedlichen Formen des »Gedankenreims« (synonymer, antithetischer, synthetischer, parabolischer, klimaktischer, repetierender oder tautologischer Parallelismus membrorum) vgl. übersichtlich Schmidt, Einführung, S. 298f.
33 Wolff, Anthropologie, S. 117.
34 Wolff, Anthropologie, S. 117.
35 Wolff, Anthropologie, S. 117.

die Nächsten, auch die für das Szenario der Klagepsalmen so typischen »Feinde« – äußere Widersacher oder innere Peiniger?[36] – tragen zur tiefen Not des Beters bei, wie Vers 13 zeigt: Sie trachten ihm nach dem Leben, stellen ihm nach, suchen sein Unglück und bereden, wie sie ihm schaden können, »sie sinnen auf Trug den ganzen Tag«. Seine Krankheit und sein Leiden aber führt der Beter in Vers 4 im Denk- und Deutungshorizont des weisheitlichen Tun-Ergehen-Zusammenhangs auf seine Sünden zurück. Sie sind es, die den Zorn und Grimm Gottes herausgefordert haben, weshalb sich emphatisch mit der Eingangsinvokation in Vers 2 auch die dringende Bitte verbindet: »Herr, strafe mich nicht in deinem Zorn und züchtige mich nicht in deinem Grimm!«. Im Hebräischen meinen wir diese Emphase onomatopoetisch in den fast überstürzt aufeinander folgenden Gutturalen hören zu können: JHWH *al bekäzp^{e}cha tochicheni uwachamatcha t^{e}jas-reni*.

3.1.3 Sprachlosigkeit und deren Überwindung in der Klage des Beters gegenüber dem hörenden Gott

Registrieren wir aufmerksam, was hier geschieht: Mit Anrufung, Klage und Bitte begibt sich der Beter in das Gespräch mit Gott. Gerade angesichts der elementaren kommunikativen Störung, die er als »konstellatives Wesen«[37], als auf soziale Konstellationen Angewiesener, im zwischenmenschlichen Bereich erlebt, wendet er sich an Gott und nutzt damit das letzte ihm verbliebene dialogische Potenzial: Er klagt über seine Sprachlosigkeit, doch indem er klagt, spricht er. Er leistet dabei eine produktive Verschiebung der Gesprächsebenen und eine kreative Umkehrung der Gesprächsrichtung. Denn als der, der im zwischenmenschlichen Kontakt zu verstummen droht, öffnet er seinen Mund gegenüber Gott. Als der, der nicht hört, hofft und vertraut er darauf, dass Gott ihn hört, ihn »erhört«, wie Vers 16 sagt: »Aber ich harre, Herr, auf dich; du, Herr, mein Gott, wirst erhören«.

In Korrelation zu dem anthropologischen Grundmodell des hörenden und antwortenden und im Hören und Antworten erst eigentlich existierenden Menschen kommt in Psalm 38 also Gott selbst als Hörender in den Blick und ebenso als der, der das Gehörte wahrnimmt und auf das Gehörte reagiert. Eben das interaktive dialogische Geschehen ist es, durch das der in Not sich Befindende Hilfe erfährt. Dabei wird Gottes Hören als Fundament erkennbar, auf dem der Dialog aufbauen kann. Mit seiner Vertrauensäußerung »du, Herr, mein Gott, wirst erhören« (Vers 16) antizipiert der Beter das Gelingen des Gesprächs mit Gott.

---

36 Vgl. dazu Zenger, Feindpsalmen; Westermann, Lob und Klage.
37 Zum »konstellativen Personbegriff« vgl. Janowski, Konfliktgespräche, S. 43 mit Anm. 182; S. 50 mit Anm. 207–209. Im Anschluss an Assmann, Tod und Jenseits, S. 13ff., 34ff., 54ff. u.ö., spricht Janowski im Blick auf die sozialen Bindungen des Menschen auch von dessen »Konnektivität«, vgl. aaO, S. 52.

3.2 Textbeispiel: Ps 130,1f.5f.

[1] Aus der Tiefe rufe ich, Herr, zu dir,
[2] Herr, höre meine Stimme!
Lass deine Ohren merken auf die Stimme meines Flehens!
[5] Ich harre des Herrn, meine Seele harret,
und ich hoffe auf sein Wort.
[6] Meine Seele wartet auf den Herrn mehr als die Wächter auf den Morgen,
mehr als die Wächter auf den Morgen.[38]

3.2.1 Rufen und Hören als Grundform der Gottesbegegnung

Hörende, dem Menschen sich zuneigende Ohren und ein sprechendes Wort
sind im Sprachgebrauch der individuellen Klagelieder signifikante Zeichen
für Gottes Gesprächsbereitschaft mit dem Menschen. Unüberboten deutlich
kommt dies zum Ausdruck in dem den »de-profundis-clamans-Habitus«[39]
begründenden Klagepsalm 130, dem sechsten der sieben kirchlichen Bußpsalmen, in dessen ersten beiden Versen es heißt: »Aus der Tiefe (wörtlich:
aus Tiefen; hebräisch: mimaamakim) rufe ich Herr zu dir, Herr, höre meine
Stimme! Lass deine Ohren merken auf die Stimme meines Flehens!«
Durchaus bewusst anthropomorph wird in diesem von seiner theologischen
Prägung her als frühnachexilisch einzuordnenden Psalm[40] Gott mit Ohren
ausgestattet, mit denen er die flehende Stimme des aus Chaos- und Todes-
wassern Rufenden wahrnehmen und aufnehmen kann.

Die Korrelation von Rufen und Hören kommt so als eine Grundform der
Gottesbegegnung zur Geltung – und das nicht nur in den Psalmen Israels,
sondern vergleichbar auch in den Gebeten Mesopotamiens,[41] in deren ver-
dichteter Anrufungsformel »Ich rufe dich von fern, höre mich von nah!« der
korrelative dialogische Prozess der Begegnung zwischen Gott und Mensch
besondere Prägnanz gewinnt. Immer wieder vernehmen wir daher in den
Klagepsalmen diesen die Interdependenz von Rufen und Hören herausfor-
dernden Appell. So etwa in Ps 17,6: »Ich rufe zu dir, denn du, Gott, wirst
mich erhören; neige deine Ohren zu mir, höre meine Rede!«. Oder in dem
dunklen Korachitenpsalm 88, Vers 3: »Lass mein Gebet vor dich kommen,
neige deine Ohren zu meinem Schreien«.

---

38 Luther zieht Vers 6 zu 7.
39 So Fridolin Stier, zitiert bei Zenger, Nacht, S. 397.
40 Vgl. Zenger, Nacht, S. 398.
41 Vgl. dazu Janowski, Konfliktgespräche, S. 53, mit dem Hinweis auf Mayer, Gebetsformel,
und ders., Formensprache.

3.2.2 Rettung und Lebensgewinn durch das göttliche Wort

Das Hören Gottes, so weiß der Beter, begründet Gottes Sprechen, begründet seine Antwort im zusprechenden Wort. »Ich harre des Herrn, meine Seele harret, und ich hoffe auf sein Wort«, versichert daher die betende Stimme in Ps 130,5, deren jubelnden Klang das Hebräische onomatopoetisch in hohe i-Laute fasst: *kiwiti JHWH kiwta nafschi w^e lidabro hochalti.* Dabei wird die Intensität und Inbrunst des Wartens in Psalm 130 stilistisch durch den repetierenden Parallelismus membrorum von Vers 6 zur Geltung gebracht: Mehr als die Wächter einer Stadt in Gefahrenzeiten auf das rettende Licht des Morgens warten,[42] wartet der um Hilfe rufende Mensch auf Gottes Sprechen. Denn vom Wort Gottes erfährt der Beter Rettung in seiner Not.

Immer wieder bezeugen die Psalmen die rettende Kraft des göttlichen Wortes, so etwa das Danklied in Ps 107,20, wo es exemplarisch heißt: »Er sandte sein Wort und machte sie gesund und errettete sie, dass sie nicht starben.« Gottes Schweigen bedeutet den Tod. Gottes Hören aber und sein Reden bedeutet des Menschen Leben.

4. Im Gespräch mit Gott durch Jesu erhörendes Handeln: Dialogisches Geschehen in ausgewählten markinischen Heilungsgeschichten

Wenn wir die Wundergeschichten der Evangelien auf dem Hintergrund der individuellen Klagelieder lesen wollen, so treten jene Texte in den Mittelpunkt, die wir unter einer bewusst selektiven hermeneutischen Perspektive als »Bitt-Erhörungs-Geschichten« verstehen können. Dazu gehören vor allem die Heilungserzählungen. Strukturelle Gemeinsamkeiten dieser Geschichten mit den Klagepsalmen geben Anlass zum Vergleich, so die Nennung einer Notsituation, das Vorbringen von Bitten, der Dank für erfahrene Rettung: Wie die alttestamentlichen Klagepsalmen des Einzelnen können wir auch die neutestamentlichen Heilungsgeschichten wahrnehmen als Schilderungen von Not, aus der heraus sich einzelne Menschen bittend an Gott bzw. Jesus wenden. Wie die individuellen Klagelieder können auch die neutestamentlichen Heilungsgeschichten erfasst werden als Erzählungen von jener lebensspendenden Hilfe, die Gott bzw. Jesus durch das gnädige Erhören der Bitten gewährt. Und wie die Klagepsalmen, so lassen sich auch die neutestamentlichen Heilungsgeschichten als literarische Berichte begreifen, in denen Dank und Lob der Geretteten zur Geltung gebracht werden sollen.[43]

---

42 Vgl. Zenger, Nacht, S. 401.
43 Vgl. dazu Glöckner, Wundergeschichten, S. 42.

Auf dem Hintergrund der alttestamentlichen Klagepsalmen können wir die im Neuen Testament tradierten Heilungsgeschichten somit ernst nehmen als eine Gattung, die das poetische Sprechen einer sakral-ritualisierten Lyrik umsetzt in Narration. Bestimmend für den narrativen Charakter bleiben bei dieser gattungsproduktiven Umsetzung Modus und Funktion des dialogischen Geschehens, wie wir es an den Klageliedern herausgearbeitet haben: Auch die Dynamik der Heilungsgeschichten liegt in ihrer Dialogizität, in der wechselseitigen Bewegung von Sprechen und Hören, Bitten und Erhören, Rufen und Antworten. Hinter dieser dialogischen Dynamik tritt die Schilderung der Wundertat bzw. der Wunderhandlung deutlich zurück. Nicht ein magisches Mittel oder eine mantische Technik, sondern die dialogisch konstituierte Beziehung zwischen Jesus und den Notleidenden lenkt jenen Prozess, an dessen Ende geöffnete Ohren und geöffnete Augen stehen. Das lässt sich exemplarisch an zwei ausgewählten Heilungserzählungen aus dem Markusevangelium zeigen.

4.1 Textbeispiel Mk 7,31–37: Die Heilung des Taubstummen

[31] Und als er (sc. Jesus) wieder fortging aus dem Gebiet von Tyros, kam er durch Sidon an das Galiläische Meer, mitten in das Gebiet der Zehn Städte. [32] Und sie brachten zu ihm einen, der taub und stumm war, und baten ihn, daß er die Hand auf ihn lege. [33] Und er nahm ihn aus der Menge beiseite und legte ihm die Finger in die Ohren und berührte seine Zunge mit Speichel und [34a] sah auf zum Himmel und seufzte und sprach zu ihm: [34b] Hefata!, das heißt: Tu dich auf! [35] Und sogleich taten sich seine Ohren auf, und die Fessel seiner Zunge löste sich, und er redete richtig. [36] Und er (sc. Jesus) gebot ihnen, sie sollten's niemandem sagen. Je mehr er's aber verbot, desto mehr breiteten sie es aus. [37] Und sie wunderten sich über die Maßen und sprachen: Er hat alles wohl gemacht; die Tauben macht er hörend und die Sprachlosen redend (vgl. Jes 35,5).

4.1.1 Einbettung in den Kontext

Wenn wir die Heilung des Taubstummen in Mk 7,31–37 in ihren Kontext einbetten, so entdecken wir, dass in Mk 1 nach dem Bericht von Jesu Taufe am Jordan (Mk 1,9–11) und seiner Versuchung in der Wüste (Mk 1,12f.), dem Beginn seiner Predigt vom Reich Gottes (Mk 1,14f.) und der Berufung der ersten Jünger (Mk 1,16–20) die Heilung eines Besessenen in der Synagoge von Kapernaum erzählt wird als machtvolles Zeichen für das beginnende Wirken Jesu in Gäliläa (Mk 1,21f.23–28). Von dieser Heilungserzählung in Mk 1 an bestimmen – gesteigert durch Wundersummarien auf der einen Seite (Mk 1,34.39; 6,5b.55f.), dramatisch kontrastiert durch den Vorwurf der Gotteslästerung (Mk 2,7) und den ersten Tötungsbeschluss (Mk

3,6) auf der anderen Seite – fünfzehn Wundergeschichten in dichter Folge das Erzählgerüst und Stoffpotenzial des ersten Evangelien-Hauptteils.

Unser Text Mk 7 steht an Stelle 13 dieser Wunderkette, die kompositorisch überzeugend und für die markinische theologia crucis kennzeichnend einerseits in das Bekenntnis des Petrus einmündet (Mk 8,29b), andererseits in die erste Leidensankündigung (Mk 8,31): Der, der all diese Wunder tut, ist der Christus; aber er ist der Christus nur als der, der einem göttlichen Plan gemäß leidet und am Kreuz stirbt.

4.1.2 Typische Erzählzüge

Redaktionell durch Vers 31 wohl bewusst in das griechisch-syrische Siedlungs-Gebiet der Dekapolis am Ostufer des Sees Genezareth verlegt, um Jesu Wirken soziokulturell auch unter Heiden und sozioökologisch auch im städtischen Milieu zur Geltung zu bringen,[44] zeigt die Erzählung hinsichtlich ihres Personen- und Motivinventars typisch neutestamentliche Züge,[45] zugleich aber gattungstypische Merkmale antiker Wundergeschichten überhaupt, wie sie dem gesamten Mittelmeerraum mit Römern, Griechen und Orientalen vertraut waren. Der Text lässt eine Erzählweise erkennen, die mit bewährten Traditionen souverän umzugehen vermag.[46] So sind das Handauflegen, die Berührung der Ohren mit dem Finger, das Berühren der Zunge mit Speichel Gesten volkstümlicher Heilungsbräuche, die in die Erzählung aufgenommen, durch die dialogische Begegnung zwischen Jesus und dem Kranken jedoch überboten werden.

Bekannt ist, dass in antiker Zeit dem Speichel besondere Heilkraft beigemessen wurde, vor allem bei Augenkrankheiten (vgl. Mk 8,22–26). Römische Autoren (Tac., hist. IV,81; Suet., Vesp.7; Cassius Dio LXVI,8) berichten von einem Heilungswunder des Kaisers Vespasian, bei dem dieser ebenfalls Speichel verwendet habe.[47] Auch für Palästina sind solche Praktiken bezeugt.[48] Die Schilderung des Tuns Jesu ist solchen Erzählgepflogenheiten angepasst.

---

44 Zu den soziologischen Aspekten der Wundererzählungen vgl. Theißen, Wundergeschichten, S. 229–261.

45 Vgl. zum Personen- und Motivinventar der neutestamentlichen Wundergeschichten Theißen, Wundergeschichten, S. 53–89; ders./Merz, Jesus, §10: Jesus als Heiler: die Wunder Jesu, hier bes. S. 258f.

46 Vgl. Rudolf Renner, Wunder, S. 312.

47 Vgl. dazu Grundmann, Markus, S. 157.

48 Vgl. ebd.

4.1.3 Das Geraderichten gebrochener Kommunikationskompetenz

Jesus auf der einen Seite, der Kranke und seine Begleiter auf der anderen
Seite und, beide umgebend, die Menge bilden das mit Gerd Theißen sog.
»dreigliedrige Personenfeld« der Erzählung.[49] Im Rahmen dieses Personen-
feldes wird der Kranke von Anfang an in seiner gebrochenen Möglichkeit
zur Kommunikation gezeichnet. Im griechischen Original von Vers 32
vorgestellt als *kofon kai mogilalon*, als »taub und stumm« oder »taub und
mit Mühe redend«, ist der Kranke in seiner kommunikativen Beziehungs-
kompetenz massiv eingeschränkt.

Ob es sich bei der Ursache dieser Einschränkung um eine ererbte oder erworbene, um eine teilweise oder völlige Hör- und Sprechstörung handelt,
wird im Text nicht mitgeteilt. Doch liegt in der sog. »Konstatierungsformel«
von Vers 35, die explizit notiert, dass der von einer Kommunikationsstörung
Betroffene sofort nach seiner Heilung »richtig«, »gerade« (im griechischen
Original: *orthos*) spricht, ein Hinweis darauf, dass er zuvor zwar zu gewissen
Äußerungen in der Lage war, jedoch nicht zu verständlichem Sprechen.

Was dem Taubstummen in der Begegnung mit Jesus widerfährt, ist, dass
das Gestörte wieder in Ordnung gebracht, gerichtet wird, und dass er sich
dadurch selbst als gerade, richtig, ganz, in seiner menschlichen Würde
wiederhergestellt wahrnehmen kann. Die Anthropologie des Hörens und
Sprechens, die wir an den alttestamentlichen Klageliedern beobachten
konnten, beweist ihre biblisch-theologische Relevanz auch in den Wundergeschichten: Zum Menschsein und zur personalen Identität gehören ganz
wesentlich Hören und Sprechen.

4.1.4 Existentieller Gewinn dank schöpferischem Gotteswort

Solange Hören und Sprechen nicht gelingen, ist der Taubstumme in Mk 7
angewiesen auf die Hilfe anderer, die ihn zu Jesus bringen. Doch sein ele-
mentarer Mangel an Sprach- und Dialogfähigkeit wird in der Begegnung
mit Jesus zum existenziellen Gewinn: Im geschützten Raum einer dialogischen Zweierbegegnung (Vers 33) gewinnt der Kranke die Würde eines in
seiner Person direkt Angesprochenen. Denn mit der Aufforderung »*Efata*!«
in Vers 34 spricht Jesus weder einen Dämonen im Kranken noch eines
seiner Ohren an, sondern das »Du« des bedürftigen Menschen selbst in
seiner soteriologischen Bestimmung, gesund und dadurch heil zu werden.
Dabei zeigt die Übersetzung, die der Erzähler dem aramäischen Wort ausdrücklich beigibt, dass es kein unverständliches, magisches Zauberwort ist,
das hier die Heilung bewirkt, sondern das den Menschen in seiner Person-
würde direkt ansprechende schöpferische Wort Jesu.

---

49 Vgl. Theißen, Wundergeschichten, S. 53–56.

Wir erkennen die Komplexität des dialogischen Geschehens: Den, der noch gar nicht hören kann, da seine Ohren noch verschlossen sind, spricht Jesus an mit einem an die Aktivität und Selbstbestimmtheit seines Gegenübers appellierenden »Tu dich auf!«; Jesus antizipiert in seiner »Du«-Anrede dialogisch den Gesunden, er erschafft in seinem Sprechakt proleptisch den Geheilten. Das dialogische Geschehen läuft dabei auf zwei Ebenen ab: Die Kommunikation zwischen Jesus und dem Kranken wird fundiert durch die Kommunikation zwischen Jesus und Gott. Denn das Aufheben der Augen zum Himmel in Vers 34 markiert die Gebetsgeste, durch die Jesu erhörendes Handeln zurückgebunden wird an das Erhören Gottes selbst. Gerade deshalb aber kann für den sog. »Chorschluss« der staunenden Menge am Ende der Erzählung (Vers 37) das prophetische Wort Jes 35,5 hermeneutisch genutzt werden: In Jesus handelt eschatologisch jener Gott, der Taube hörend und Sprachlose redend macht. Christologisch heißt das: Das Handeln Jesu und das Handeln Gottes sind eins. So ist die erzählte Heilung zum einen Zeichen der konkreten Zuwendung Jesu zu jenen, die am Rande der Gesellschaft stehen, zum anderen aber Verweis auf die in Jesu Zuwendung erfahrbare Beziehungsbereitschaft Gottes.

Ergebnis der in Mk 7 erzählten Heilung eines Taubstummen sind geöffnete Ohren und eine von ihrer Fessel, wie es im Text so treffend heißt, gelöste Zunge (V. 35). Hörenkönnen und Sprachvermögen aber sind nicht nur die beiden Grundpfeiler gelingender zwischenmenschlicher Kommunikation, sondern die tragenden Säulen auch für das Gespräch mit Gott. Die von Markus erzählte Heilung des Taubstummen ist auf dem Hintergrund der alttestamentlichen Psalmen auch im übertragenen Sinne zu verstehen: Jesus ermöglicht dem Taubstummen, Gott zu hören und mit ihm zu sprechen. Luther hat in seiner Auslegung des Textes bemerkt:

Da ist fast niemand in der Welt, der Gott dafür ein Deo gratias sagt, dass er eine feine Zunge und Ohren hat (...) es will aber der Herr mit diesem Wunderwerck uns auch anzeigen, wie diese zwey Stücke sonderlich einem Christen zugehören, dass die Ohren ihm aufgethan und die Zunge gelöset werde (...) denn das ist je gewiss, dass wir alle unsere Seligkeit allein durchs Wort Gottes haben.

4.2 Textbeispiel Mk 10,46–52: Die Heilung des blinden Bartimäus

[46] Und sie kamen nach Jericho. Und als er (sc. Jesus) aus Jericho wegging, er und seine Jünger und eine große Menge, da saß ein blinder Bettler am Wege, Bartimäus, der Sohn des Timäus. [47a] Und als er hörte, dass es Jesus von Nazareth war, [47b] fing er an, zu schreien und zu sagen: [47c] Jesus, du Sohn Davids, erbarme dich meiner! [48a] Und viele fuhren ihn an, er solle stillschweigen. [48b] Er aber schrie noch viel mehr: [48c] Du Sohn Davids, erbarme dich meiner! [49a] Und Jesus blieb stehen und sprach: [49b] Ruft ihn her! [49c] Und sie riefen den Blinden und sprachen zu ihm: [49d] Sei getrost, steh auf! Er ruft dich! [50] Da warf er seinen Mantel von sich, sprang auf und kam zu Jesus. [51a] Und

Jesus antwortete und sprach zu ihm: [51b] Was willst du, dass ich für dich tun soll? [51c] Der Blinde sprach zu ihm: [51d] Rabbuni, dass ich sehend werde. [52a] Jesus aber sprach zu ihm: [52b] Geh hin, dein Glaube hat dir geholfen. [52c] Und sogleich wurde er sehend und folgte ihm nach auf dem Wege.

4.2.1 Einbettung in den Kontext

Im Umkreis der dritten und letzten Leidensweissagung (Mk 10,32–34) beginnt im markinischen Evangelienaufriss der Weg Jesu nach Jerusalem und das heißt zur Passion. Dass die in die Nachfolge mündende Heilung des Blinden vor Jericho unmittelbar vor Jesu Einzug in Jerusalem (Mk 11,1–11) erzählt wird, geschieht – geschickt geographisch disponiert – in der theologischen Absicht, Leidensweg Jesu, Nachfolge und Glaube exemplarisch aneinander zu binden und dabei auf die symbolische Ebene des Sehens im Sinne wahren Erkennens hinzuweisen: Bartimäus folgt Jesus sehenden Auges auf seinem Weg ans Kreuz, von dem her Glaube und Nachfolge ihre Orientierung, ihre wahre Bedeutung und ihr eigentliches Gewicht gewinnen.

4.2.2 Zeitgeschichtlicher Hintergrund

Die altbabylonische Gesetzessammlung des Codex Hammurapi bestimmt in §215: »Wenn ein Arzt (...) eine Schläfe eines Bürgers öffnet und das Auge des Bürgers rettet, bekommt er zehn Scheqel Silber.«[50] Weder ist in Mk 10 von einem Operationsmesser die Rede oder von dem anatomischen Detail einer Schläfe, noch bringt die erzählte Heilung eines Blinden vor Jericho Jesus 10 Scheqel Silber ein. Der Dank des Geheilten für die erfahrene Rettung aus der Not besteht vielmehr in dessen Nachfolge – und das heißt: in der konsequenten Gestaltung seines Lebens als Gespräch mit Gott.

Erblindung war im Orient seit jeher aus klimatischen und hygienischen Gründen eine häufige Erscheinung. Wer von Geburt an blind oder im Laufe seines Lebens erblindet war, war nach dem Zerfall der Fürsorgefähigkeit der Sippen auf das Betteln angewiesen. So wird auch der Kranke, der anders als der Taubstumme in Mk 7 einen Namen trägt, in Vers 46 vorgestellt als blinder Bettler.

4.2.3 Der Schrei aus der Tiefe des Vertrauens und Jesu Ruf nach dem Kranken als Antwort

Namentlich bekannt als Bartimäus, Sohn des Timäus, gewinnt der Blinde vom Anfang der Erzählung an eine personale Präsenz, die durch seine ge-

---

50 Vgl. Kaiser, TUAT 1, S. 69. Die bei Halbfas, Religionsunterricht, S. 316, gebotene Übersetzung des Textes macht den Bezug zu Mk 10 noch deutlicher: »Wenn ein Arzt [...] mit dem bronzenen Messer die Hornhaut eines Bürgers geöffnet hat und dabei das Auge eines Bürgers gesund werden läßt, so nimmt er dafür 10 Sekel Silber.«

genüber dem Taubstummen veränderte kommunikative Ausgangssituation verstärkt wird: Der Blinde kann hören und sprechen und damit aktiv und selbstbestimmt in das Gespräch mit Jesus eintreten. Wenn wir genauer zusehen, so kann er eben das tun, was die Psalmbeter in ihrer klagenden Not auch tun, er kann schreien, und er tut dies im griechischen Original unseres Textes mit denselben Worten, mit denen die Septuaginta die Psalmbeter rufen und bitten lässt: mit den Verben *krazein* und *eleein*.

Der Schrei, der in Psalm 130/LXX 129 erklingt – »Aus Tiefen rufe ich Herr, zu dir«[51] – wird daher in narrativierter Form zum inständigen Ruf auch dessen, der bei Jesus Hilfe sucht. So beginnt Bartimäus in Vers 47b zu schreien, um Jesus auf sich aufmerksam zu machen, und er steigert dieses Schreien in Vers 48b trotz der Versuche der Umstehenden, die ihn zum Schweigen bringen sollen. Nicht penetrante Hartnäckigkeit, sondern das unbedingte Vertrauen auf Gott will der Erzähler literarisch vermitteln, wie die für die individuellen Klagepsalmen typische Bitte um Erbarmen »Herr, erbarme dich meiner« (Vers 47c.48c) zeigt. Auch die für die Klagepsalmen kennzeichnende Korrelation von Rufen und Hören, die wir als eine Grundform der Gottesbegegnung entdeckt hatten, spiegelt sich in der markinischen Heilungserzählung in subtiler Umkehrung: War es in der dialogischen Szene des Psalms der Klagende, der nach Gott ruft, so ist es hier Jesus, der nach dem Kranken ruft. Das zeigt sich in Vers 49a.b.c an der kunstvoll arrangierten dreigliedrigen Kette »Ruft ihn her!« – »Und sie riefen« – »Er ruft dich!« Wieder ist es, wenn wir die Originale kennen, der Sprachgebrauch des Septuagintapsalters, den Mk nutzt, um diesen Ruf zu äußern (*phone/phonein*).

Jesu Rufen nach dem Kranken ist seine Antwort auf dessen Schreien und auf die der phonetischen Dynamik entsprechende Bewegungsdynamik, die über die Verbfolge sitzen (V. 46) – aufspringen (V. 50) – kommen (V. 50) sprachlich entwickelt und, unterstützt durch das Wegwerfen des Mantels (V. 50), lebhaft abgebildet wird. Phoneteische und kinetische Dynamik spiegeln die kommunikative Energie der Begegnung zwischen Jesus und dem Kranken.

Daher sagt der Erzähler in Vers 51 kommunikationstechnisch korrekt: »Jesus antwortete ihm«, obwohl der Kranke Jesus nichts gefragt hat. Doch Jesus reagiert auf die in der Bewegungsdynamik erfolgte dialogische Aufforderung zur Hilfe, er antwortet auf das im Schreien präsente unbedingte Vertrauen auf Rettung aus der Not, das in Vers 52 explizit als »Glaube« bezeichnet wird. »Dein Glaube hat dir geholfen« heißt also: »Dein Vertrauen auf Gott hat dir geholfen.« Damit aber sind wir zu jener Grundhaltung

---

51 Vgl. auch das typische Rufen in Ps 22,3.6.25.

zurückgekehrt, von der auch die Gesprächsbegegnung zwischen Mensch und Gott in den Psalmen geprägt war.

5. Im Gespräch mit Gott und über Gott: Neutestamentliche Wundergeschichten auf dem Hintergrund alttestamentlicher Psalmen im schulischen RU

5.1 Das Gespräch als Grundparadigma Biblischer Theologie und schulischen RUs

Die in den Psalmen implizit gespiegelte und in den Wunderszenen explizit dargestellte dialogische Beziehung lässt eine das Verhältnis zwischen Gott und Mensch ganz grundsätzlich betreffende Dimension deutlich werden, nämlich die elementare Dimension des Lebendigseins und Heilseins, des Geborgenseins und Gerettetseins durch die Gesprächsbegegnung. Mit der Kategorie des Gesprächs aber ist nicht nur ein Grundparadigma Biblischer Theologie, sondern auch ein Grundparadigma schulischen Religionsunterrichts getroffen.

Biblisch-theologisch gilt, dass Gott sich dem Menschen – nicht nur, aber ganz wesentlich – durch sein schöpferisch wirksames Wort zuwendet und der Mensch zu Gott – nicht nur, aber ganz wesentlich – durch Anrede und Bitte, durch Frage und Klage, durch Dank und Lob in Beziehung tritt. Religionspädagogisch gilt, dass der Religionsunterricht – nicht nur, aber ganz wesentlich – kommunikatives Geschehen in Form des Gesprächs herausfordert, verlangt und ermöglicht.[52]

Zum Gelingen des schulischen Unterrichtsfachs Religion und der in seinem Kontext angestrebten religiösen Lernprozesse trägt ganz wesentlich das Miteinander-Nachdenken bei, das sich zu einem großen Teil im Miteinander-Sprechen vollzieht. Nachdenkendes Miteinander-Sprechen aber erfordert ein aufmerksames Aufeinander-Hören. Schulischer Religionsunterricht birgt insofern in besonderem Maße die Chance der Erziehung zum Gespräch. Der achtsame dialogische Umgang von Lehrkraft und Lernenden

---

52 Vgl. dazu exemplarisch Lachmann, Gesprächsmethoden, S. 114: »Ein RU ohne Gespräch ist undenkbar und religionspädagogisch nicht zu verantworten. [...] Anthropologisch gesehen liegt das begründet im Menschen als einem durch und durch dialogischen Wesen, das, um menschlich zu werden und zu bleiben, unbedingt des zwischen- und mitmenschlichen Gespräches bedarf. Theologisch entspricht diese dialogische Grundstruktur des Menschen seiner Geschöpflichkeit, die sich u.a. darin äußert, daß der Mensch der Anrede Gottes gewürdigt wird und darauf antwortet.« Vgl. auch Adam, Kommunikation, in: Adam/Lachmann, Kompendium 2, S. 15–29; Grethlein, Fachdidaktik, S. 192–233.

sowie von Schülerinnen und Schülern untereinander gehört zu seinem innersten Kern und Wesen[53] – nicht zuletzt der Würde der Gesprächsteilnehmer wegen und um jenes Gegenstandes willen, um den sich das gemeinsame Gespräch bemüht. Ein solcher achtsamer Umgang im Gespräch lässt sich an den Gesprächsbegegnungen der alttestamentlichen Psalmen und der neutestamentlichen Wundergeschichten erlernen.

5.2 Wunderdidaktik im Kontext der Psalmen als performative Lese-, Sprech- und Klangdidaktik

Ausgehend von einer biblischen *Theologie* des hörenden und sprechenden Gottes, einer biblischen *Anthropologie* des hörenden und sprechenden Menschen und einer biblischen *Soteriologie* des gelingenden Gesprächs zwischen Gott und Mensch möchte ich abschließend für die Vermittlung neutestamentlicher Wundergeschichten im schulischen Religionsunterricht eine Perspektive entwickeln, die bewusst Hören und Sprechen zur Grundlage und zum Ziel des didaktischen Vollzugs macht. Denn auf diese Weise kann versucht werden, jenes Wirklichkeitsverständnis zu erschließen, von dem sowohl die Psalmen als auch die Wundererzählungen geprägt sind.

Dass die Psalmen und Wunder gelingendes dialogisches Hören und Sprechen als heilvolle Erfahrung deuten, sollen unsere Schülerinnen und Schüler dadurch kennenlernen können, dass wir sie solche Tiefendimension von Hören und Sprechen im religionsunterrichtlichen Kommunikationsgeschehen selbst erleben lassen. Dafür gilt es, sie in die Sprache und Denkbewegung der Texte so tief hineinhören zu lassen, dass sie die »elementare Grammatik der religiösen Sprache« (Hubertus Halbfaß) entdecken und darüber zu eigenem Sprechen finden, auf das sie neu und aufmerksam lauschen.

Wie kann das geschehen? Bezogen auf die Gestalt des Bartimäus aus der Wundergeschichte in Mk 10 hat Baldermann betont: »Mit den Worten der Psalmen können wir ausleuchten, wie es in dem Blinden aussieht, als er verloren, in seinen Mantel gehüllt, am Wege sitzt, mit den Worten der Psalmen können wir sagen, was er schreit, und schließlich auch, was in ihm vorgeht, als die Leute ihn zum Schweigen bringen wollen.«[54] Anknüpfend an diese sprachgestaltende Arbeit schlage ich vor, im Rahmen der Wunder-

---

53 Vgl. Oberthür, Kinder, S. 94, der das Fach Religion – bezogen auf den Grundschulunterricht – versteht »als ein kommunikatives, dialogisches Geschehen zwischen Kindern untereinander und mit der oder dem Unterrichtenden, das religiöse Lernprozesse beinhaltet, initiiert und begleitet.«

54 Baldermann, Didaktik, S. 79f.

didaktik die Methoden des Lautlesens, des Texttheaters und der freien oder gelenkten Sprechmotette zu nutzen – Elemente, die dem Konzept eines »performativen Religionsunterrichts«[55] Rechnung tragen.

Diese Methoden fördern und verstärken die ästhetische Wahrnehmung des biblischen Textes, und zwar über eine rein visuell-optische Rezeption beim individuellen Leiselesen hinaus. Vor allem verlangsamen und vertiefen sie den Prozeß der Textwahrnehmung, schulen den Blick für Details, wecken Neugier und lehren Geduld auf dem Weg des Verstehens.

5.2.1 Das Lautlesen von Wundergeschichten und Psalmen: Textinszenierung durch Textklang und das Einüben aufmerksamen Hörens

Das Lautlesen eines Textes coram publico, das vor dem Erwerb der Lesefähigkeit in Form des Vorlesens durch die Lehrkraft erfolgen kann, ist ein erster Schritt auf dem Weg zur Wahrnehmung des oratorischen Charakters eines Textes und dessen kommunikativem Potenzial. Das heißt: Wenn ein Text laut gelesen wird, verlebendigt sich seine Sprache in stimmlich konkreter Form, und je nachdem, welche Stimme ihn auf welche Weise zum Klingen bringt, verändert oder verlagert sich nuancenfein seine Klanggebärde, der Akzent seiner Aussage und seine Wirkung auf die Rezipienten.

Ein laut gelesener Text dringt an hörende Ohren und füllt phonetisch den Raum. Er gelangt stimmlich repräsentiert zur akustischen Aufführung und gewinnt über Rhythmus und Kraft des beim Sprechen eingesetzten Atems eine expressiv-körperliche Dimension, die der körperbezogenen Emotionalität und Kognitivität von Schülerinnen und Schülern der Primarstufe entspricht. Ein laut gelesener Text fördert aber auch die Wahrnehmung von Schweigen und Stille. Wenn er verklingen kann, ohne dass sofort gesprochen wird, öffnet er einen Raum tieferen Hinhörens.[56] Im Lauschen auf den nachklingenden Text bahnt sich individuelles Verstehen an.

Im Hören auf den Sprachklang können Schülerinnen und Schüler intuitiv die je spezifischen dialogischen Qualitäten von Psalmen und Wundergeschichten erfassen und unterscheiden. Denn die Besonderheit der dialogischen Situation, wie sie die Psalmen spiegeln, wird beim Lautlesen der Texte unüberhörbar: Bitte und Klage richten sich an ein Du, dessen Antwort unausgesprochen bleibt. So aber wird die imaginierte dialogische Begegnung als Sprachgebärde des Gebets erfahrbar, die nicht anders als auf der Grundlage von Hoffnung und Vertrauen funktioniert. Demgegenüber offenbart das Lautlesen der dialogischen Szenen der Wundergeschichten – vor allem, wenn mit verteilten Rollen gelesen wird – dass hier der implizierte

---

55 Vgl. dazu Grethlein, Fachdidaktik, S. 261–264, 306.
56 Ein Praxisbericht über Stille und Schweigen im Religionsunterricht findet sich bei Biesinger/Schweizer, Perspektiven, S. 84f.

Dialog der Psalmen realisiert wird. Die Sprachgebärde der Bitte und des Gebets verwirklicht und erfüllt sich als Gespräch.

5.2.2 Textpräsenz durch Texttheater: Wundergeschichten und Psalmen auf der Bühne freien Sprechens

Vom Lautlesen des Textes, auch mit verteilten und sich verändernden Stimmen, führt der didaktische Weg weiter zum sog. »Texttheater«, das die akustische Aufführung des Textes intensiviert und erfahrungsgemäß zu eindrucksvollen Resultaten führt:

Mit den Mitteln des ›Texttheaters‹ wird ein Text szenisch interpretiert. Texttheater eignet sich für den Unterricht häufig besser als andere Formen szenischen Spiels, weil es vergleichsweise unaufwendig ist (nicht zuletzt auch zeitlich), wenig Übung verlangt und für alle Altersgruppen von der Grundschule bis zur Sekundarstufe II nach gleichen Regeln einsetzbar ist. [...] Texttheater setzt Sprache in Vollzug um. Es kommt ohne Requisiten und mit einem Minimum an (panto)mimischem Aufwand aus. Als wichtigste Spielregel gilt, dass dem Wortlaut des Textes nichts hinzugefügt, aber dass er durch die Art des Vortrags variiert, neu akzentuiert oder verfremdet wird. Der Text wird (im Wechsel von Chor und Einzelstimme) rezitiert, moduliert (geflüstert, geschrieen ...), rhythmisiert, neu montiert, collagiert. Einzelne Wörter oder Textpassagen können ausgelassen oder wiederholt werden. Die dabei vollzogene Deutungsarbeit zieht die Akteure in den Text hinein und eröffnet zugleich die für einen Diskurs über den Text notwendige Interpretationsdistanz. Regelmäßig ist die Gruppendiskussion über die Inszenierung fruchtbarer als jedes herkömmliche Unterrichtsgespräch.[57]

Texttheater fördert die Sprechkompetenzen von Artikulation und stimmlichem Ausdruck, unterstützt also den Erwerb wichtiger technischer Fertigkeiten des mündlichen Sprachgebrauchs, und schult zugleich die Wahrnehmung der individuellen stimmlichen Gestaltungskraft. Unterstützt durch Gesten und Gebärden, kommt das Texttheater außerdem dem Bewegungsbedürfnis von Schülerinnen und Schülern der Primarstufe entgegen.

Um freies kinetisches Agieren im Raum zu ermöglichen, bedarf es des sicher im Gedächtnis präsenten, also des auswendig gelernten Textes. Dazu kann in der Primarstufe das für die Kinder dieser Altersgruppe typische Potenzial an Erinnerungsleistung genutzt werden. Auswendig zu lernende Texte oder Textteile können affektiv nach »Lieblingssätzen« ausgewählt und bei sich wiederholenden »Texttheaterproben« immer wieder ausgetauscht werden. Welchen Satz, welche Passage einer Wundergeschichte oder eines Psalms eine Schülerin oder ein Schüler sich auswählt, zeigt nicht nur etwas über seine oder ihre persönliche Befindlichkeit, sondern spiegelt möglicherweise auch den individuellen Prozess des Verstehens.

---

57 Vgl. Dressler, Darstellung, S. 164, auszugsweise auch zitiert bei Grethlein, Fachdidaktik, S. 306.

Schülerinnen und Schüler können im Rahmen des Texttheaters ausprobieren, wie es klingt, wenn sie selbst ihre Stimme einsetzen, um in der Rolle des notleidenden Kranken um Hilfe zu rufen, zu bitten, zu schreien. Manch einem Schüler wird es nicht gelingen zu schreien, sondern der Ausdruck der Not wird sich in Flüstern kleiden. Wie wird das dialogische Gegenüber auf solches Flüstern reagieren?

Manch eine Schülerin, die von ihrer Lehrkraft als still und von ihren Mitschülerinnen und Mitschülern als scheu eingeschätzt wird, mag sich und andere in Erstaunen versetzen, wenn sie wie eine Löwin brüllt, um in der Rolle der verzweifelten Beterin Gott zum Eingreifen zu bewegen. Welche Dynamik wird ihr Brüllen im Klassenzimmer auslösen? Solche Prozesse bergen in hohem Maß die Möglichkeit sensibler Selbsterfahrung, die im Umgang mit dem Gegenstand des Religionsunterrichts zu einer spezifisch religiösen Selbsterfahrung werden kann.

5.2.3 Freie oder gelenkte Sprechmotette: Die Mehrschichtigkeit von Wundern und Psalmen zum Klingen bringen

Wie beim Texttheater erfährt der biblische Text in der Sprechmotette eine sprachmusikalische Präsentation durch vielfache stimmliche Modulationsweisen und Satzcollagen, durch Rollenzuweisung wie Solo, Duett und Chor, durch Phrasierung und Dynamik. Doch möchte ich die Methode der »Sprechmotette« vom Texttheater eigens dadurch abheben, dass nun das Element der Mehrstimmigkeit genutzt wird, um die Mehrschichtigkeit der Texte und ihrer Wirkung zum Klingen zu bringen.

Das heißt: Nicht mehr der Wechsel von Chor und Einzelstimme realisiert einen einzelnen Text. Sondern mehrere Texte und Äußerungsebenen gelangen im gleichzeitigen Sprechen zur gelenkten oder improvisierten Aufführung, überlagern oder untermauern einander und treten dabei zueinander in einen komplexen Deutungs- und Erschließungszusammenhang. Die biblische Textbasis wird erweitert und durch die subjektive Stellungnahme oder die individuell interpretierende Äußerung der Schülerinnen und Schüler ergänzt.

»Ich kann das nicht glauben«, »Nie habe ich so etwas erlebt«, »Auch ich sehne mich nach deiner Antwort, Gott«, »Wer hört mein Rufen?« könnten mögliche Schüleräußerungen sein, die die klangsprachliche Aufführung einer Heilungsszene begleiten, für die auch die Sprache der Psalmen benutzt wird. Nonverbale Äußerungsebenen wie Jammern, Wimmern, Klatschen können klanglich den affektiven Anteil der Textaussagen verstärken. Die Mehrstimmigkeit der Sprechmotette erfordert ein besonders hohes Maß des Aufeinanderhörens, das nur über einen längeren gemeinsamen Lernprozess erreicht werden kann.

6. Mehr Mut zu Hermeneutik, Theologie und kreativer Textarbeit im schulischen Umgang mit den Wundergeschichten

Ein entscheidendes Argument von Klaus Wegenast, Wundergeschichten im schulischen Unterricht abzulehnen, betrifft die Aspekte der sprachlichen Propädeutik und der für die Vermittlung der Wundergeschichten »notwendigen differenzierten hermeneutischen Denkprozesse«. Diese seien »selbst Studierenden der Theologie oft nicht nachvollziehbar.«[58] Gerade hier liegt jedoch meines Erachtens die entscheidende hochschuldidaktische Herausforderung, die mich zu meinem Postulat führt: Die Didaktik der Wundergeschichten im schulischen Religionsunterricht beginnt an der Hochschule, das heißt in der kompetenten und sensiblen hochschuldidaktischen Vermittlung theologischer und hermeneutischer Reflexionskompetenzen.

Indem wir in der akademischen Ausbildung so differenziert wie möglich bei unseren Studierenden den Blick für Sprache und Struktur, Kontext und Theologie der Wundergeschichten schärfen und indem wir ihnen zwei grundlegende Tendenzen im hermeneutischen Umgang mit Wundergeschichten kritisch bewusst machen – erstens einen unreflektierten Wunderrealismus und zweitens eine rationalistische Wunderdestruktion –, schaffen wir eine Basis, auf der sie sowohl die faktizistisch orientierte Schülerfrage »Hat Jesus Wunder getan – Ja oder Nein?«[59] als auch die naive Versicherung »Ich glaub schon, dass das stimmt« nutzen können zum produktiven unterrichtlichen Gespräch über Gott.

Nur wenn Studierende selbst in ihrem Studium vertraut gemacht wurden mit dem metaphorisch-symbolischen Charakter biblischer Sprache und deren poetischer Kraft, nur wenn sie gelernt haben, diese Sprache theologisch zu verstehen und zu deuten, werden sie auch mit ihren Schülerinnen und Schülern wagen, eine solche Sprache mit Hilfe der biblischen Texte zu üben, in neuen, eigenen Ausdrucksformen zu sprechen und so das religiöse Erfahrungsangebot, das in den Texten schlummert, zu wecken und zu vermitteln. Das aber heißt: Wir müssen an der Hochschule den Gewinn sensibler theologischer Textlektüre so plastisch und plausibel vermitteln, dass die Studierenden in ihrem künftigen Beruf als Lehrerinnen und Lehrer von diesem Gewinn weitreichend zehren können bis dahin, diesen Gewinn nicht verspielen zu wollen, sondern weiterzuschenken an ihre Schülerinnen und Schüler.

Die Didaktik der Wundergeschichten im schulischen Religionsunterricht sollten wir daher von Seiten der Hochschule außerdem dadurch stärken,

---

58 Wegenast, Wundergeschichten im Unterricht, S. 44.
59 Auch wenn die Historizitätsfrage sachlich zweitrangig sein mag, kann sie didaktisch allein deshalb nicht ignoriert werden, weil sie uns als Schülerfrage immer wieder begegnet, vgl. Scholz, Wundergeschichten, S. 117.

dass wir Kontakt zur zweiten Ausbildungsphase unserer Studierenden suchen und konsequent institutionell aufbauen. Wenn irgend möglich, dann
sollten wir uns in behutsamer Absprache mit Seminarleitenden als akademi-
sche Ratgeber auch für die Referendariatszeit unserer Studierenden bereit-
halten. Denn der theologisch-hermeneutische Umgang mit den Texten der
Bibel darf nicht mit dem ersten Staatsexamen erledigt sein. Mein abschlie-
ßendes Plädoyer lautet daher:

6.1 Mehr Mut zur Hermeneutik im schulischen Religionsunterricht

Mehr Mut zur Hermeneutik heißt, dass wir aus der exegetischen und wunderdidaktischen Diskussion drei Grundeinsichten fruchtbar machen: Erstens
die religions- bzw. literaturgeschichtliche Einsicht, dass die neutestamentlichen Wundergeschichten mit antiken Wundererzählungen literarisch ver-
wandt sind; zweitens die religionsphänomenologische Einsicht, dass wir
gerade bei den Heilungswundern eingedenk unserer Kenntnisse über das
Phänomen des in der Antike verbreiteten Heilungscharismas einen historischen Haftpunkt auch für Jesu Heilungshandeln haben, und drittens, dass
der Zugang zu den neutestamentlichen Wundergeschichten über den kerygmatischen Charakter der Überlieferung zu gewinnen ist.

Ausgehend von den Heilungsgeschichten und auf dem Hintergrund der
Motivik der Psalmen können wir beides leisten: unsere Schülerinnen und
Schüler mit dem Gedanken umgehen zu lehren, *dass* Jesus Menschen geheilt hat; und mit ihnen zu erarbeiten, dass über die Faktizität dieser
Heilungen hinaus die Zeichenhaftigkeit von Jesu Handeln bedeutsam ist.
Im Horizont der Gottes-Reich-Botschaft und der biblischen Verkündigung von Gott als Schöpfer wird die Symbolkraft der Wunder Jesu hinsichtlich ihrer schöpfungstheologischen und soteriologisch-eschatologi-
schen Relevanz greifbar, die über eine enggeführte christologische Deutung hinausführt.

6.2 Mehr Mut zur Theologie im religionsunterrichtlichen Gespräch

Das deutschsprachige »Netzwerk für Kindertheologie« erforscht seit einigen Jahren die theologische und exegetische Kompetenz von Kindern der
Primarstufe und der Sekundarstufe I. Die auch theoretisch reflektierten
Ergebnisse der empirischen Untersuchungen werden präsentiert in dem seit
2002 im Calwer Verlag, Stuttgart, erscheinenden »Jahrbuch für Kindertheo-

logie«, das von Anton A. Bucher, Gerhard Büttner, Petra Freudenberger-Lötz und Martin Schreiner herausgegeben wird.[60]

Dabei geht es nicht allein um die Frage, wie viel dogmatisches Wissen Schülerinnen und Schüler dieser Altersstufen besitzen – gewonnen aus ihren primären und sekundären Sozialisationsinstanzen wie Elternhaus, Kindergarten, Kindergottesdienst und Schule –, sondern vor allem darum, zu entdecken, ob und wie Kinder selbstständig religiös fragen und denken. Mit Methoden der qualitativen Sozialforschung, vor allem mit halb- und ganzstrukturierten Interviews, aber auch mit gelenkten bzw. impulsgesteuerten Gruppengesprächen, konnte bislang als Befund erhoben werden, dass Kinder über ein vitales Potenzial an kritischen Fragen und kreativen Antwortversuchen verfügen, und zwar durchaus abhängig von religiöser Erziehung im Besonderen und von Erfahrungen mit einer lebendigen Gesprächskultur im Allgemeinen.

Eine solche Gesprächskultur gilt es im schulischen Religionsunterricht aufzubauen und zu pflegen. Gefragt ist dabei unsere eigene kommunikative Kompetenz als Lehrkräfte, religiöses Fragen zu wecken und zu fördern und so mit Kindern so früh wie möglich zu »theologisieren«. Solches Theologisieren aber gelingt im Umgang mit biblischen Texten, da ihnen selbst theologisches Denken und Sprechen inhärent ist.

6.3 Mehr Mut zur kreativen Textarbeit im kommunikativen Lernprozess

Eine Didaktik der kreativen Textarbeit eröffnet vielfältige, keineswegs festgelegte Zugänge zu dem hinter Psalmen und Wundergeschichten stehenden Welt- und Wirklichkeitsverständnis. Sie ermöglicht ein intuitives und ganzheitliches Partizipieren an der in den Texten präsenten Welt. Die oben vorgeschlagenen performativen Methoden des Lautlesens, des Texttheaters und der Sprechmotette, die der klangsprachlichen Inszenierung und Aufführung solcher Textwelt dienen, fördern entdeckendes und selbstbestimmtes Lernen und führen – eingebettet in eine spannungsreiche Gruppendynamik – zu überraschenden, unplanbaren, aus der Individualität und Spontaneität der Lernenden erwachsenden kommunikativen Lernprozessen. Entsprechend der Methode des »Kreativen Schreibens« im Rahmen der Deutsch-Didaktik lassen sich die beschriebenen Methoden als »Kreatives Sprechen« und »Kreatives Hören« präzisieren. Sie vermitteln kommunikative Grundkompetenzen und fördern auf diese Weise Fertigkeiten von fächerübergreifender Relevanz. Sie bringen, die Verbindung neutestamentli-

---

60 Vgl. Bucher u.a. (Hg.), Himmelreich.

cher Wundergeschichten mit alttestamentlichen Psalmen aufgreifend, Schülerinnen und Schüler, Lehrerinnen und Lehrer ins Gespräch mit Gott und über Gott.

Literatur

Adam, Gottfried/Lachmann, Rainer (Hg.): Methodisches Kompendium für den Religionsunterricht, Göttingen [3]1998.

dies. (Hg.): Methodisches Kompendium für den Religionsunterricht 2. Aufbaukurs, Göttingen 2002.

Assmann, Jan: Tod und Jenseits im Alten Ägypten, München 2001.

Baldermann, Ingo: Wer hört mein Weinen? Kinder entdecken sich selbst in den Psalmen, Neukirchen-Vluyn 1986.

ders.: Ich werde nicht sterben, sondern leben. Psalmen als Gebrauchstexte, Neukirchen-Vluyn 1990.

ders.: Einführung in die Biblische Didaktik, Darmstadt 1996.

Bee-Schroedter, Heike: Neutestamentliche Wundergeschichten im Spiegel vergangener und gegenwärtiger Rezeptionen. Historisch-exegetische und empirisch-entwicklungspsychologische Studien, Stuttgart 1998.

Biesinger, Albert/ Schweizer, Friedrich: Religionspädagogische Perspektiven, in: Battke, Achim/ Fitzner, Thilo/Rainer, Isak/Lochmann, Ullrich (Hg.): Schulentwicklung – Religion – Religionsunterricht. Profil und Chance von Religion in der Schule der Zukunft, Freiburg u.a. 2002, S. 77–99.

Blum, Hans-Joachim: Biblische Wunder – heute. Eine Anfrage an die Religionspädagogik, Stuttgart 1997.

Bösen, Willibald: »Wer nicht glaubt, ist kein Realist«. Exegetische und religionspädagogische Überlegungen, in: ru 17 (1987) S. 50–56.

Bucher, Anton A./Büttner, Gerhard/Freudenberger-Lötz, Petra/Schreiner, Martin (Hg.): »Im Himmelreich ist keiner sauer«. Kinder als Exegeten, in: Jahrbuch für Kindertheologie Bd. 2, Stuttgart 2003.

Büttner, Gerhard/Freudenberger-Lötz, Petra: »He Vater, heil den Mann«. Die Heilung des Taubstummen (Mk 7,31–37) in der Interpretation von Siebenjährigen, in: Büttner, Gerhard/ Schreiner, Martin (Hg.): »Man hat immer ein Stück Gott in sich«. Mit Kindern biblische Geschichten deuten, Jahrbuch für Kindertheologie/Sonderband, Teil II: Neues Testament, Stuttgart 2006, S. 85–94.

Büttner, Gerhard/Schreiner, Martin (Hg.): »Man hat immer ein Stück Gott in sich«. Mit Kindern biblische Geschichten deuten, Jahrbuch für Kindertheologie/Sonderband, Teil I: Altes Testament, Stuttgart 2004; Teil II: Neues Testament, Stuttgart 2006.

Dressler, Bernhard: Finden Wunder nicht statt? Didaktische Überlegungen anläßlich eines Blicks in Religionsbücher, in: ZPT 51 (1999) S. 46–55.

Dressler, Bernhard: Darstellung und Mitteilung. Religionsdidaktik nach dem Traditionsabbruch, in: Leonhard, Silke/Klie, Thomas (Hg.): Schauplatz Religion. Grundzüge einer Performativen Religionspädagogik, Leipzig 2003, S. 152–165.

Frey, Jörg: Zum Verständnis der Wunder Jesu in der neueren Exegese, in: ZPT 51 (1999) S. 3–14.

Gnilka, Joachim: Das Evangelium nach Markus, EKK II/1: Mk 1–8,26, 4., durchges. u. um Lit. erg. Aufl., Neukirchen-Vluyn 1994.

Goldenstein, Johannes: Resonanzräume des Heiligen. Religion in Klanggestalt, in: Leonhard, Silke/Klie, Thomas (Hg.), Schauplatz Religion. Grundzüge einer Performativen Religionspädagogik, Leipzig 2003, S. 283–307.

Grethlein, Christian: Fachdidaktik Religion. Evangelischer Religionsunterricht in Studium und Praxis, Göttingen 2005.

Grosch, Heinz: Überlegungen zur Stoffauswahl im Religionsunterricht für das 1. bis 3. Schuljahr, in: EU 20 (1965) S. 205–210.

ders.: Wundergeschichten der Bibel – Ein Brief, in: EU 21 (1966) S. 38–39.

Fuchs, Ottmar: Art. Wunder IV. Religionspädagogisch, LThK[3] 10 (2001), Sp. 1318–1319.

Glöckner, Richard: Neutestamentliche Wundergeschichten und das Lob der Wundertaten Gottes in den Psalmen. Studien zur sprachlichen und theologischen Verwandtschaft zwischen neutestamentlichen Wundergeschichten und Psalmen, Mainz 1983.

Grundmann, Walter: Das Evangelium nach Markus (ThHK II), Berlin [3]1965.

Gunkel, Hermann/Begrich, Joachim: Einleitung in die Psalmen. Die Gattungen der religiösen Lyrik Israels (1933), Göttingen [4]1985.

Halbfas, Hubertus: Religionsunterricht in der Grundschule. Lehrerhandbuch 2, Düsseldorf 1984.

Janowski, Bernd: Konfliktgespräche mit Gott. Eine Anthropologie der Psalmen, Neukirchen-Vluyn 2003.

Jochum-Bortfeld, Carsten: »Alle Menschen haben mich verachtet, ausgeschimpft und geprügelt« – Fünftkläßler nähern sich dem Bettler Bartimäus (Mk 10,46–52), in: Büttner, Gerhard/Schreiner, Martin (Hg.), »Man hat immer ein Stück Gott in sich«. Mit Kindern biblische Geschichten deuten, Jahrbuch für Kindertheologie/Sonderband, Teil II: Neues Testament, Stuttgart 2006, S. 95–105.

Kaiser, Otto u.a. (Hg.): Texte aus der Umwelt des Alten Testaments (TUAT) Bd. 1: Rechts- und Wirtschaftsurkunden. Historisch-chronologische Texte, Gütersloh 1982/83/84/85.

Keel, Othmar: Feinde und Gottesleugner. Studien zum Image der Widersacher in den Individualpsalmen, Stuttgart 1969.

Kittel, Gisela: Die Sprache der Psalmen. Zur Erschließung der Psalmen im Unterricht, Göttingen 1973.

Klie, Thomas: Art. Wunder VII. Praktisch-theologisch, TRE 36 (2004), S. 413–415.

Knoch, Otto: Dem, der glaubt, ist alles möglich. Die Botschaft der Wundererzählungen der Evangelien. Ein Werkbuch zur Bibel, Stuttgart 1986.

Kollmann, Bernd: Neutestamentliche Wundergeschichten. Biblisch-theologische Zugänge und Impulse für die Praxis, Stuttgart 2002.

Kwiran, Manfred: Theologische und didaktische Anmerkungen zur Behandlung von Wundergeschichten im Religionsunterricht, in: ru 17 (1987) S. 66–69.

Lachmann, Rainer: Gesprächsmethoden im Religionsunterricht, in: ders.: Adam, Gottfried (Hg.): Methodisches Kompendium für den Religionsunterricht, Göttingen [3]1998, S. 113–136.

ders.: Wundergeschichten »richtig« verstehen? Bibeldidaktik zwischen historisch-kritischer Exegese, existentialer Interpretation und Rezeptionsästhetik, in: Lämmermann, Godwin/Morgenthaler, Christoph/Schori, Kurt/Wegenast, Philipp (Hg.): Bibeldidaktik in der Postmoderne. FS Klaus Wegenast, Stuttgart 1999, S. 205–218.

Lachmann, Rainer/Adam, Gottfried (Hg.): Theologische Schlüsselbegriffe, Göttingen 1999.

Leonhard, Silke/Klie, Thomas (Hg.): Schauplatz Religion. Grundzüge einer Performativen Religionspädagogik, Leipzig 2003.

Mayer, Werner: Untersuchungen zur Formensprache der babylonischen »Gebetsbeschwörungen«, Rom 1976.

ders.: »Ich rufe dich von ferne, höre mich von nahe!«. Zu einer babylonischen Gebetsformel, in: Werden und Wirken des Alten Testaments. FS Claus Westermann, hg. v. Albertz, Rainer u.a., Neukirchen-Vluyn 1980, S. 302–317.

Mette, Norbert: Befreiende Bibellektüre: eine Herausforderung für hiesige Bibeldidaktik – am Beispiel der Bartimäus-Perikope (Mk 10,46–52), in: Lämmermann, Godwin/ Morgenthaler, Christoph/Schori, Kurt/ Wegenast, Philipp (Hg.): Bibeldidaktik in der Postmoderne. FS Klaus Wegenast, Stuttgart 1999, S. 219–227.

Müller, Peter/Büttner, Gerhard/Heiligenthal, Roman/Thierfelder, Jörg: Die Gleichnisse Jesu. Ein Studien- und Arbeitsbuch für den Unterricht, Stuttgart 2002.

Oberthür, Rainer: In Sprachbildern der Bibel sich selbst entdecken. Umgang mit einer »Psalmwort-Kartei« in Religionsunterricht und Phasen freier Arbeit, in: ru 23 (1993) S. 75–79.

Oberthür, Rainer/Mayer, Alois: Psalmwort-Kartei. In Bildworten der Bibel sich selbst entdecken. Freiarbeitsmaterialien mit Begleitheft und Kopiervorlagen, Heinsberg 1995.

Oberthür, Rainer: Kinder und die großen Fragen. Ein Praxisbuch für den Religionsunterricht, München 1995.

Renner, Rudolf: Die Wunder Jesu in Theologie und Unterricht, Lahr 1966.

Ritter, Werner H.: Kommen Wunder für Kinder zu früh? Wundergeschichten im Religionsunterricht der Grundschule, in: KatBl 120 (1995) 832–842.

Ritter, Werner H.: Wundergeschichten, in: Lachmann, Rainer/Adam, Gottfried/Reents, Christine (Hg.): Elementare Bibeltexte. Exegetisch-systematisch-didaktisch, Göttingen 2001, S. 275–301.

Schmidt, Werner H.: Einführung in das Alte Testament, 4., erw. Aufl. Berlin, New York 1989.

Schroeter-Wittke, Harald: Performance als religionsdidaktische Kategorie. Prospekt einer performativen Religionspädagogik, in: Leonhard, Silke/ Klie, Thomas (Hg.): Schauplatz Religion. Grundzüge einer Performativen Religionspädagogik, Leipzig 2003, S. 47–66.

Seybold, Klaus: Poetik der Psalmen, Stuttgart 2003.

Smend, Rudolf: Der Entdecker des Parallelismus: Robert Lowth (1710–1787), in: Prophetie und Psalmen. FS Klaus Seybold, hg. v. Huwyler, Beat/ Mathys, Hans-Peter/ Weber, Beat, AOAT 280 (2001), S. 185–199.

Theißen, Gerd: Urchristliche Wundergeschichten. Ein Beitrag zur formgeschichtlichen Erforschung der synoptischen Evangelien (1974), Gütersloh [6]1990.

Theißen, Gerd/Merz, Annette: Der historische Jesus. Ein Lehrbuch (1996), 3., durchges. u. um Literaturnachtr. erg. Aufl. Göttingen 2001.

de Vos, Christiane: Klage als Gotteslob aus der Tiefe, Tübingen 2005.

Weber, Martin: »Aus Tiefen rufe ich dich«. Die Theologie von Psalm 130 und ihre Rezeption in der Musik, Leipzig 2003.

Wegenast, Klaus: Wundergeschichten der Bibel in der Grundschule – Versuch einer Antwort, in: EU 21 (1966) S. 39–42.

ders.: Das Fundamentale und das Elementare in Theologie und Religionspädagogik, in: ders. (Hg.): Theologie und Unterricht. Über die Repräsentanz des Christlichen in der Schule. FS Hans Stock, Gütersloh 1969, S. 156–175.

ders.: Wundergeschichten der Bibel in der Grundschule?, in: ders.: Glaube – Schule – Wirklichkeit, Gütersloh 1970, S. 156–160.

ders.: Wundergeschichten im Unterricht – ein religionspädagogisches Doppelproblem, in: ZPT 51 (1999) S. 32–46.

Westermann, Claus: Lob und Klage in den Psalmen, 5., erw. Aufl. v. Das Loben Gottes in den Psalmen (1953), Göttingen 1977.

Wolff, Hans Walter: Anthropologie des Alten Testaments (1973), Gütersloh [6]1994.

Zenger, Erich: Ein Gott der Rache? Feindpsalmen verstehen, Freiburg, Basel, Wien 1994.

ders.: Die Nacht wird leuchten wie der Tag. Psalmenauslegungen, Freiburg u.a. 1997.

HANNA ROOSE

»Vielleicht ein Bote von Gott«

Das Johannesevangelium im RU: Didaktische Chancen und Probleme

1. Das Johannesevangelium in aktuellen Lehrplänen und Unterrichtsmaterialien

In Lehrplänen und Unterrichtsmaterialien fungiert das Johannesevangelium als Lückenbüßer. Es wird vorwiegend dann hinzugezogen, wenn keine synoptische Parallele vorhanden ist. Beliebt sind einzelne Ich-bin-Worte, allen voran dasjenige vom guten Hirten (Joh 10,11), sowie einzelne Wundergeschichten, etwa die Hochzeit zu Kana (Joh 2,1–12) und die Auferweckung des Lazarus (Joh 11,1–44), ferner zwei Perikopen aus dem Kontext der Ostererscheinungen: die Begegnung des Auferstandenen mit Maria aus Magdala (Joh 20,11–18) und mit dem ungläubigen Thomas (Joh 20,24–29).[1]

Diese Art der Einbindung johanneischer Texte ist aufschlussreich für die Frage, wie die Evangelien generell didaktisch »verwendet« werden. Lehrpläne und Unterrichtsmaterialien folgen weitgehend einer »Patchwork-Technik«, die einzelne Bausteine aus unterschiedlichen Evangelien kombiniert und zu einem »Jesus-Mosaik« zusammensetzt.

Dabei scheint dem Markusevangelium eine gewisse Priorität zuerkannt zu werden – wahrscheinlich, weil es als das älteste Evangelium gilt. Das markinische »Gerüst« wird dann aufgefüllt mit den Geburtsgeschichten, Texten aus der Bergpredigt und Gleichnissen aus dem Lukasevangelium.[2] Das Verfahren erinnert in gewisser Weise an die alten Evangelienharmonien. Aus den vier Evangelien werden einzelne Bausteine herausgelöst und anschließend zu einem einheitlichen Jesusbild zusammengesetzt. Dieses Vorgehen birgt eine didaktische Gefahr.

Die unterschiedlichen christologischen Konzeptionen der Evangelien werden eingeebnet. So ist es nicht erstaunlich, dass selbst Studierende der Theologie überrascht sind, wenn sie erfahren, dass sich der markinische Christus durchaus vom matthäischen und der wiederum vom johanneischen unterscheidet. Die Vielgestaltigkeit der Evangelien wird auf eine Einheit

---

1 Vgl. die durchaus typische Auswahl bei Büchner, Johannesevangelium.

2 Vgl. den Aufriss der Lehrplaneinheit »Jesus Christus« für die gymnasiale Oberstufe in Baden-Württemberg. Die Einheit erwähnt keinen einzigen johanneischen Text, sondern arbeitet ausschließlich mit den Synoptikern und Paulus.

reduziert. Diese künstliche Vereinheitlichung verstellt den Blick dafür, dass
es sich bei den Evangelien um je unterschiedliche *(Glaubens-)Deutungen*
handelt, die bestimmte historische Situationen und Erfahrungen widerspie-
geln. Die Lehrpläne und Unterrichtsmaterialien legen auf diese Weise (un-
freiwillig?) nahe, biblische Texte erhöben den Anspruch,»Tatsachenberichte« darzustellen, die im Sinne eines »So war es damals« verstanden sein
wollen.[3] Diese Berichte werden dann entweder so hingenommen oder –
insbesondere von älteren SchülerInnen – als unglaubwürdig abgelehnt.

Gerade angesichts der Pluralität unserer Gesellschaft, die sich bei den
SchülerInnen im (auch konfessionell gebundenen) Religionsunterricht widerspiegelt, scheint es dagegen geboten, die Vielstimmigkeit der Evangelien stark zu machen und als durchaus unterschiedliche christliche Deutungsangebote ins Spiel zu bringen.

2. Didaktische Probleme des Johannesevangeliums

Selbst wenn man der Forderung, die Vielstimmigkeit der Evangelien auch
im schulischen Kontext stark zu machen, zustimmt, stellt sich doch die
Frage, ob nicht gerade bei dem Johannesevangelium damit zu rechnen ist,
dass es bei den SchülerInnen auf Ablehnung stößt. Wäre es nicht sinnvoller,
sich zumindest in der Sekundarstufe I auf die synoptischen Evangelien zu
beschränken? Gegen eine Thematisierung des Johannesevangeliums in
dieser Altersstufe stehen folgende Bedenken:

Erstens. Das Johannesevangelium vertritt bekanntlich eine hohe Christologie, die mit dem – für SchülerInnen schwer zugänglichen – Prolog eingeleitet wird. Der in der Exegese mehrheitlich vertretenen Auffassung, nach der
diese hohe Christologie für eine relativ späte Entstehungszeit des vierten
Evangeliums spricht, korrespondiert in der Religionspädagogik die These
eines »didaktischen Prae« des historischen Jesus: Kinder könnten christologische Fragestellungen noch nicht nachvollziehen und sollten daher zunächst mit dem Menschen Jesus bekannt gemacht werden.[4] Daraus folgt
eigentlich, dass ältere SchülerInnen, spätestens also Jugendliche der Sekundarstufe II, mit christologischen Themen konfrontiert werden sollten. In
seinem Artikel »Jesus von Nazaret« im Lexikon der Religionspädagogik
aus dem Jahr 2001 wiegelt Folkert Rickers jedoch auch hier ab: »Je weniger
die SchülerInnen mit dem Christus des Glaubens anzufangen wissen«,

---

3 Vgl. Berg, Bibeldidaktik, S. 32.
4 Besonders pointiert vertreten durch Konrad, Prae.

umso mehr ergebe sich ein »unabweisbarer Bildungsanspruch auf diese hist[orische] Gestalt«[5]. Hier steht die Überzeugung im Hintergrund, dass auch ältere Jugendliche auf christologische Themen nicht ansprechbar sind, so dass didaktisch ein weitgehender Rückzug auf den historischen Jesus und gegebenenfalls ethische Themen geboten ist. Angesichts dieser Einschätzung eignet sich die johanneische Christologie weit weniger für den Religionsunterricht als die synoptischen Konzeptionen.

Zweitens. Die johanneische Christologie ist in dualistische Strukturen eingezeichnet. Das Johannesevangelium kennt einen irdischen Bereich, der durch Finsternis, Lüge und Tod gekennzeichnet ist, und einen himmlischen Bereich, in dem allein Licht, Wahrheit und Leben zu finden sind (1,4f.; 3,19–21). Rettung kann allein vom johanneischen Christus her kommen, denn nur er stammt als einziger Gesandter des Vaters aus dem himmlischen Bereich (1,18; 3,13).

Wenn Pilatus den vor ihm stehenden angeklagten Jesus fragt: »Was ist Wahrheit?« (18,38), dann mutet diese Frage zunächst modern, ja vielleicht sogar postmodern an. Aus der Perspektive des Johannesevangeliums verhält es sich aber anders: Denn das vierte Evangelium zeichnet sich u.a. dadurch aus, dass es genau zu wissen meint, was – oder besser: wer – die Wahrheit ist. »Ich bin der Weg und die Wahrheit und das Leben« (14,6), sagt der johanneische Christus. Die einzige und exklusive Wahrheit, die das Johannesevangelium verkündet, ist christologisch geprägt. Ihr gilt die ganze Leidenschaft des Evangeliums.

Die langen Reden des johanneischen Christus drehen sich immer wieder um diese eine Wahrheit – dass er der einzige legitime Gesandte des Vaters ist, der allein Leben bringen kann. Wie bei einem überbelichteten Foto gibt es im johanneischen Dualismus schwarz und weiß, die Zwischentöne fehlen weitgehend. Es gibt keine relative Wahrheit, kein »ja, aber«, kein »Körnchen Wahrheit« in unterschiedlichen Meinungen. Diese Eindeutigkeit ist teuer erkauft. Denn der Dualismus führt zu Denkmustern, in deren Rahmen Anders-Denkende mit aller Schärfe verurteilt werden. Sie gelten schlicht als unverständig und sind dem Tode geweiht. Die dualistischen Strukturen haben zur Folge, dass die scharfe Unterscheidung zwischen den Jesusnachfolgern und »den Übrigen« geradezu deterministische Züge annimmt (3,18–21). Diejenigen, die nicht an Jesus glauben, werden zur bloßen Negativfolie für die Christusnachfolger. Ihre Fragen dienen – wie im Falle des Pilatus – nur mehr der unfreiwilligen Demonstration des eigenen Unverständnisses. Echte Dialoge, in denen über Wahrheit und Unwahrheit mit offenem Ausgang debattiert würde, finden sich nicht.

---

5 Rickers, Jesus, S. 902.

Aus religionspädagogischer Sicht wirft so ein Dualismus Probleme auf: Die z.T. polemische Abwertung all derer, die nicht die eigene Meinung vertreten, widerspricht einer konstruktiven Streitkultur, in der Kinder und Jugendliche lernen, eigene Meinungen argumentativ einzubringen und andere Meinungen zu respektieren. Die dualistische Darstellungsweise des Johannesevangeliums könnte insbesondere deshalb Ablehnung provozieren, weil Kinder und Jugendliche sich kaum eindeutig als »Insider« auf die Seite des johanneischen Christus stellen würden. Ein Text, der ihnen als einzige verbleibende Rolle diejenige des ignoranten, dem Tode verfallenen Ungläubigen anbietet, läuft Gefahr, insgesamt abgelehnt zu werden. Angesichts einer Schülerschaft, die sich selbst eher als fragende, suchende und zweifelnde, weniger als »entschieden christliche« versteht, ist zu fürchten, dass sich die Ablehnung von Zweifelnden durch das Johannesevangelium in einer Ablehnung dieser Schrift durch die SchülerInnen spiegelt.

Die Problematik verschärft sich zusätzlich dadurch, dass die »Ungläubigen« von Johannes mehrfach pauschalisierend als »die Juden« etikettiert und verunglimpft werden (v.a. 8,44ff.). Wird hier nicht einer völlig unsachgemäßen Wahrnehmung des Judentums Vorschub geleistet, die angesichts aktueller Bemühungen um einen jüdisch-christlichen Dialog in höchstem Maße kontraproduktiv ist?

Drittens. Das Johannesevangelium richtet sich primär nicht an »Outsider«, sondern an Mitglieder der eigenen Gemeinde, die – im Gegenüber zu »den Juden« – in ihrer »johanneischen« Identität gestärkt werden sollen.[6] Die johanneischen Adressaten sind dazu eingeladen, sich angesichts der Ignoranz der »Outsider« der eigenen Überzeugung und Gruppenzugehörigkeit zu vergewissern. Die besondere johanneische Sprache ist ein Reflex dieser kommunikativen Funktion. Sie wirbt nicht, sondern polarisiert. Außenstehende wird das Evangelium eher verprellen als überzeugen. Ingo Baldermann, der immerhin von einer »eigenen Didaktik« biblischer Texte überzeugt ist, charakterisiert den johanneischen Stil folgendermaßen:

Die Sätze des Johannesevangeliums bieten oft mehr Redundanz als Information. (...) Die Predigt Jesu kreist hier nur um ihn selbst; ein anderes Thema scheint sie nicht zu kennen. Die Dialoge sind eigentlich keine Gespräche, sondern Monologe, durchsetzt mit unverständigen Einwürfen. Die Gegner in diesen ›Gesprächen‹ sind eigentlich nur Karikaturen, sie werden obendrein meist in ärgerlich pauschaler Weise als ›die Juden‹ bezeichnet. (...) Und schließlich scheint das Johannesevangelium in ärgerlicher Weise prädestinatorisch zu denken: Die einen sind von Gott, aus der Wahrheit, und hören seine Stimme; die anderen sind vom Teufel, aus der Welt, aus der Lüge, sie können sein Wort nicht hören.[7]

---

6 Meeks, Offenbarer.
7 Baldermann, Bibel, S. 228f.

Welchen Stellenwert verdient dieser johanneische Entwurf im heutigen schulischen Religionsunterricht, der nicht (mehr) mit einem grundsätzlichen Einverständnis rechnen kann (und will)? Können SchülerInnen angesichts der genannten Schwierigkeiten überhaupt einen gewinnbringenden Zugang zum Johannesevangelium gewinnen?

3. Lernchancen des Johannesevangeliums

Die Auseinandersetzung mit den genannten Problemen erfordert ein differenziertes Vorgehen. Es gilt, drei Aspekte zu unterscheiden:

- Zum Teil erscheint das Johannesevangelium in der Tat als ein »schwieriger Bibeltext«, und es stellt sich die Frage, wie didaktisch mit solchen »schwierigen Texten« umzugehen ist.[8]
- Zum Teil relativieren sich die Probleme bei einer genaueren exegetischen Analyse.
- Zum Teil zeigt sich, dass die Schwierigkeiten eher auf Seiten der Lehrkräfte als auf Seiten der SchülerInnen liegen.

Insgesamt steht die Frage nach den Lernchancen des Johannesevangeliums – wie die moderne Bibeldidaktik überhaupt – unter der didaktischen Forderung, »die theologischen Inhalte an die Verstehensweisen der Kinder zurück zu binden – und nicht etwa umgekehrt!«[9]

3.1. Die hohe Christologie als Lernchance

Die derzeit in der Religionspädagogik propagierte Beschränkung auf den historischen Jesus spiegelt m.E. eher eine Schwierigkeit auf Seiten der Lehrkräfte als auf Seiten der SchülerInnen. Im Blick auf die LehrerInnen ist festzustellen, dass sie diesen Rückzug auf den historischen Jesus oft begrüßen. Die überbordende Vielfalt an Materialien zur Umwelt Jesu zeugt davon. Die Behandlung christologischer Fragen wird demgegenüber als (zu) schwierig empfunden. Tatsächlich sind die theologischen und didaktischen Anforderungen an die Lehrperson beträchtlich. Zum einen ist systematisches und biblisch-theologisches Wissen erforderlich. Zum anderen kommt hier womöglich auch die eigene Position ins Spiel. Denn es geht nicht (nur)

---

8 Fricke, Bibeltexte.
9 AaO, S. 172.

um historische Fakten, sondern um eine Reflexion über christlichen Glauben.

Diese aktuelle Tendenz stößt jedoch in der Religionspädagogik derzeit – und m.E. zu Recht – auf Widerspruch. Gerhard Büttner vertritt die These, »dass die Christologien der Kinder und Jugendlichen – wie fragmentarisch sie auch immer erscheinen mögen – kein Argument bieten für eine eher moralisch argumentierende Jesulogie, sondern Anstoß bieten für die Aufnahme der christologischen Diskussion in allen Altersstufen.«[10] In einer umfassenden empirischen Studie zur Christologie bei SchülerInnen kommt er zu dem Schluss, »dass es den Kindern und Jugendlichen weit mehr darum geht, wer dieser Jesus für sie heute sein kann, als um Fragen historischer Details.«[11] Die angebliche fehlende Ansprechbarkeit junger Menschen auf christologische Fragen erweist sich im Rahmen dieser Untersuchung als ein Konstrukt, das sich eher den Interessen der Lehrkräfte verdankt als den Interessen der SchülerInnen. Ohne sprachliche und konzeptuelle Anregungen können sich die christologischen Fragmente jedoch nicht weiter entwickeln. Hanisch und Hoppe-Graff konstatieren in ihrer Untersuchung zur

---

10 Büttner/Thierfelder, Christologie, S. 11.

11 Büttner, Christologie (Klappentext). Was ist charakteristisch für das Denken von SchülerInnen der Sekundarstufe I? Im Blick auf die Auseinandersetzung mit dem Johannesevangelium ist Folgendes wichtig: Lawrence Kohlberg und Carol Gilligan unternehmen den Versuch, die uns geläufigen Phänomene der Pubertätszeit zurück zu führen auf einen spezifischen Wechsel der Denkmuster in dieser Zeit. In der Tradition Piagets spricht man vom Übergang von der konkreten zur formalen Operation. Dieser Prozess verläuft – mit einer breiten altersmäßigen Streuung – hierzulande so um das 11./12. Lebensjahr herum. In den Worten der genannten AutorInnen bedeutet das die Fähigkeit, die Dinge auch von einer Metaebene aus denken zu können (Kohlberg/ Gilligan, Adolescent, S. 154, 157; eigene Übers.): »›Operationen über Operationen‹ bedeutet, dass der Adoleszente jetzt Klassifikationen klassifizieren kann, Kombinationen kombinieren, Beziehungen auf einander beziehen. Das beinhaltet, dass er über Denken denken kann und selber Denksysteme oder ›hypothetisch-deduktive‹ Theorien erschaffen. Dies schließt die Konstruktion aller Möglichkeiten mit ein – und das wiederum impliziert die Wahrnehmung, dass das Beobachtete nur eine Variante dessen ist, was logisch möglich wäre. In Bezug auf unsere Fragestellung führt dies zu einer hypothetisch-deduktiven Einstellung, nämlich zu der Erkenntnis, dass ein Glaubenssatz oder ein Vorschlag nicht eine unmittelbare Wahrheit darstellen, sondern eine hypothetische, deren Wahrheitsgehalt in der Wahrheit der konkreten Vorschläge besteht, die man daraus ableiten kann. [...] Für das konkret-operatorisch denkende Kind war das Subjektive und Geistige gleich bedeutend mit Phantasie, es handelte sich gleichsam um unrealistische Verdoppelungen äußerer physikalischer Ereignisse. Doch die Entwicklung der formalen Operation führt zu einer neuen Sicht des Äußeren und Physikalischen. Diese sind nur noch eine Gestaltform vieler Möglichkeiten subjektiver Erfahrung. Die Außenwelt ist nicht länger das Wirkliche, ›das Objektive‹, und das Innere ›das Unwirkliche‹. Vielleicht ist das Innere wirklich und die Außenwelt irreal. In extremer Konsequenz bedeutet adoleszentes Denken Solipsismus oder schließlich das Cartesianische Cogito, die Erkenntnis, dass das Einzige, was wirklich real ist, das eigene Selbst ist. Als ich ein fünfzehnjähriges Mädchen fragte: ›Was ist das Allerrealste für dich auf der Welt?‹, antwortete sie ohne Zögern ›Ich selbst‹.« – Diese Einstellung schlägt sich dann natürlich auch nieder in den Zugangsweisen der Jugendlichen gegenüber der Person Jesu. Gerade der konstruktive Charakter der johanneischen Christologie erweist sich insofern als besonders anschlussfähig für adoleszentes Denken.

christologischen Begriffsbildung bei 12-jährigen SchülerInnen, die seit dem 1. Schuljahr den Religionsunterricht besucht haben, dass die meisten Jugendlichen »zu keinen kohärenten Konzepten [gelangen]. Sie verfügen zwar über eine Reihe von Teilbegriffen, die sich jedoch nicht miteinander vernetzen lassen.«[12] Die Autoren vermuten, dass der Religionsunterricht kaum Anregungen für eine solche Vernetzung bietet.[13]

Die Evangelien können – so die hier vertretene These – einen zentralen biblischen Beitrag zur Einübung in christologische Denkprozesse liefern, allerdings nur, wenn ihre christologischen Konzeptionen wirklich in den Blick genommen werden. So hat Peter Müller m.E. zu Recht dafür plädiert, »den ganzen Markus« im Religionsunterricht (auch schon der Grundschule) zu behandeln.[14] Damit ist – gerade in den unteren Klassen – nicht gemeint, dass das Evangelium von Anfang bis Ende durchgelesen wird, wohl aber, dass Einzeltexte in die markinische Gesamtkonzeption eingeordnet werden. Im Anschluss an diese Forderung von Müller ist zu fragen, welchen spezifischen Beitrag die hohe Christologie des Johannesevangeliums zur Förderung der christologischen Sprachfähigkeit bei Kindern und Jugendlichen liefern kann.

Die johanneische Konzeption erweist sich von vornherein als sperrig gegenüber einer weitgehenden Beschränkung auf den historischen Jesus. Sobald jedoch konzediert wird, dass Kinder und Jugendliche in ihrem christologischen Fragen und Denken zu fördern sind, eröffnet sie spezifische Lernchancen. Inwiefern ist nun die johanneische Christologie anschlussfähig an die Verstehensweisen der Kinder?

In ihrer empirischen Untersuchung zur Christologie bei 12- bis 13-Jährigen stellen Hanisch und Hoppe-Graff fest, dass die Vorstellung von Jesus Christus als dem Boten Gottes von Jugendlichen selbst hervorgebracht wird und sich als besonders tragfähig erweist für ein Zusammendenken der, systematisch gesprochen, göttlichen und menschlichen Natur Jesu Christi.

Die Verfasser berichten in ihrer Studie von einem 12-jährigen Mädchen, das Jesus Christus – ohne mit dem Johannesevangelium konfrontiert worden zu sein – als »Bote von Gott« versteht: »Für Rahel ist Jesus ‚vielleicht ein Bote von Gott, auch sein Sohn, aber vielleicht auch sein Bote.‹ Als Bote habe er den Leuten von Gott erzählt, was Gott eigentlich jedem Einzelnen sagen würde.«[15] Jesus Christus hat nach Rachels Meinung von seinem Vater eine bestimmte Aufgabe übertragen bekommen: Er soll den Menschen von seinem Vater erzählen. Deshalb kommt Jesus aus dem Himmel zu den

---

12 Hanisch/Hoppe-Graff, König, S. 126.
13 Ebd.
14 Müller, Markus.
15 Hanisch/Hoppe-Graff, König, S. 96.

Menschen auf die Erde. Die Wunder »zeigen, dass Jesus Gottes Sohn ist«[16]; Gott (!) kann Wunder »machen«. Weil Jesus seiner Aussage, dass er Gottes Sohn sei, treu bleibt, müsse er sterben.

Hanisch/Hoppe-Graff bewerten das Konzept als besonders tragfähig: »Durch die Annahme, dass Jesus als Sohn Gottes zugleich der Bote Gottes ist, gelingt es ihr, bruchlos den Zusammenhang zwischen dem Menschen Jesus und Christus herzustellen.«[17]

Auch unabhängig von dieser Studie scheint es unmittelbar einleuchtend, dass Kinder vertraut sind mit der Vorstellung, vom »Vater« einen Auftrag übertragen zu bekommen, der dann auszuführen ist. Die Kinder können also wesentliche Elemente dieses Schemas an den ihnen vertrauten familiären Kontext assimilieren – was durch die Bezeichnung Gottes als Vater und Jesu als Sohn zusätzlich nahe gelegt ist.

Als besonders fruchtbar hat sich ein Vorgehen erwiesen, das anhand von Joh 5,19–21 die Beauftragung des Sohnes im Himmel thematisiert. Der Sohn muss gezeigt bekommen, was er tun soll, er muss von seinem Vater lernen, um für den Auftrag gerüstet zu sein. Spannend war nun, wie Siebt-KlässlerInnen versuchten, diese Vorstellung mit der ihnen bekannten Weihnachtsgeschichte zusammen zu denken. Verlernt der Sohn nicht in dem Moment alles wieder, in dem er als kleines Baby geboren wird?

Einige Siebt-KlässlerInnen überlegten, ob Jesus ein ganz besonderes Baby war, das eben doch noch alles wusste und konnte. Eine andere Idee ging in die Richtung, dass Jesus sich, als er älter wurde, wieder an das erinnern konnte, was der Vater ihm gezeigt hatte. Anhand der wahrgenommenen Spannung zwischen der johanneischen Konzeption und der vertrauten Weihnachtsgeschichte kamen die SchülerInnen in ein christologisches Nachdenken, das es ihnen ermöglichte, im Rahmen ihrer Bilder Fragen zu durchdenken, die in ähnlicher Weise in der aktuellen exegetischen Diskussion um die Bedeutung der Inkarnationsvorstellung für die johanneische Christologie anklingen.[18]

---

16 Ebd.
17 AaO, S. 99.
18 Man könnte hier z.B. eine gewisse Nähe zu dem Streit um die in der exegetischen Johannesauslegung heftig diskutierte Frage sehen, ob der Logos nach johanneischer Auffassung »wirklich« Mensch geworden ist oder ob sich der Logos erst bei der Taufe mit dem Menschen Jesus verbindet. Vgl. zur exegetischen Diskussion: Käsemann, Wille; Müller, Menschwerdung ; Schnelle, Christologie; Theobald, Fleischwerdung.

3.2 Der Dualismus und eine »graduelle Christologie«

Aus exegetischer Sicht ist die Bedeutung des Dualismus für die johanneische Konzeption relativiert worden. K. Scholtissek[19] spricht geradezu von
einer »Dualismusfalle«, die der Exegese zum Verhängnis geworden sei, und
weist darauf hin, dass das Johannesevangelium auch graduelle Lernprozesse
beschreibe. P. Dschulnigg[20] verdeutlicht in seiner Untersuchung zu den
Personen, die im Johannesevangelium auftreten, dass nur wenige Figuren
(Kaiphas, Judas Iskariot) völlig negativ gezeichnet sind. Andere Personen
(Nikodemus, Frau aus Samaria) finden allmählich näher zu Jesus. Insofern
kennt das Evangelium durchaus eine Art »grauller Christologie«, bei der
sich die einzelnen Figuren im Blick auf den johanneischen Christus unterschiedlich nah oder fern positionieren. Thema des Johannesevangeliums ist
die Frage, wie verschiedene Personen Jesus begegnen.

Damit bietet das Johannesevangelium heutigen SchülerInnen durchaus
die Möglichkeit, sich der christologischen Frage »offen« anzunähern. Ausgehend von der Tatsache, dass SchülerInnen der Sekundarstufe I sich sehr
unterschiedlich und z.T. unorthodox mit der Christusgestalt auseinandersetzen, stellt das Johannesevangelium ein Angebot dar, das verschiedene Be-
gegnungen mit Jesus inszeniert.

Aus didaktischer Perspektive sind gerade die Personen spannend, die
weder eindeutig auf der Seite Christi noch auf der Seite der »Welt« stehen.
Exegetische Ausführungen spiegeln diesen ambivalenten Charakter insofern, als die Bewertung dieser Figuren durchaus unterschiedlich ausfällt. So
herrscht unter den ExegetInnen keine Einigkeit darüber, ob die Frau aus
Samaria, die Jesus am Brunnen trifft, zum vollgültigen Glauben kommt
oder nicht (Joh 4).[21]

Noch divergenter fällt die Beurteilung bei dem Gelähmten aus Kapitel 5
aus. Die Erzählung problematisiert die Heilung am Sabbat. Nachdem der
Gelähmte erfahren hat, dass es Jesus war, der ihn geheilt hat, geht er zu den
Juden und gibt ihnen dieses Wissen weiter. In der Exegese ist umstritten,
wie dieses Verhalten zu bewerten ist: Wird der Geheilte durch diese Angabe als Denunziant Jesu negativ gezeichnet?[22] Oder ist er sich der Gefahr für
Jesus nicht bewusst? Oder muss er – dramaturgisch – einfach die Rolle
desjenigen übernehmen, der veranlasst, dass es zur entscheidenden Begegnung Jesu mit seinen Gegnern kommt?[23]

---

19 Scholtissek, Glaube.
20 Dschulnigg, Personen.
21 Dschulnigg spricht davon, dass die Samariterin »im Gespräch mit Jesus zu einer vorläufi-
gen Glaubenserkenntnis geführt [wird]«; aaO, S. 133.
22 Vgl. Metzner, Repräsentant.
23 Vgl. Schnelle, Evangelium, S. 105.

Diese Ambivalenzen sind für SchülerInnen reizvoll. Denn sie haben einen einladenden Charakter für all die, die sich als Suchende begreifen, die einerseits von der Eindeutigkeit fasziniert sind, andererseits aber beunruhigt durch die damit verbundene Verbindlichkeit. Gerade der Umgang mit SchülerInnen im Jugendalter wird mit einer solchen Grundhaltung rechnen müssen.

Gut bewährt hat sich in diesem Zusammenhang ein Verfahren, bei dem die SchülerInnen sich – u.U. unter Anleitung – mit einer ambivalenten Gestalt des Johannesevangeliums vertraut machen. In der Mitte des Klassenzimmers wird ein Stuhl aufgestellt, der Jesus symbolisieren soll. Die SchülerInnen werden gebeten, sich im Raum so zu postieren, dass ihre Position die Nähe bzw. Ferne der ambivalenten Figur zu Jesus darstellt. Jede/r Schüler/in begründet seine bzw. ihre Entscheidung. Von der Sache her wird durch dieses Verfahren deutlich, dass die Zuordnung der einzelnen Personen trotz der Textvorgaben im Evangelium kein vollständig objektivierbarer Prozess ist, sondern der Abwägung und Diskussion bedarf.

3.3 Die johanneische Sprache als dramatische Inszenierung

L. Schenke betrachtet das Johannesevangelium nicht als Erzählung, sondern als Drama.[24] Das Drama bewirkt eine Vergegenwärtigung[25] des Christusgeschehens:

Die Präsenz [Jesu Christi] wird durch das JohEv selbst hergestellt. Durch seine Handlung wird nicht nur das geschichtliche Handeln Jesu und der übrigen Personen vor dem Hörer/Leser dargestellt, sondern zugleich vor ihm vergegenwärtigt. Der Hörer/Leser erlebt das vergangene Geschehen als ein gegenwärtiges. Vor allem in den großen Dialogszenen erklingt vor allem die Stimme Jesu, hört er sein Wort, empfängt er seine Offenbarung unmittelbar. Der vermittelnde Erzähler tritt hier ja ganz zurück. Die Personen der Handlung handeln unmittelbar im Angesicht des Hörers/Lesers.[26]

Die Vergegenwärtigung erfolgt jedoch nicht als akkurate Verdoppelung eines historischen Prozesses. Gerade die von Baldermann angeführte karikaturhafte Überzeichnung einzelner Personen und Personengruppen sowie

---

24 Schenke, Johannesevangelium; vgl. auch Verburg, Tragödie.

25 Hier ist allerdings anzufragen, ob das Johannesevangelium tatsächlich auf eine zeitliche Horizontverschmelzung in der Gegenwart abhebt, oder ob nicht eher eine »Vergleichzeitigung« in der *Vergangenheit* gemeint ist, ähnlich wie bei der Sederfeier im Blick auf das Exodusgeschehen. Die Frage der Präsenz Jesu Christi beantwortet das Johannesevangelium außerdem mit der Gestalt des Parakleten. Zu den didaktischen Chancen dieser johanneischen Pneumatologie vgl. Roose, Waisen.

26 Schenke, Drama, S. 27.

die fehlende »Natürlichkeit« vieler Dialoge machen deutlich, dass es dem Johannesevangelium darum geht, Geschehen zu *deuten*. Dieser profiliert »konstruktive« Charakter kann einem »historistischen Missverständnis« vorbeugen. Was Schenke in diesem Zusammenhang m.E. zu wenig betont, ist, dass die Vergegenwärtigung im Drama durch immer neue Inszenierungen erfolgt. Diese implizite Aufforderung zur »Neuinszenierung« bietet didaktische Chancen. Die dualistische Grundstruktur des Evangeliums lässt sich – gerade auch dort, wo sie die einseitig negative Charakterisierung von bestimmten Gruppen entscheidend prägt (also etwa bei »den Juden«) – dramaturgisch aufbrechen. SchülerInnen wissen darum, dass ein Drama um einen Konflikt herum konzipiert ist und bestimmte Rollen, allen voran »die Guten« und »die Bösen«, benötigt. Problematisch ist im Johannesevangelium insofern nicht so sehr, dass es »die Bösen« gibt, sondern wie diese Rolle besetzt wird.

Die Darstellung »der Juden« stellt im Johannesevangelium sicher eine erhebliche Schwierigkeit dar, die sich nicht vollständig »weg-exegesieren« lässt.[27] Die Exegese hat im Wesentlichen zwei Wege eingeschlagen, um diese Etikettierung zu erklären (nicht zu legitimieren). Einerseits wird versucht, die unsachgemäße Schärfe zeitgeschichtlich vor dem Hintergrund einer aktuellen, schmerzhaften Auseinandersetzung zwischen den johanneischen (Juden-)Christen und den übrigen Juden zu verorten.[28] Andererseits wird die Rede von »den Juden« als Reflex der dualistischen Strukturen des vierten Evangeliums gesehen.[29] »Die Juden« stehen demnach nicht für eine historisch lokalisierbare Größe, sondern pauschal für »die Welt«.

Gerade angesichts der Parallelisierung von »Juden« und »Welt« kann ein Verfahren didaktisch fruchtbar sein, das »den Juden« in einer »Neuinszenierung« eine andere Rolle zuschreibt. Dieses Verfahren bietet sich an, weil einige der Fragen, die die Juden stellen und die aus johanneischer Perspektive nur dazu dienen, das Unverständnis dieser Gruppe offen zu legen, aus der Perspektive heutiger christologischer Reflexion durchaus ihre Berechtigung haben. Wenn die Juden etwa in 6,42 kritisch anfragen: »Ist das nicht Jesus, der Sohn Josefs, dessen Vater und Mutter wir kennen? Wie kann er jetzt sagen: Ich bin vom Himmel herabgekommen?«, dann benennen sie damit ein christologisches Problem, das, wie wir gesehen haben, auch SchülerInnen

---

27 Vgl. Dschulnigg, Personen, S. 84: »Aber dennoch hält das JohEv fest, dass das Heil von den Juden kommt (4,22) und dass Jesus als Messias zu Israel gesandt ist. Dies bezeugen der Täufer und Nathanael am Beginn des JohEv (1,29–34.45–51); und in dieses Bekenntnis stimmt die Volksmenge ein, die Jesus auf dem Weg nach Jerusalem jubelnd empfängt und als König Israels preist (12,12f). Allerdings lehnt ihn die Mehrheit des Volkes in Verstockung ab (12,37–43), weshalb das Urteil über die Juden im JohEv überwiegend negativ ist.«

28 Pointiert Wengst, Gemeinde.

29 Klassisch Bultmann, Johannes; ähnlich Schenke, Johannesevangelium, S. 56: »Die ›Juden‹ werden zum Kosmos, zu den Vertretern jenes Teils der Menschenwelt, der Jesus ablehnt (1,10f.).«

durchaus beschäftigen kann.[30] Spannend ist hier, zwei verschiedene Inszenierungen ein und derselben Szene zu entwerfen. Die »johanneische« Inszenierung wird versuchen, die fragende Gruppe durch entsprechende Masken,
Gestik und Tonfall als lächerlich abzutun. Eine neue Inszenierung könnte
versuchen, dieselbe Äußerung der Gruppe als ernstzunehmende »Anfrage«
an die johanneische Christologie darzustellen, und versuchen, eine entsprechende Antwort zu formulieren.[31] Angesichts des johanneischen Dualismus
geht es aus didaktischer Sicht also um einen Seitenwechsel, der die jeweils
ausgeblendeten – hier meist: »jüdischen« – Positionen stark macht.

4. Schluss

Das Johannesevangelium erhebt den Anspruch, genau zu wissen, was –
oder besser: wer – die Wahrheit ist (14,6). Gleichwohl eröffnet der Text
Interpretationsspielräume, die seine dualistische Grundstruktur relativieren.
Aus didaktischer Sicht scheint es aufgrund der Priorität der Verstehens-
strukturen von SchülerInnen außerdem legitim, die johanneische Konzeption an einigen Punkten »dekonstruktiv« aufzubrechen.[32] Sie fordert mitunter
geradezu zum Widerspruch heraus. Das Wechselspiel zwischen Eindeutigkeit und (radikaler) Pluralität ist charakteristisch für den didaktischen
Zugriff auf das Johannesevangelium.[33]

Die immer neuen »Aufführungen« johanneischer Texte vollziehen sich
in einem dramaturgischen »Rahmen«[34] (Goffman), in dem sich die SchülerInnen zwischen den Polen des (unverbindlichen) »So-tun-als-ob« und dem
(verbindlichen) »Ich-lasse-mich-darauf-ein« bewegen können. Diese Polari-
tät spiegelt sich wider in der Spannung zwischen der johanneischen Theologie im Sinne einer »Wahrheit an sich«, die genau weiß, was – oder besser:
wer – die Wahrheit ist (14,6), und einem didaktischen Zugriff, der die Offenheit der Interpretation im Sinne einer »Wahrheit für mich« stark macht.[35]

---

30 Ähnlich verhält es sich mit der Frage »Was ist Wahrheit?« von Pilatus (18,38).
31 Das dargestellte Verfahren verdankt sich z.T. der in der konstruktivistischen Didaktik
erhobenen Forderung nach »multiplen Perspektiven« auf ein und dasselbe Geschehen.
Insbesondere im Rahmen der von Spiro und seinen Mitarbeitern entwickelten »Random Access
Theory« der kognitiven Flexibilität spielt die Einnahme multipler Perspektiven eine zentrale Rolle
(Spiro/Feltovich/Jacobson/Coulson, Constructivism). Zu Aspekten einer konstruktivistisch
ausgerichteten Bibeldidaktik vgl. auch Roose, Petrus.
32 Vgl. Kropac, Perspektiven; ders., Schlüsselbegriff.
33 Dieser Ansatz wird theoretisch und praktisch (anhand von Unterrichtsbausteinen) durchge-
führt in Büttner/ Roose, Johannesevangelium.
34 Vgl. Goffman, Rahmen-Analyse.
35 Herrmann, Unterricht, S. 144.

Literatur

Baldermann, Ingo: Einführung in die Bibel, Göttingen [3]1998.

Bultmann, Rudolf: Das Evangelium des Johannes, Göttingen [16]1959.

Berg, Horst Klaus: Grundriss der Bibeldidaktik. Konzepte – Modelle – Methoden, München/ Stuttgart 1993.

Büchner, Frauke: Das Johannesevangelium, in: Lachmann, Rainer/Adam, Gottfried/Reents, Christine (Hg.): Elementare Bibeltexte. Exegetisch-systematisch-praktisch, Göttingen 2001, S. 387–402.

Büttner, Gerhard: »Jesus hilft!« Untersuchungen zur Christologie von Schülerinnen und Schülern, Stuttgart 2002.

Ders./Thierfelder, Jörg: Die Christologie der Kinder und Jugendlichen. Ein Überblick, in: dies. (Hg.): Trug Jesus Sandalen? Kinder und Jugendliche sehen Jesus Christus, Göttingen 2001, S. 7–26.

Ders./Roose, Hanna: Johannes inszenieren. Das Johannesevangelium in der Sek.I, Stuttgart 2006 (im Erscheinen).

Dschulnigg, Peter: Jesus begegnen. Personen und ihre Bedeutung im Johannesevangelium, Münster 2000.

Fricke, Michael: »Schwierige« Bibeltexte im Religionsunterricht. Theoretische und empirische Elemente einer alttestamentlichen Bibeldidaktik für die Primarstufe, Göttingen 2005.

Goffman, Erving: Rahmen-Analyse. Ein Versuch über die Organisation von Alltagserfahrungen, Frankfurt 1980.

Hanisch, Helmut/Hoppe-Graff, Siegfried: »Ganz normal und trotzdem König.« Jesus Christus im Religions- und Ethikunterricht, Stuttgart 2002.

Herrmann, Christian: Konstruktivistisch(en) Unterricht evaluieren, in: Mendl, Hans (Hg.): Konstruktivistische Religionspädagogik. Ein Arbeitsbuch, Münster 2005, S. 129–148.

Käsemann, Ernst : Jesu letzter Wille nach Johannes, Tübingen [4]1980.

Kohlberg, Lawrence/Gilligan Carol: The Adolescent as a Philosopher: The Discovery of the Self in a Postconventional World, in: Kegan, Jerome/ Coles, Robert (Hg.): Twelve to Sixteen. Early Adolescence, New York 1971/1972, S. 144–179.

Konrad, Johann-Friedrich: Das didaktische Prae des »historischen Jesus« vor dem »kerygmatischen Christus«, Evangelische Unterweisung/Zeitschrift Religionspädagogik 25 (1970), S. 5–8.

Kropac, Ulrich: Dekonstruktion: ein neuer religionspädagogischer Schlüsselbegriff? Ein Beitrag zur Diskussion um das Korrelationsprinzip, RpB 48 (2002), S. 3–18.

Ders.: Bibelarbeit als Dekonstruktion: Neue Perspektiven für das biblische Lernen, KatBl 128 (4/2003), S. 369–374.

Lehrplan für das Fach Evangelische Religionslehre in der Kursstufe des Gymnasiums von Baden-Württemberg, Endfassung vom 23.08.2001.

Meeks, Wayne A.: Die Funktion des vom Himmel herabgestiegenen Offenbarers für das Selbstverständnis der johanneischen Gemeinde, in: ders.: Zur Soziologie des Urchristentums, München 1979, S. 245–283.

Metzner, Rainer: Der Geheilte von Johannes 5 – Repräsentant des Unglaubens, ZNW 90 (1999), S. 177–193.

Müller, Peter: Mit Markus erzählen. Das Markusevangelium im Religionsunterricht, Stuttgart 1999.

Müller, Ulrich B.: Die Menschwerdung des Gottessohnes. Frühchristliche Inkarnationsvorstellungen und die Anfänge des Doketismus, Stuttgart 1990.

Rickers, Folkert: Art. »Jesus von Nazareth«, in: Mette, Norbert/ Rickers, Folkert (Hg.): Lexikon der Religionspädagogik, Bd. 1, Neukirchen-Vluyn, Sp. 902–909.

Roose, Hanna: »Ich will euch nicht als Waisen zurücklassen.« Bausteine zum Thema des Heiligen Geistes/des Parakleten im Johannesevangelium für die Orientierungsstufe, Entwurf 1/2003, S. 35–38.

Dies.: Wer rettet die Welt? Christologie in der Oberstufe, Glaube und Lernen 19 (2004), S. 80–91.

Dies.: »Petrus wurde durch ein Wunder Gottes zur Rechtfertigung aus dem Gefängnis herausge-
führt.« Überlegungen zu einer konstruktivistisch ausgerichteten Bibeldidaktik am Beispiel der
Erzählung von der Befreiung des Petrus (Act 12), in: Büttner, Gerhard (Hg.): Lernwege im Religionsunterricht. Konstruktivistische Perspektiven, Stuttgart 2006 (im Erscheinen).

Schenke, Ludger: Das Johannesevangelium. Einführung – Text – dramatische Gestalt, Stuttgart
u.a. 1992.

Schnelle, Udo: Antidoketische Christologie im Johannesevangelium. Eine Untersuchung zur
Stellung des Vierten Evangeliums in der johanneischen Schule, Göttingen 1987.

Schnelle, Udo: Das Evangelium nach Johannes, Leipzig 1998.

Scholtissek, Klaus: Mündiger Glaube. Zur Architektur und Pragmatik johanneischer Begegnungs-
geschichten: Joh 5 und Joh 9, Vortrag gehalten am 12.11.2003 an der Universität Koblenz-
Landau in Landau.

Spiro, Rand J./Feltovich, Paul J./Jacobson, Michael J./Coulson, Richard L.: Cognitive flexibility,
constructivism and hypertext, in:. Duffy, Thomas M./Jonassen, David H. (Hg.): Constructivism
and the technology of instruction, Hillsdale 1992, S. 57–75.

Theobald, Michael: Die Fleischwerdung des Logos. Studien zum Verhältnis des Johannesprologs
zum Corpus des Evangeliums und zu 1 Joh, Münster 1988.

Verburg, Winfried: Passion als Tragödie. Die literarische Gattung der antiken Tragödie als Gestal-
tungsprinzip der Johannespassion, Stuttgart 1999.

Wengst, Klaus: Bedrängte Gemeinde und verherrlichter Christus. Ein Versuch über das Johannesevangelium, München 1992.

FLORIAN WILK

Die paulinische Rede vom »Christus« als Beitrag zu einer biblischen Theologie

1. Notwendigkeit und Problematik einer christlichen Biblischen Theologie

»Das Projekt der Biblischen Theologie besteht darin, methodisch nach der Einheit der Heiligen Schrift Alten und Neuen Testaments zu suchen.«[1] Dieses Projekt ist unter Bibelwissenschaftlern in jüngerer Zeit wieder zum Gegenstand lebhafter Diskussion geworden.[2] Dabei wird einerseits sein Verhältnis zu dogmatischen Fragestellungen wie denen nach der Funktion der Heiligen Schrift für Kirche und Theologie sowie nach der Bedeutung des alttestamentlichen Zeugnisses für den christlichen Glauben erörtert,[3] andererseits darüber debattiert, wie sich die beiden Testamente unter Wahrung ihres jeweiligen Eigenwerts und Propriums aufeinander beziehen lassen.

Die Notwendigkeit und Legitimität des Projekts ergibt sich bereits aus dem Zeugnis des Neuen Testament. Die neutestamentlichen Schriften selbst bedienen sich nämlich nicht nur ganz selbstverständlich der Sprache des (von Christen später so genannten) Alten Testaments,[4] sondern beziehen sich meist auch ausdrücklich auf dieses Buch als »Heilige Schriften« und »Wort Gottes« zurück; sie bezeugen damit, dass der Vater Jesu Christi kein anderer ist als JHWH, der Gott Israels, wie er sich im Zuge der Erwählungs- und Verheißungsgeschichte mit diesem Volk zu erkennen gegeben hat.[5] Zudem nötigt die zweiteilige Gestalt des christlichen Bibelkanons dazu, die Frage nach seiner inneren Einheit theologisch zu bearbeiten.

Die Gestalt dieses Kanons bedingt aber zugleich die besondere Problematik jenes Projekts. Die christliche Kirche hat in ihrem Kanon weder die Sammlung der Heiligen Schriften Israels durch Einbeziehung von Büchern über die Geschichte Jesu Christi erweitert noch die Sammlung solcher Bücher durch eine unter christlichen Gesichtspunkten überarbeitete Neu- und

---

1 Söding, Probleme, S. 159.

2 Eine Einführung ins Thema bieten Janowski / Welker, Biblische Theologie, einen Überblick über die neuere bibelwissenschaftliche Diskussion (bis 1995) Dohmen / Söding, Bibel.

3 Zu diesen dogmatischen Fragestellungen vgl. etwa Joest, Fundamentaltheologie, §§ 3 und 7.

4 Vgl. dazu grundlegend von Rad, Theologie II, S. 374–379, weiter Geyer, Frage, S. 228ff., 236f.

5 Vgl. dazu überblicksweise Walter, Autoren.

Kurzfassung jener Schriften eingeleitet.[6] Vielmehr wurde die Sammlung der Heiligen Schriften Israels als solche, ohne Veränderung ihres Umfangs oder Wortlauts, Teil des christlichen Bibelkanons[7] und dort durch eine weitere Sammlung von Büchern ergänzt, die den Christusglauben auf ursprüngliche Weise bezeugen – sodass beide Sammlungen als Altes und Neues Testament, nicht vermengt und nicht geschieden, zusammengehören.[8] Daraus aber erwächst das hermeneutische Problem, wie dieselbe Schriftensammlung zugleich die Bibel Israels und das Alte Testament der Christenheit sein kann.

Lange Zeit hat christliche Theologie dieses Problem so »gelöst«, dass sie die Erfüllung des Alten Testaments im Neuen Testament lehrte und daraus den Schluss zog, nur die Christenheit lese und verstehe jene Schriftensammlung richtig. Diese »Lösung« steht jedoch im Widerspruch zum Zeugnis des Neuen Testaments, dass »Gott sein Volk, das er zuvor ausersehen«, auch angesichts der Ablehnung des Evangeliums »nicht verstoßen hat« (Röm 11,2); denn das Bekenntnis zur bleibenden Erwählung Israels führt notwendig zur Anerkennung der Berechtigung jüdischer Schriftlektüre und -auslegung.[9] Die christliche Theologie steht deshalb vor der Aufgabe, eine Hermeneutik zu entwickeln, mit der Christen das Alte Testament als Teil ihrer Bibel, also im Zusammenhang mit dem Neuen Testament lesen und verstehen, ohne Juden das Anrecht auf deren eigene Heilige Schrift zu bestreiten.[10]

---

6 Im ersten Fall hätte die christliche Kirche sich als Sondergruppe oder vollkommene Darstellung des Judentums präsentiert, im zweiten Fall als ganz neue, das Judentum überbietende oder ablösende Glaubensgemeinschaft.

7 Dass die Christenheit sich von ihren Anfängen an primär, dann bald und für viele Jahrhunderte ausschließlich auf die griechische Version jener Schriften berief und mit der Septuaginta einen sowohl dem Umfang als auch dem Wortlaut nach anderen Kanon hatte als das rabbinische Judentum mit der »Hebräischen Bibel«, steht der obigen Aussage nicht entgegen; denn auch die Septuaginta enthält nur Schriften bzw. Übersetzungen, die von ihrem Ursprung her jüdisch sind. Zur Septuaginta als Ganzem vgl. Hengel, Septuaginta.

8 Die Namen der Testamente verweisen dabei auf die eschatologische Neuheit des Heilshandelns Gottes in Jesus Christus einerseits, auf die fundamentale Bedeutung der Selbstbekundung Gottes an Israel andererseits.

9 Überdies hat die Geschichte der christlich-jüdischen Beziehungen aufgezeigt, wie gefährlich besagte »Lösung« ist, zog doch die Usurpation jener Schriftensammlung für die christliche Kirche die fatale Konsequenz nach sich, dem jüdischen Volk das Lebensrecht auf Erden abzusprechen.

10 Wesentliche Anregungen dafür bietet bereits die neutestamentliche, insbesondere die paulinische Deutung der Schrift; vgl. dazu (am Beispiel des Jesajabuches) Wilk, Paulus, S. 304–306.

2. Biblische Theologie als Thema für den schulischen Religionsunterricht

Die skizzierte Eigenart »Biblischer Theologie« macht es m. E. notwendig, dieses Projekt zum Gegenstand auch des schulischen Religionsunterrichts zu machen. Die Einheit der Heiligen Schrift Alten und Neuen Testaments ist ja nicht nur aus bibelwissenschaftlicher Sicht bedeutsam, sondern zugleich bildungsrelevant. Schülerinnen und Schüler bedürfen neben einer soliden Kenntnis zentraler Inhalte auch einer grundlegenden Orientierung über den Zusammenhang beider Testamente.

Diese Orientierung ist schon deshalb notwendig, weil ein Verstehen des christlichen Glaubens ohne Einsicht in den Aufbau seines Basisdokumentes, der zweiteiligen Bibel, nicht möglich ist. Zudem ist solch eine Orientierung unabdingbare Voraussetzung dafür, das besondere Verhältnis zwischen Christentum und Judentum sachgerecht wahrnehmen zu können. Denn Christen haben den ersten, grundlegenden Teil ihrer Bibel mit Juden gemein, unterscheiden sich aber von ihnen in der Art und Weise der Aneignung jener Schriftensammlung. Nur wenn Schülerinnen und Schüler der Frage nachgehen, worin die Eigenart christlicher, angesichts des Neuen Testaments vollzogener Lektüre und Auslegung des Alten Testament als eines Buches, das zuerst und bleibend die Heilige Schrift der Juden ist, besteht, werden sie fähig, sich ein Urteil über die Beziehungen des Christentums zum Judentum zu bilden.

Freilich ist das Thema »Biblische Theologie« als solches zu umfassend, um im Rahmen des Religionsunterrichts sinnvoll erörtert werden zu können. Zweckmäßiger dürfte es sein, sich dem Thema exemplarisch zu nähern. Die Lehrpläne bieten dafür diverse Ansatzpunkte, etwa bei der Behandlung von Zugängen zur Bibel, des Judentums oder des Bekenntnisses zu Jesus Christus.

3. Die paulinische Rede vom »Christus« als Medium unterrichtlicher Annäherung an eine »Biblische Theologie«

Besonders Erfolg versprechend scheint mir der Ansatz beim neutestamentlichen Christusbekenntnis zu sein. Denn die Prädikation »Christus« leistet ein Doppeltes: Sie fungiert als selbstverständlicher, für die Glaubensgemeinschaft der Christen namengebender Hinweis auf die Identität ihrer zentralen Bezugsgestalt, und sie verankert diese Identität in der alttestamentlich-jüdischen Tradition. Dabei eröffnet sie gerade deshalb einen gangbaren Lernweg, weil sie von Jugendlichen (und nicht nur von ihnen) vielfach als bloßer Zweitname Jesu aufgefasst und ihr Sinngehalt erst bei näherer Betrachtung erkennbar wird; sie gehen auf diesem Weg demnach von ihrem »Alltagswissen« aus, um es zu vertiefen bzw. zu korrigieren.[11] Wenn sie sich aber die Bedeutung des Ausdrucks »Jesus Christus« als eines Bekenntnisses erschließen können, dann erhalten sie genau damit Einblick in den Zusammenhang zwischen Neuem und Altem Testament vor dem Horizont der christlich-jüdischen Beziehungen.

Von welchen Texten her aber lässt sich jene Prädikation in ihrer Aussagekraft gut verstehen? Ich schlage vor, den Lernprozess anhand der paulinischen Rede vom »Christus« zu vollziehen. Gewiss ist die paulinische Christologie komplex; die Beschäftigung mit ihr setzt erhebliche kognitive Fähigkeiten voraus. Doch in biblisch-theologischer Perspektive liegt keine andere Schrift(-engruppe) des Neuen Testaments näher als die Briefe des Paulus.[12] Diese enthalten ja nicht nur gut die Hälfte aller neutestamentlichen Belege.[13] Zudem ist »Christus« auch in den paulinischen Briefen selbst die häufigste Hoheitsbezeichnung Jesu. Vor allem aber ist Paulus derjenige Autor des Neuen Testaments, der über das Verhältnis von Christusbotschaft und »Schrift« – dem christlichen Alten Testament – wiederholt explizit reflektiert hat.

Der unterbreitete Vorschlag setzt allerdings voraus, dass die paulinische Rede vom »Christus« einen (wesentlichen) Beitrag zu einer Biblischen Theologie leistet. Diese Voraussetzung versteht sich keineswegs von selbst, sondern hat den Charakter einer These, die erst verteidigt und erhärtet werden muss.

4. Kritische Einwände von der bibelwissenschaftlichen Forschung her

Ein erster Einwand gegen die genannte These betrifft ihren Bezug zum Alten Testament. *Christos*, lateinisch »Christus«, ist die griechische, zuerst in der Septuaginta belegte (und dort übliche) Übersetzung des hebräischen *maschiach*, zu Deutsch »Gesalbter«. Dieser Ausdruck verweist im Alten Testament auf ein Salbungsritual, das bei der Einsetzung einer Person zum König (Ri 9,8 u.ö.) oder zum (Hohen-)Priester (Ex 29,7 u. ö.), gelegentlich

---

11 Zur Bedeutsamkeit der Aufnahme solchen Alltagswissens in schulischen Lernprozessen vgl. Rothgangel (/ Wilk), Wahrnehmung, S. 242.

12 Gemeint sind hier und im Folgenden die Briefe an die Römer, Korinther, Galater, Philipper, der erste Brief an die Thessalonicher und der Brief an Philemon, deren Echtheit in der neutestamentlichen Forschung (nahezu) unumstritten ist.

13 Nach dem Text des NT Graece sind es 270 von 531 Belegen; vgl. die Konkordanz.

auch zum Propheten (I Reg 19,15f. u.ö.) vollzogen wurde und zudem die (göttliche) Legitimation des Amtsträgers anzeigt.[14] An denjenigen Stellen jedoch, die eine messianische, d.h. auf das Auftreten einer Retter- oder Heilsgestalt in der Zukunft gerichtete Erwartung bezeugen, begegnet das Wort gerade nicht.[15] Man könnte demnach bestreiten, dass der neutestamentliche Gebrauch der Christus-Prädikation eine tragfähige, die Eigenart des Alten Testaments wahrende Verbindung zwischen den Testamenten darstellt.

Bei diesem Einwand wird übersehen, dass sich die Bedeutung von Begriffen wie »Gesalbter« im Lauf der Geschichte wandelt. Die Suche nach der Einheit der Bibel Alten und Neuen Testaments muss daher berücksichtigen, wie Juden bei der Auslegung ihrer Heiligen Schriften in neutestamentlicher Zeit solche Begriffe benutzt haben. Die jüdischen Texte aus den Jahrhunderten um die Zeitenwende bieten nun eine Reihe von Belegen dafür, dass die erwartete Heilsgestalt als »Gesalbter« bezeichnet wurde.[16] Zwei Texte rekurrieren dabei explizit auf messianisch gedeutete Aussagen der Schrift;[17] und im Blick auf weitere messianische Titel wie »Spross Davids« und »Fürst der Gemeinde« geschieht Ähnliches in diversen Manuskripten aus Qumran.[18] Vor diesem Hintergrund erscheint es legitim, ja notwendig, die Verwendung der Christus-Prädikation im Neuen Testament als Element einer Biblischen Theologie zu würdigen.

Freilich – so ein zweiter Einwand – erlauben die jüdischen Quellen aus hellenistisch-römischer Zeit nicht, von *der* Messiaserwartung *des* Judentums zu sprechen. In verschiedenen Traditionsbereichen wies diese Erwartung eine je andere Prägung auf, und selbst innerhalb solcher Bereiche variieren Aussagen über die messianische Gestalt bisweilen so stark, dass sie sich kaum zu einer geschlossenen Vorstellung verbinden lassen.[19] Eine amerikanische Publikation spricht deshalb provozierend von »Judaisms and their Messiahs«.[20] Diese Vielfalt aber weckt Zweifel, ob sie überhaupt als Orientierungsrahmen für die Auslegung des Neuen vor dem Hintergrund des Alten Testaments taugt.

---

14 Vgl. zu den drei Ämtern I Sam 2,10 u. ö., Lev 4,5 u. ö. sowie Ps 105[104],15 u. ö.

15 Vgl. die knappe Darstellung des alttestamentlichen Befundes bei Hahn, *Christos*, Sp. 1149f.

16 Vgl. 1QSa II 12.14; 1QS IX 11 (Pl.!); CD XII 23–XIII 1; XIV 19; XIX 10f.; XX 1; 4Q252 [pGenᵃ] V 3; PsSal 17,32; 18,1.5.7; äth. Hen 48,10; 52,4; 4Esr 7,28; 12,32; syrBar 29,3; 30,1 u. ö., ferner die umstrittenen Texte 4Q521 Frg. 2 II 1 und 11Q13 [Melch] II 18.

17 Vgl. 4Q252 [pGenᵃ] V, wo Gen 49,10 darauf gedeutet wird, dass »der Gesalbte der Gerechtigkeit kommt, der Spross Davids«, ferner PsSal 17,21–44; 18,5–8 mit vielen biblischen Anspielungen (u. a. auf Ps 2,8f.; Jes 11,2ff.) und dazu Holm-Nielsen, *Psalmen*, S. 101–108.

18 Vgl. 1QSb V 20–29 (Jes 11,4f.; Num 24,17f.; Gen 49,9); CD VII 19ff. (Num 24,17); 4Q161 [pJesᵃ] Frg. 8–10, Z. 11–25 (Jes 11,1–5); 4Q174 [MidrEschat] III 10–13 (II Sam 7,11–14; Am 9,11); 4Q285 Frg. 5 (Jes 11,1). Überblicke über (sicher oder vielleicht) messianisch zu deutende Passagen in den Qumrantexten bieten Evans, *Messiahs*; García Martínez, *Erwartungen*.

19 Vgl. etwa für Qumran Stegemann, *Remarks*, S. 501–505, der aus dem vielfältigen Textbefund auf eine dreistufige Entwicklung der Messiaserwartung der Qumrangemeinschaft schließt.

20 Siehe Neusner u. a., *Judaisms*.

Demgegenüber ist festzustellen: Bei aller Divergenz des Redens von messianischen Gestalten lassen sich von den Quellen her bestimmte Kennzeichen benennen, die solche Gestalten jeweils als Messias ausweisen. Seine Kennzeichen sind erstens der vertrauliche Umgang mit oder die herausragende Nähe zu Gott, zweitens die eschatologische Bedeutung seines Auftretens und drittens die heilschaffende Funktion für Israel.[21]

Zudem erfolgt die Darstellung jener Funktion nicht in beliebiger Vielfalt, sondern so, dass sie in unterschiedlicher Gewichtung königsherrschaftliche, priesterliche und prophetische Züge aufnimmt.[22] Unter königsherrschaftliche Züge fasse ich dabei v.a. die Überwindung von Feinden und die Aufrichtung von Gerechtigkeit, unter priesterliche Züge etwa die Unterweisung in der Thora und die Durchführung legitimer Gottesdienste, unter prophetische Züge z.B. die Geistbegabung oder die Verkündigung des Wortes Gottes.[23] Es besteht daher kein Grund, bei der biblisch-theologischen Reflexion über den neutestamentlichen Gebrauch von *Christos* auf die Orientierung an den in etwa zeitgenössischen jüdischen Texten zu verzichten.

Nun steht allerdings außer Frage, dass die messianische Erwartung um die Zeitenwende keineswegs Gemeingut des Judentums war; in zahlreichen Texten wird Heilserwartung ohne Bezug auf eine messianische Gestalt zur Sprache gebracht.[24] Andererseits ist im nichtjüdischen Bereich die Bezeichnung von Personen als Gesalbten nicht belegt.

Angesichts dieser Sachlage – so lautet ein dritter Einwand – bildet die messianische Erwartung keinen plausiblen Verständnishintergrund für die Entstehung des Bekenntnisses zu Jesus als »Christus« und für die rasche Akzeptanz dieser Prädikation im frühen, die Grenzen Israels überschreitenden Christentum. Martin Karrer hat dazu folgende These aufgestellt: Grundlage der Bezeichnung Jesu als »Christus« und ihrer Verbreitung über Israel hinaus seien weniger die messianischen Erwartungen Israels als vielmehr die überall verbreiteten Salbungen im Kult. Gesalbt sein heiße demnach, Gott in einzigartiger Weise verbunden sein und heilvolles Geschehen ausstrahlen. »Die elementare *Sterbeaussage* (›Christos starb‹) fängt das in äußerster Knappheit ein: »*Gesalbter* (Gott einzigartig und ideal Verbundener) war er, der (für uns) starb, ist zu paraphrasieren.«[25]

21 Vgl. dazu Theißen/Merz, Jesus, S. 463.

22 Vgl. Thoma, Redimensionierungen, S. 212f.; er führt diesen Befund auf die weitgehende, positive oder negative Orientierung der Texte an den Hasmonäerfürsten zurück.

23 Die drei genannten Motivkreise haben sich allerdings schon frühzeitig gegenseitig durchdrungen, sodass es manchmal schwer fällt, ein Motiv eindeutig zuzuordnen.

24 Dass bereits der biblische Befund die Annahme ursprünglicher Unabhängigkeit der Heilszeithoffnung von der Messiaserwartung nahe legt, versucht Talmon, Erwartungen, zu zeigen.

25 Karrer, Jesus Christus, S. 137 (vgl. S. 135ff., 140ff.). Allerdings führte auch nach Karrer erst die Verbindung mit den messianischen Hoffnungen zur Eschatologisierung des Begriffs: »In Jesus

Diese These weckt in mehrfacher Hinsicht Zweifel.[26] Sie ist aber v.a. unnötig. Gerade weil in Israel die Salbung von Königen seit dem Exil (ab 586 v.Chr.), die von Hohenpriestern seit dem Konflikt unter Antiochus IV. (175–163 v.Chr.) nicht mehr vollzogen wurde, liegt es nahe anzunehmen, dass das Wort »Gesalbter« in frühchristlicher Zeit geradezu selbstverständlich eine messianische Gestalt meinte – und in diesem Sinn auch von den Juden verstanden wurde, für deren Heilshoffnung solch eine Gestalt bedeutungslos war. Dass die Christus-Prädikation im Zuge der Mission unter Nichtjuden ihre herausragende Stellung behielt, dürfte dann am besten mit der Ausrichtung jener Mission zu erklären sein: Sie erreichte v.a. »Gottesfürchtige«, Sympathisanten der Synagogengemeinden, die den Gott Israels anbeteten und etliche Gebote des jüdischen Gesetzes befolgten, ohne zum Judentum überzutreten.[27]

Hat aber *Christos* in den Briefen des Paulus überhaupt (noch) titularen Charakter? Diese Frage ist in der neutestamentlichen Forschung wiederholt verneint worden. In der Tat lässt sich beobachten, dass der Begriff beim Apostel

- ausschließlich Jesus bezeichnet, also kein bloßes Appellativ ist,
- an keiner Stelle prädikative Bedeutung hat,
- nirgendwo durch einen Genitiv oder ein Pronomen näher bestimmt wird,
- nie als Apposition mit Artikel neben »Jesus« steht.[28]

Natürlich spricht vieles dafür, dass Paulus die originäre Bedeutung der Prädikation kannte; dies zeigt sich u.a. an seinem Sprachgebrauch, der das unmittelbare Nebeneinander von *Christos* und *kyrios* »Herr« in einer Wendung vermeidet.[29] Doch offenbar sah er in seinen Briefen keinen Anlass, die

---

sammeln sich ... der ideale Gottesbezug und *die eschatologischen Hoffnungen, die das Gesalbtenprädikat in Israel ansprach.*« (S. 140, vgl. S. 137–140) [Kursivierungen im Original].

26 Schon die Übersetzung, die das voranstehende *Christos* betont, leuchtet nicht ein; der Satz ist leichter (in Analogie zu Mk 5,35a.39c) als Aussage über »Christus« als über »den, der starb« zu lesen. Zudem ist die Reduktion der neutestamentlichen Sterbeformeln auf einen Kern »Christus starb« unbegründet; denn diese Formeln *deuten* das Sterben Christi, *indem* sie ihm die Auferweckung gegenüberstellen (Röm 8,34; 14,9, vgl. I Thess 4,14) oder es als Heilsereignis zur Sprache zu bringen (Röm 5,6.8; 14,15; I Kor 15,3; II Kor 5,14f.; I Thess 5,9f., ähnlich I Kor 8,11; Gal 2,21). Schließlich zeigen das mehrfach belegte Missverständnis des Titels als eines Eigennamens (*Chrestos*, vgl. Sueton, Caes V [Claudius] 25,4 u. ö.) und die explizite Rede von einer Salbung Jesu in Act 4,27; 10,38, dass »Christus« im griechischen Sprachraum keineswegs ohne weiteres als Hinweis auf die singuläre Nähe des Bezeichneten zu Gott verstanden wurde. Zum Ganzen vgl. auch Zeller, Transformation, S. 156ff.

27 Vgl. im NT Act 10,2.22; 13,16.26.43; 16,14; 17,4.17; 18,7. Zu den einschlägigen Quellen vgl. grundlegend Siegert, Gottesfürchtige, weiter Hengel/Schwemer, Paulus, S. 101–132.

28 Vgl. Dahl, Messianität, S. 83.

29 Vgl. Grundmann, *chrio*, S. 535. Es findet sich im NT erst in Kol 3,24 und Lk 2,11. Für Paulus vgl. dagegen den *Satz* II Kor 4,5: »Wir verkündigen ... Jesus Christus *als* Herrn« sowie die Verknüpfung von »Jesus Christus« und »*unser* Herr« in Röm 1,4; 5,21; 7,25; I Kor 1,9.

Messianität Jesu zu betonen oder zu begründen.[30] Vielmehr erscheint »Christus« hier als Beiname, der unproblematisch den Namen »Jesus« ersetzen kann. Liegt dann aber nicht der Schluss nahe, »dass der Christus-Name seinen Inhalt bekommt durch das, was Jesus Christus ist, nicht durch einen im voraus feststehenden Messiasbegriff«[31]?

Dieser weit reichende Schluss wird dem Textbefund nicht gerecht. Zum einen erinnert die feierliche, zumal im Prä- und Postskript der paulinischen Briefe belegte Wendung »Herr Jesus Christus« an die Namensform des römischen Kaisers (Imperator Caesar Augustus) und mancher hellenistischer Könige (z. B. »König Ptolemaios Retter«)[32] – und in ihr zeigt der nachgestellte Ehrentitel die besondere Würde des Herrschers an. Zum anderen sind die christologischen Aussagen, in denen Christos – allein oder neben »Jesus« – begegnet, nicht so aufgebaut, dass bestimmte Ereignisse oder Phänomene zur Explikation des Ausdrucks dienen. Stattdessen ordnet Paulus mit diesen Aussagen v. a. Tod und Auferweckung, aber auch viele andere Aspekte des Heilsgeschehens Jesu in der Weise zu, dass er ihn zugleich als »Christus« identifiziert.[33] Dieser Befund aber macht es notwendig zu klären, welchen spezifischen semantischen Gehalt die Prädikation »Christus« in den Briefen des Paulus hat.

5. Die Bedeutung der Christus-Prädikation bei Paulus

Um das paulinische Verständnis von *Christos* zu erfassen, bietet es sich an, beim selbstständigen Gebrauch des Ausdrucks einzusetzen. Diesbezüglich muss eruiert werden, ob er wenigstens an bestimmten Stellen in einem erkennbaren kontextuellen Verweisungszusammenhang steht. Ein derartiger Zusammenhang wäre am ehesten dort zu erwarten, wo *Christos* den bestimmten Artikel trägt, ohne dass dieser von der Grammatik gefordert wird.[34] Als Hinweis auf eine titulare Bedeutung lässt sich der Artikelgebrauch in solchen Fällen nämlich nicht werten.[35] Für Paulus gehört *Christos* als Beiname ja »zu den Wörtern der griechischen Sprache, die teils mit,

---

30 Vgl. de Jonge, Christologie, S. 101.

31 So Dahl, Messianität, S. 86.

32 Vgl. Hengel, Erwägungen, 246f.

33 Vgl. den Überblick bei Hahn, *Christos*, Sp. 1158f.; seine Schlussfolgerung: »Der Titel wird vom Heilsgeschehen her verstanden, das in Tod, Auferweckung und Erhöhung Jesu sein Zentrum hat«, ist durch den präsentierten Befund jedoch nicht gedeckt.

34 Letzteres gilt für die 28 Stellen (Röm 7,4; 8,35; 15,19; 16,16 u. v. ö.), wo *Christos* im Genitiv an ein determiniertes *nomen regens* anschließt (vgl. Blass/Debrunner/Rehkopf, Grammatik, § 259.1), sowie für II Kor 13,3, wo das Wort auf ein attributives Partizip folgt.

35 Vgl. Kramer, Christos, S. 211.

teils ohne Artikel verwendet werden« und als solche »die Einzigartigkeit des Benannten« ausdrücken.[36] Dann aber ist zu vermuten, dass er den Artikel in Verbindung mit jenem Beinamen v.a. anaphorisch gesetzt hat.[37]

5.1 Die Verwendung von *Christos* mit Artikel

Unter insgesamt etwa 150 paulinischen Belegen für bloßes *Christos* gibt es nur 21, bei denen der Artikel ohne grammatische Notwendigkeit steht;[38] dabei erscheint das Wort siebenmal im Nominativ, je viermal im Genitiv oder Dativ und sechsmal im Akkusativ.[39] Auffälligerweise sind in acht Fällen je zwei Belege (relativ) eng miteinander verknüpft.[40]

Röm 9,3–5	[3] Denn ich wünschte, selbst verflucht zu sein **von dem Christus weg** für meine Brüder, meine Verwandten nach dem Fleisch, [4] die Israeliten sind, derer die Sohnschaft und die Herrlichkeit und die Bündnisse und die Gesetzgebung und der Gottesdienst und die Verheißungen sind, [5] derer die Väter sind und aus denen **der Christus** dem Fleisch nach stammt; der über allem ist, Gott, sei gepriesen in Ewigkeit. Amen. (G, N)
Röm 14,18	Denn wer darin **dem Christus** dient, ist Gott wohlgefällig und bei den Menschen bewährt. (D)
Röm 15,3.7	[3] Denn auch **der Christus** hat nicht sich selbst gefallen, sondern wie geschrieben steht: »Die Schmähungen derer, die dich schmähen, sind auf mich gefallen.« [7] Deshalb nehmt einander auf, wie auch **der Christus** euch aufgenommen hat, zu Gottes Herrlichkeit! (N, N)
I Kor 1,13	Ist **der Christus** zerteilt? Ist etwa Paulus für euch gekreuzigt, oder seid ihr auf den Namen von Paulus getauft worden? (N)
I Kor 10,4.9	[4] Und alle tranken denselben geistlichen Trank; denn sie tranken aus einem geistlichen Felsen, der ihnen folgte; der Fels aber war **der Christus**.

---

36 Vgl. Grundmann, *chrio*, S. 533.

37 Ähnlich Dahl, Messianität, 85; vgl. dazu Blass/Debrunner/Rehkopf, Grammatik, §§ 252.260

38 Schon dieses bemerkenswerte Zahlenverhältnis spricht gegen die Auskunft von Hengel, Erwägungen, S. 248, der Gebrauch des Artikels scheine »im Grunde zufällig zu sein«.

39 Insgesamt sechsmal steht der Artikel nach Präpositionen: im Genitiv nach *apo* »von« (Röm 9,3 [anders Gal 5,4]) und *dia* »durch« (II Kor 3,4 [anders 5,18, vgl. Röm 2,16]), im Dativ nach *en* »in« (I Kor 15,22; II Kor 2,14 [anders 2,17 u. v. ö.]), im Akkusativ nach *eis* »gegenüber« (II Kor 11,3 [anders 1,21 u. ö.]) und *dia* »um ... willen« (Phil 3,7 [anders I Kor 4,10]).

40 Die deutschen Übersetzungen bieten den Wortlaut der 1993 revidierten Elberfelder Bibel, versehen mit einigen Korrekturen. Die in Klammern gesetzten Kürzel N, G, D, A am Ende jedes Belegs verweisen auf die griechischen Kasus, in denen *Christos* jeweils erscheint.

[9] Lasst uns auch **den Christus** nicht versuchen, wie einige von ihnen (ihn) versuchten und von den Schlangen umgebracht wurden. (N, A)

I Kor 11,3a–c

Ich will aber, dass ihr wisst: Eines jeden Mannes Haupt ist **der Christus**, Haupt einer Frau aber der Mann, Haupt **des Christus** aber Gott. (N, G)

I Kor 12,12

Denn wie der Leib *einer* ist und viele Glieder hat, alle Glieder des Leibes aber, obwohl sie viele sind, *ein* Leib sind: so auch **der Christus**. (N)

I Kor 15,15.22

[15] Wir werden aber auch als falsche Zeugen Gottes befunden, weil wir gegen Gott bezeugt haben, daß er **den Christus** auferweckt habe, den er nicht auferweckt hat, wenn wirklich Tote nicht auferweckt werden.

[22] Denn wie in dem Adam alle sterben, so werden auch **in dem Christus** alle lebendig gemacht werden. (A, D)

II Kor 1,5

Denn wie die Leiden Christi überreich auf uns kommen, so ist auch **durch den Christus** unser Trost überreich. (G)

II Kor 2,14; 3,4

[14] Gott aber sei Dank, der uns allezeit im Triumphzug zur Schau stellt **in dem Christus** und den Geruch seiner Erkenntnis durch uns an jedem Ort offenbart!

[4] Solches Vertrauen aber haben wir **durch den Christus** zu Gott. (D, G)

II Kor 11,2.3

[2] Denn ich eifere um euch mit Gottes Eifer; denn ich habe euch *einem* Mann verlobt, um eine keusche Jungfrau **dem Christus** vorzustellen. [3] Ich fürchte aber: Wie die Schlange Eva durch ihre List verführte, so könnten eure Sinne von der Einfalt [und der Lauterkeit] **gegenüber dem Christus** ab(gewendet und) verdorben werden. (D, A)

Phil 1,15–17

[15] Einige zwar predigen **den Christus** auch aus Neid und Hader, einige aber auch aus gutem Willen. [16] Die einen (tun es) aus Liebe, weil sie wissen, dass ich zur Verteidigung des Evangeliums bestimmt bin; [17] die anderen verkündigen **den Christus** aus Eigennutz, nicht lauter, weil sie meinen, (mir in) meinen Fesseln Bedrängnis zu erwecken. (A, A)

Phil 3,7

[Aber] was auch immer mir Gewinn war, das habe ich **um des Christus willen** für Verlust gehalten. (A)

Bei näherer Betrachtung dieser Belege zeigt sich, dass *Christos* an den meisten Stellen mehr oder weniger direkt auf die Verankerung des »Evangeliums von Christus«[41] in den Heiligen Schriften Israels verweist:

– »Der Christus« wird in Röm 9,3–5 explizit mit Gottes Verheißungen an die (Erz)-Väter Israels assoziiert und in 15,7–13 mittels einer Kette von Zitaten aus Ps 18[17],50; Dtn 32,43; Ps 117[116],1; Jes 11,10

---

41 Diese Wendung ist für Paulus typisch; vgl. Röm 15,19; I Kor 9,12; II Kor 2,12; 9,13; 10,14; Gal 1,7; Phil 1,27; I Thess 3,2.

als derjenige vorgestellt, der diese Verheißungen ein für alle Mal zur
Geltung bringt.[42]

- Nach Röm 15,3f. ist das Verhalten »des Christus« während seiner
  Passion in Ps 69[68],10 vorgezeichnet, nach Röm 14,17f. – wo Paulus auf 14,9–12 zurückgreift – seine Würde als endzeitlicher Richter
  in Jes 45,23.[43]

- In I Kor 10,1–11 erscheint »der Christus« kraft seiner Präexistenz als
  die Quelle der eschatologischen, im Exodus typologisch vor-
  abgebildeten Heilsgaben Gottes; der Vers 11,3 – der gemäß 11,7–
  9.12 von der Schöpfungserzählung her zu deuten ist – präsentiert ihn
  als den Mittler der in der Schöpfung verwurzelten Gottesbeziehung
  von Mann und Frau.[44]

- In I Kor 15,15.22 heißt derjenige »der Christus«, den Gott »den
  Schriften gemäß« (15,4) auferweckt und so in Erfüllung von
  Ps 110[109],1; 8,7 zur Herrschaft über alle Feinde Gottes bestimmt
  hat – auf dass bei der Parusie auch der Tod vernichtet wird (15,25–
  27) und alle Nachfahren »des Adam«, »die zu Christus gehören«
  (15,23), auferstehen zum ewigen Leben.[45]

- In II Kor 2,14 weist das Bildwort von der Zurschaustellung »in dem
  Christus« über 2,12 auf die Behauptung der Zuverlässigkeit der paulinischen Predigt in 1,18–22 zurück – einer Predigt, die Jesus Christus als das Ja zu allen Verheißungen Gottes verkündigt; in 3,4 meint
  »der Christus« nach 3,3 den Urheber des Empfehlungsbriefes, der
  Paulus in typologischer Entsprechung zu Mose als Diener des neuen
  Bundes (3,6–11) ausweist.[46]

- In II Kor 11,2f. stellt Paulus »den Christus« metaphorisch als den einen Mann dar, dem er die Gemeinde verlobt hat; dabei greift er das
  biblische Bild von der Ehe zwischen Gott und Israel (Hos 1–3 u. ö.)
  auf und vergleicht überdies die durch die Gefahr der Verführung ge-
  kennzeichnete Lage der Gemeinde mit dem Sündenfall.[47]

- In Phil 3,7 begründet die Beziehung zu »dem Christus« den Verzicht
  des Paulus auf die Möglichkeit, sein Vertrauen auf »fleischliche«
  Vorzüge seiner jüdischen Existenz, zumal auf seine Gesetzestreue,
  zu gründen (3,4–6), weil es diese Beziehung ist, die Paulus zum

---

42 Zu diesen Texten vgl. Sass, Leben, S. 408–433; Wilk, Bedeutung, S. 146–158., 169ff.
214f., 237ff.

43 Vgl. einerseits Burchard, Summe, S. 176–179, andererseits Stuhlmacher, Brief, S. 200ff.

44 Vgl. Schaller, Voraussetzungen, S. 173ff., sowie Wolff, Der erste Brief, S. 248f.

45 In I Kor 15,15 trägt *Christos* anders als in 15,12–14.16–20 den Artikel; er akzentuiert die
Einsetzung durch Gott, sofern Paulus im Kontext nur hier Gott zum Subjekt der Aussage macht.
Zu I Kor 15,22–27 vgl. Lang, Briefe, S. 223–227.

46 Zum Verständnis von II Kor 2,14 und 3,3 vgl. Wolff, Der zweite Brief, S. 54f., 59f.

47 Vgl. dazu Lang, Briefe, S. 335.

Teilhaber der »Beschneidung«, d. h. zum Glied des eschatologischen Gottesvolkes macht (3,3).[48]

An den übrigen fünf Stellen ist der Schriftbezug jedenfalls mittelbar gegeben:

- In I Kor 1,13 (vgl. 1,9) und 12,12 ist die Rede von »dem Christus« dadurch veranlasst, dass Paulus von der Gemeinde bildlich als einem »Leib« spricht – denn dieses Bild basiert auf der Teilhabe der Gläubigen an Blut und Leib Christi im Abendmahl (10,16f.), in welchen Gott den durch die Schriften verheißenen »neuen Bund« (vgl. II Kor 3,6) aufgerichtet hat (I Kor 11,24f.).[49]

- In II Kor 1,5 spricht Paulus von seiner Gemeinschaft mit Christus als dem, der mit der Teilhabe an seinen Leiden zugleich den Trost Gottes (1,3) vermittelt – so gewiss die Leiden Christi untrennbar mit seinem Tod und seiner Auferstehung zusammengehören (vgl. Phil 3,10) und so »den Schriften gemäß« (vgl. I Kor 15,3f.) heilbringende Wirkung haben.[50]

- In Phil 1,15–17 erzählt Paulus von einigen, die am Ort seiner Gefangenschaft »den Christus« aus Neid oder Eigennutz predigen – und erinnert damit an die Untadeligkeit, die für den »Tag Christi« geboten ist (1,10f.), sofern an diesem Tag alle Geschöpfe in Erfüllung von Jes 45,23 Jesus Christus als den Herrn anbeten und anerkennen werden (Phil 2,10f.).[51]

Auf diesen klaren Befund zur paulinischen Verwendung von *Christos* mit Artikel lässt sich m.E. folgende These gründen: »Christus« ist für Paulus derjenige Würdename, der Jesus in umfassender Weise als den Mittler des in der ganzen Schrift prophezeiten oder präfigurierten eschatologischen Heils und insofern als den vollmächtigen Repräsentanten Gottes bezeichnet.[52] Diese These wird bestätigt durch die Intensität, in der Paulus auch sonst gerade die Christus-Prädikation mit ausdrücklichen Schriftbezügen verknüpft.

---

48 Vgl. Niebuhr, Heidenapostel, S. 84.

49 Zum Zusammenhang von I Kor 1,13 und 12,12 vgl. Schrage, Brief, S. 152f.

50 Zum Zusammenhang zwischen dem Titel und dem heilbringenden Charakter der Leiden Christi vgl. Kramer, Christos, S. 132f.

51 Zu Phil 2,10f. vgl. Wilk, Bedeutung, S. 322–325.

52 Zu einem ähnlichen Schluss kommt Dahl, Messianität, S. 91f.: »Zunächst kommt die Messianität Jesu darin zum Ausdruck, dass er als der Erfüller der Verheissungen des Alten Testaments gesehen wird … Weil Jesus der Messias ist, wird das Christusereignis als ,eschatologisches Geschehen‹ verstanden.« Vgl. ferner die gegenläufige Argumentation von Hengel, Erwägungen, S. 249f.: Er betont, »daß ,Christus‹ für Paulus ähnlich wie *basileia tou theou* [sc. »Königsherrschaft Gottes«] oder die Auferstehung von den Toten (auch als Name) ein *eschatologischer Begriff bleibt.* Durch den Tod und die Auferstehung des ,Christos‹ wird das Endgeschehen eingeleitet. Sein Sterben ist für Paulus das entscheidende ,eschatologische‹ Heilsereignis. Eben darum ist er zugleich der Erfüller der alttestamentlichen Verheißung.«

5.2. Die Verwendung von *Christos* im Kontext von Schriftbezügen

Schon beim Blick auf die explizit als Schriftzitate oder Gottesworte einge-
führten Schriftbezüge des Paulus zeigt sich ein klares Bild: Wenn er Jesus im
jeweiligen Umfeld erwähnt,[53] nennt er ihn in der Regel »Christus«. Das zeigt
sich über Röm 15,3f.7–13 und I Kor 10,7–9 hinaus[54] an folgenden Stellen:

- In Röm 8,35f. ist das Zitat aus Ps 44[43],23 bezogen auf die voranstehende Frage: »Wer wird uns scheiden von der Liebe Christi?«
- In Röm 10,4–8 erfolgt die Auslegung von Lev 18,5 und Dtn 30,12–
  14 im Blick auf »Christus« und die in ihm vermittelte Glaubensgerechtigkeit.[55]
- In Röm 10,14–17 deutet Paulus die in Jes 52,7 und 53,1 auf je eigene
  Weise angesprochene (Freuden-)Botschaft auf das »Wort von Christus«.[56]
- In Röm 14,9–11 wird das mit der Schwurformel »so wahr ich lebe,
  sagt der Herr« eingeleitete Zitat aus Jes 45,23 vorbereitet mit dem
  Satz: »Denn dazu ist Christus gestorben und lebendig geworden,
  dass er über Tote und Lebende Herr sei.«[57]
- In Röm 15,18–21 präsentiert Paulus den, den er gemäß Jes 52,15 un-
  ter den Weltvölkern verkündet (und der in dieser Verkündigung
  selbst wirksam ist), als Christos.
- In I Kor 1,17–2,5 wird Jesus, der Gekreuzigte, durchgehend als
  »Christus« prädiziert und so als Gottes Kraft und Weisheit vorgestellt, die die Glaubenden rettet und damit Jes 29,14 und Jer 9,22f.
  zur Erfüllung bringt.
- Auf ähnliche Weise deutet Paulus in I Kor 3,18–23 die Zitate aus
  Hi 5,13 und Ps 94[93],11 auf Gottes Handeln in »Christus«.
- In II Kor 6,14–7,1 werden die »Verheißungen« aus Lev 26,11f.; Ez
  37,27; Jes 52,11; Ez 20,34 und II Sam 7,14 auf das Leben in der –
  als »Tempel Gottes« identifizierten – Gemeinschaft mit »Christus«
  angewendet.[58]

---

53 Bei den im Folgenden nicht genannten Zitaten ist dies nicht der Fall.

54 Dazu s. o. bei Anm. 42–44. Vgl. ferner die Verknüpfung der Christus-Prädikation mit den
zitatähnlichen Anspielungen auf Jes 40,13 und Dtn 19,15 in I Kor 2,16 bzw. II Kor 13,1–3.

55 Röm 10,4 besagt m. E., dass die in Christus realisierte, im Glauben vermittelte Gerechtigkeit vor Gott das Ziel bzw. die Intention des Gesetzes (und damit zugleich das Ende eines als
Medium dieser Gerechtigkeit missverstandenen Gesetzes) darstellt; vgl. Wilk, Bedeutung, S. 167,
sowie Burchard, Glaubensgerechtigkeit, S. 254–262.

56 Zum Verständnis von Röm 10,17 vgl. Wilk, Bedeutung, S. 183.

57 Zu Röm 14,9–12 s. bereits o. bei Anm. 43.

58 Anders als früher (vgl. Wilk, Bedeutung, S. 11) bin ich inzwischen überzeugt, dass sich der
Abschnitt II Kor 6,14–7,1 als integrierender Bestandteil des Briefes verstehen lässt.

– Nach Gal 3,13–16 hat »Christus« durch seinen Dtn 21,23 entsprechenden Tod die Glaubenden vom Fluch des Gesetzes freigekauft
und sich damit als der in Gen 13,15 etc. verheißene »Same« Abrahams erwiesen.

– In Gal 4,26–5,1 bezieht Paulus Zitate aus Jes 54,1 und Gen 21,10 im
Rahmen einer typologischen Interpretation von Sara und Isaak auf
die durch »Christus« gegebene Freiheit von der Sklaverei unter dem
Gesetz.[59]

Demgegenüber gibt es nur vier Zitate, die – jeweils bedingt durch ihren spezifischen Verwendungszusammenhang – auf Jesus als »Herrn« bezogen sind:

– In Röm 4,23f. deutet Paulus Gen 15,6 über Abraham auf diejenigen,
»die an den glauben, der Jesus, unseren Herrn, aus den Toten auferweckt hat«;[60] dabei bereitet der Titel »unser Herr« den Schluss vom
Heilsgeschehen in Hingabe und Auferweckung Jesu (Röm 4,25) auf
den dadurch eröffneten Zugang zur Gnade und zum Frieden mit Gott
(5,1f.) vor.[61]

– In Röm 10,9–13 wird Jesus vor und nach dem Zitat aus Jes 28,16 als
»Herr« tituliert; dies geschieht in Bezug auf das Grundbekenntnis
»Herr ist Jesus« einerseits, auf die Zusage der Rettung derer, die den
Namen des Herrn anrufen, in Joel 3,5 [2,32] andererseits.

– In I Kor 2,8f. belegt Paulus den Gekreuzigten im Vorfeld des
Schriftzitats mit dem jüdischen Gottesprädikat »Herr der Herrlich-
keit«, und zwar im Anschluss an die Rede von der Herrlichkeit der
Erwählten Gottes in 2,7.[62]

– In II Kor 4,13f. entspricht der Bezug des Zitats aus Ps 116,10 [115,1]
auf das Bekenntnis zum auferweckten »Herrn Jesus« den Aussagen
über die Beziehung zum »Herrn« im Septuaginta-Kontext des
Psalmwortes.[63]

Bei einigen weiteren Schriftbezügen wird Jesus im jeweiligen Umfeld sowohl »Christus« als auch »Herr« genannt.[64]

---

59 Vgl. dazu Wilk, Bedeutung, S. 90–96.
60 Zur Identität dieses Glaubens mit dem Glauben Abrahams vgl. Röm 4,17–22.
61 Vgl. dazu den Gruß »Gnade sei mit euch und Friede von Gott, unserem Vater, und dem
Herrn Jesus Christus« in Röm 1,7; I Kor 1,3; II Kor 1,2; Gal 1,3; Phlm 3, ähnlich I Thess 1,1.
62 Vgl. Schrage, Brief, S. 252–255. Zur Frage der Herkunft des Zitats vgl. Koch, Schrift, S.
36–41.
63 Vgl. Ps 116,9 [114,9]: »Ich werde wohlgefällig sein vor dem Herrn im Land der Lebendigen«, und 116,13 [115,4]: »Den Kelch des Heils werde ich nehmen, und den Namen des Herrn
werde ich anrufen«.
64 Vgl. für Zitate I Kor 6,15–17 (Gen 2,24); 15,54–57 (Jes 25,8; Hos 13,14), für zitatähnliche
Anspielungen II Kor 3,14–18 (Ex 34,34); 4,5f. (Gen 1,2f.; Jes 9,1[2]); 10,14–18 (Jer 9,22f.).

Eine vergleichbare Dominanz der Christus-Prädikation lässt sich bei der Rezeption biblischer Motive und Stoffe erkennen. Viele Beispiele wurden bereits genannt und sind hier nur unter Angabe weiterer Belegstellen in Erinnerung zu rufen, nämlich die Verweise auf

– Adam (I Kor 15,21f.) und den Sündenfall (11,3),[65]
– Abraham (Gal 3,14.16, vgl. 4,22–5,1), die Väter Israels und die Verheißungen (Röm 9,4f.; 15,8),[66]
– Mose (II Kor 3,4–11) und den Exodus (I Kor 10,1–11),[67]
– das Gesetz (Röm 10,4; Gal 3,13) und die Beschneidung (Phil 3,3)[68] sowie
– den Tempel (II Kor 6,15f.).[69]

Darüber hinaus spricht Paulus im Blick auf »Werke des Gesetzes« in Röm 2,15f.; Gal 2,16; 3,1f., auf das Passah in I Kor 5,7, auf das Sühnegeschehen in Röm 3,24f. oder auf die neue Schöpfung in II Kor 5,17 ebenfalls von Jesus als »Christus«.

Schließlich bevorzugt der Apostel die Christus-Prädikation auch im Zuge von grundsätzlichen Verweisen auf die Schrift. Dies ist in Röm 15,4f. und I Kor 10,9–11[70] ebenso zu beobachten wie in Röm 3,21f.; I Kor 15,3f. und Gal 3,22.[71] In der erweiterten Absenderangabe des Römerbriefes – wo Paulus das »Evangelium Gottes« als »zuvor verheißen durch seine Propheten in heiligen Schriften« kennzeichnet (Röm 1,1f.) – verbindet er die Christus-Prädikation (1,1.4.6) mit den Titeln »Sohn Gottes« (1,3f.) und »unser Herr« (1,4), um den Inhalt des Evangeliums in seiner ganzen Fülle zur Sprache zu bringen.

5.3 Zusammenfassende Auswertung

In den paulinischen Briefen stellt *Christos* diejenige Hoheitsbezeichnung Jesu dar, die auf hervorgehobene Weise und überaus häufig mit Schriftzita-

---

65 S. o. bei Anm. 45 und 44. Auch in Röm 5,12–21 dominiert die Rede von »Jesus Christus« (5,15.17); lediglich in 5,21 erhält dieser zusätzlich den Titel »unser Herr«.

66 S. o. nach Anm. 58 sowie bei Anm. 42. Zu Abraham vgl. noch II Kor 11,22f.; Gal 3,29; zu Gottes Verheißungen vgl. außerdem II Kor 6,14–7,1 (dazu s. o. bei Anm. 58) sowie 1,19–21 (dazu s. o. bei Anm. 46), wo Jesus Christus zugleich als »der Sohn Gottes« vorgestellt wird.

67 S. o. bei Anm. 46 und 44. Zu Mose vgl. auch Röm 5,14 (dazu s. o. Anm. 65); 10,5 (dazu s. o. bei Anm. 55), ferner II Kor 3,13.15 (dazu s. o. bei und in Anm. 64).

68 Zum Ersten s. o. Anm. 55 und nach Anm. 58 (vgl. ferner Röm 7,4; 8,2; I Kor 9,20f.; Gal 2,19.21; 3,24; 6,2; Phil 3,9), zum Zweiten s. o. bei Anm. 48 (vgl. ferner Gal 5,2–6).

69 S. o. bei Anm. 58.

70 Zu den zugehörigen Schriftbezügen s. o. bei Anm. 43–44.

71 Zu I Kor 15,4 s. bereits o. bei Anm. 45. Zum Gegenbeispiel Röm 4,23f. s. o. bei Anm. 60f.

ten, biblischen Stoffen und sonstigen Schriftbezügen verknüpft wird. Diesen vielfältigen Verweisen auf die Heiligen Schriften zufolge bezeichnet Paulus Jesus mit jener Prädikation als den eschatologischen Repräsentanten Gottes, der die in den Schriften niedergelegten Heilszusagen Gottes für Israel und die Weltvölker erfüllt. Dazu sammelt Gott durch das Wirken der Apostel aus Juden und »Heiden« das eschatologische Gottesvolk, das kraft des Todes und der Auferweckung Jesu Christi durch den Glauben von Sünde und Tod zum Leben im neuen Bund, in der Gemeinschaft des Leibes Christi befreit wird.

Die Erfüllung vollzieht sich freilich in einem Prozess, der auf der Basis der Präexistenz des »Christus« (vgl. I Kor 10,4; 11,3) mit der Geburt Jesu »aus dem Samen Davids« einsetzt (Röm 1,3, vgl. 9,5) und erst mit der Parusie zum Abschluss kommen wird (I Kor 15,23f. u.ö.). Demnach sind diejenigen, die zu Christus gehören, eben damit eingewiesen in eine Existenz, die geprägt ist durch Glaube, Liebe und Hoffnung (vgl. I Thess 1,3 u.ö.).

Ihre Hoffnung richtet sich nun aber auf den, den Gott gemäß Jes 11,10 als Davidssohn, d.h. als den Träger jüdischer Heilserwartung, zum Herrn über die Weltvölker gemacht hat (Röm 15,12). Deshalb ist die Einheit von Juden und »Heiden« in der Gemeinde Jesu Christi eine Voraus-Darstellung der endzeitlichen Gemeinschaft der Weltvölker mit Israel (15,7.10f.). Diese Gemeinschaft wird Christus, so gewiss durch seinen »Dienst« die Verheißungen an die Väter bekräftigt worden sind (15,8), im Zuge der Völkerwallfahrt zum Zion durch die Rettung ganz Israels herstellen (vgl. 11,25–27).[72] Das wiederum bedeutet: das Bekenntnis zu Jesus als »Christus« steht unter einem endzeitlichen Vorbehalt; denn der Sinngehalt jener Prädikation wird in seiner ganzen Fülle erst erkennbar sein, wenn Jesus bei seiner Parusie anschaulich gemacht hat, was Christen glauben und gerade Judenchristen bezeugen: die Identität Gottes als Vater Jesu Christi und Gott Israels.[73]

So verstanden leistet die paulinische Rede vom »Christus« einen entscheidenden Beitrag zu einer Biblischen Theologie, eröffnet sie doch einen Zugang zur Einheit der Heiligen Schrift Alten und Neuen Testaments, der das christliche Verständnis des Alten Testaments als eines Buches sich in Jesus Christus erfüllender Verheißungen unter den Vorbehalt endzeitlicher Bewahrheitung stellt und damit das Recht von Juden auf eine andere, eigene Auslegung ihrer Heiligen Schriften wahrt.

---

72 Zu Röm 15,8–12 s. o. Anm. 42; zu Röm 11,25–27 vgl. Wilk, Bedeutung, S. 64–73 u. ö.
73 Vgl. dazu Wilk, Paulus, S. 306.

6. Vorüberlegungen zur Erschließung des Themas im Unterricht

Soll die paulinische Rede vom »Christus« als Medium unterrichtlicher Annäherung an eine »Biblische Theologie« dienen, so müssen dem Gang meiner Untersuchung gemäß folgende Gesichtspunkte berücksichtigt werden:

- das Alltagswissen der Schülerinnen und Schüler von Aufbau und Einheit der christlichen Bibel sowie von Jesus als »Christus«,
- die Eigenart der Ankündigungen einer Retter- oder Heilsgestalt im Alten Testament in seiner textlichen Identität mit der jüdischen Bibel,
- die messianische Deutung dieser Ankündigungen im Judentum zur Zeit des Neuen Testaments,
- die wesentlichen Kennzeichen jüdischer Messiaserwartungen zur Zeit des Neuen Testaments,
- das paulinische Verständnis der Christus-Prädikation,
- die Bedeutung dieses Verständnisses für die Suche nach der Einheit der Heiligen Schrift Alten und Neuen Testaments,
- die Konsequenzen einer jenem Verständnis entsprechenden Biblischen Theologie für das Selbstverständnis des Christentums in seinem Verhältnis zum Judentum.

In der Zusammenschau der erzielten Ergebnisse erweist sich m. E. der Zusammenhang zwischen Röm 15,7–13 und Jes 11,10 als geeigneter Ansatzpunkt für eine auf diese Gesichtspunkte abgestimmte Unterrichtsplanung. Solch eine Planung könnte nämlich

- mit Jes 11 eine der wichtigsten Herrscher-Ankündigungen des Alten Testaments behandeln, die in der christlichen Tradition über gottesdienstliche Lesungen und kirchliches Liedgut mit dem Weihnachtsfest verbunden[74] und als »messianische Weissagung« aufgefasst worden ist,
- auf diverse Zeugnisse einer messianischen Deutung dieses Textes im antiken Judentum zurückgreifen,[75]
- mit Röm 15,7–13 einen für die Christologie und das Schriftverständnis des Paulus zentralen Textabschnitt bedenken, der wesentliche Impulse für das Verständnis des Bekenntnisses zu Jesus Christus, für eine Biblische Theologie und für eine sachgerechte Beschreibung des Verhältnisses zwischen Christen und Juden bietet.

---

74 In der evangelischen Tradition ist Jes 11,1–9 als alttestamentliche Lesung für den zweiten Tag des Christfestes vorgesehen. Zudem basiert auf diesem Text das Lied »Es ist ein Ros entsprungen« (Evangelisches Gesangbuch, Lied 30); vgl. dazu Hepp, Name.

75 S. o. Anm. 17–18; vgl. ferner die Septuaginta-Version von Jes 11.

Die Unterrichtsplanung selbst kann und soll im Rahmen dieses Beitrags nicht geleistet werden. Wenn er ihre Notwendigkeit und ihre Möglichkeit demonstriert, hat er sein Ziel erreicht.[76]

Literatur

Blass, Friedrich/Debrunner, Albert: Grammatik des neutestamentlichen Griechisch. Bearbeitet von Friedrich Rehkopf, Göttingen 171990.

Burchard, Christoph: Die Summe der Gebote (Röm 13,7–10), das ganze Gesetz (Gal 5,13–15) und das Christusgesetz (Gal 6,2; Röm 15,1–6; I Kor 9,21) [1993], in: ders.: Studien zur Theologie, Sprache und Umwelt des Neuen Testaments, hg. von Dieter Sänger, Tübingen 1998, S. 151–183.

ders.: Glaubensgerechtigkeit als Weisung der Tora bei Paulus [1997], in: ders.: Studien zur Theologie, Sprache und Umwelt des Neuen Testaments, hg. von Dieter Sänger, Tübingen 1998, S. 241–262.

Dahl, Nils Alstrup: Die Messianität Jesu bei Paulus, in: Sevenster, Jan Nicolaas/van Unnik, Willem Cornelis (Hg.): Studia Paulina. FS J. de Zwaan, Haarlem 1953, S. 83–95.

Dohmen, Christoph/Söding, Thomas (Hg.): Eine Bibel – zwei Testamente. Positionen Biblischer Theologie, Paderborn 1995.

Evangelisches Gesangbuch. Ausgabe für die Evangelisch-lutherischen Kirchen in Niedersachsen und für die Bremische Evangelische Kirche, Hannover 1994.

Evans, Craig A.: Art. Messiahs, EncDSS I, Oxford 2000, Sp. 537–542.

García Martínez, Florentino: Messianische Erwartungen in den Qumranschriften, in: JBTh 8: Der Messias, Neukirchen-Vluyn 1983, S. 171–208.

Geyer, Hans Georg:, Zur Frage der Notwendigkeit des Alten Testaments, EvTh 25 (1965), S. 207–237.

Grundmann, Walter: Art. chrio usw., Abschnitt D: Die Christus-Aussagen des Neuen Testaments, ThWNT IX, Stuttgart u. a. 1973, S. 518–570.

Hahn, Ferdinand: Art. Christos Christus / christos Gesalbter, EWNT III, Stuttgart u. a. 21992, Sp. 1147–1165.

Hengel, Martin: Die Septuaginta als »christliche Schriftensammlung«, ihre Vorgeschichte und das Problem ihres Kanons, in: ders./Schwemer, Anna Maria (Hg.): Die Septuaginta zwischen Judentum und Christentum, Tübingen 1994, S. 182–284.

ders.: Erwägungen zum Sprachgebrauch von Christos bei Paulus und in der »vorpaulinischen« Überlieferung, in: ders.: Kleine Schriften, Band 3: Paulus und Jakobus, Tübingen 2002, S. 240–261.

Hengel, Martin/Schwemer, Anna Maria: Paulus zwischen Damaskus und Antiochien. Die unbekannten Jahre des Apostels, Tübingen 1998.

Hepp, Corona: Der Name der Rose, FAZ 24.12.2005, S. 7.

Holm-Nielsen, Svend: Die Psalmen Salomos, JSHRZ IV/2, Gütersloh 1977.

Janowski, Bernd/Welker, Michael: Art. Biblische Theologie, RGG4 I, Tübingen 1999, Sp. 1544–1553.

Joest, Wilfried: Fundamentaltheologie. Theologische Grundlagen- und Methodenprobleme, Stuttgart u. a. 1974.

de Jonge, Marinus: Christologie im Kontext. Die Jesusrezeption des Urchristentums, Neukirchen-Vluyn 1995.

Karrer, Martin: Jesus Christus im Neuen Testament, Göttingen 1998.

Kramer, Werner: Christos Kyrios Gottessohn. Untersuchungen zu Gebrauch und Bedeutung der christologischen Bezeichnungen bei Paulus und den vorpaulinischen Gemeinden, Zürich 1963.

Koch, Dietrich-Alex: Die Schrift als Zeuge des Evangeliums. Untersuchungen zur Verwendung und zum Verständnis der Schrift bei Paulus, Tübingen 1986.

---

76 Für Rat und Hilfe bei der Durchsicht des Manuskripts danke ich meiner Mitarbeiterin Birke Siggelkow-Berner.

Konkordanz zum Novum Testamentum Graece von Nestle-Aland, 26. Auflage, und zum Greek New Testament, 3rd Edition, hg. vom Institut für Neutestamentliche Textforschung und vom Rechenzentrum der Universität Münster, Berlin / New York 31987.

Lang, Friedrich: Die Briefe an die Korinther, Göttingen 1986.

Neusner, Jacob/Green, William Scott/Frerichs, Ernest (Hg.): Judaisms and their Messiahs at the Turn of the Christian Era, New York 1987.

Niebuhr, Karl-Wilhelm: Heidenapostel aus Israel. Die jüdische Identität des Paulus nach ihrer Darstellung in seinen Briefen, Tübingen 1992.

Novum Testamentum Graece post Eberhard Nestle et Erwin Nestle, hg. von Barbara und Kurt Aland u. a., Münster 272001.

Rad, Gerhard von: Theologie des Alten Testaments, Band II: Die Theologie der prophetischen Überlieferungen Israels, München 71980.

Rothgangel, Martin/Wilk, Florian: Wahrnehmung Jesu. Ein neutestamentlich-religionspädagogischer Dialog, in: Rothgangel, Martin / Thaidigsmann, Edgar (Hg.): Religionspädagogik als Mitte der Theologie? Theologische Disziplinen im Diskurs, Stuttgart u. a. 2005, S. 228–246.

Sass, Gerhard: Leben aus den Verheißungen. Traditionsgeschichtliche und biblisch-theologische Untersuchungen zur Rede von Gottes Verheißungen im Frühjudentum und beim Apostel Paulus, Göttingen 1995.

Schaller, Berndt: 1 Kor 10,1–10(13) und die jüdischen Voraussetzungen der Schriftauslegung des Paulus, in: ders.: Fundamenta Judaica. Studien zum antiken Judentum und zum Neuen Testament, hg. von Lutz Doering und Annette Steudel, Göttingen 2001, S. 167–190.

Schrage, Wolfgang: Der erste Brief an die Korinther, 1. Teilband: I Kor 1,1–6,11, Zürich u. a. 1991.

Siegert, Folker: Gottesfürchtige und Sympathisanten, JSJ 4 (1973), S. 109–164.

Söding, Thomas: Probleme und Chancen Biblischer Theologie aus neutestamentlicher Sicht, in: Dohmen, Christoph / Söding, Thomas (Hg.): Eine Bibel – zwei Testamente. Positionen Biblischer Theologie, Paderborn 1995, S. 159–177.

Stegemann, Hartmut: Some Remarks to 1QSa, to 1QSb, and to Qumran Messianism, RdQ 17 (1996), S. 479–505.

Stuhlmacher, Peter: Der Brief an die Römer, Göttingen 1989.

Talmon, Shemaryahu: Biblische und frühnachbiblische Messias- und Heilserwartungen, in: ders.: Juden und Christen im Gespräch. Gesammelte Aufsätze, Band 2, Neukirchen-Vluyn 1992, S. 98–129.

Theißen, Gerd / Merz, Annette: Der historische Jesus. Ein Lehrbuch, Göttingen 32001.

Thoma, Clemens: Redimensionierungen des frühjüdischen Messianismus, in: JBTh 8: Der Messias, Neukirchen-Vluyn 1983, S. 209–218.

Walter, Nikolaus: Urchristliche Autoren als Leser der »Schriften« Israels, BThZ 14 (1997), S. 59–77.

Wilk, Florian: Die Bedeutung des Jesajabuches für Paulus, Göttingen 1998.

ders.: Paulus als Interpret der prophetischen Schriften, KuD 45 (1999), S. 284–306.

Wolff, Christian: Der zweite Brief des Paulus an die Korinther, Berlin 1989.

ders.: Der erste Brief des Paulus an die Korinther, Leipzig 1996.

Zeller, Dieter: Zur Transformation des *Christos* bei Paulus, in: JBTh 8: Der Messias, Neukirchen-Vluyn 1983, S. 155–167.

Religionspädagogische Beiträge

MICHAEL LANDGRAF

Biblische Inhalte im Religionsunterricht

Überlegungen zu einem neuen Bibelcurriculum

1. Biblische Inhalte im Religionsunterricht – eine verlorene Sache?

Die Bibel im Religionsunterricht – gemeinhin der Klassiker schlechthin. Doch ist das wirklich so? Spätestens seit den 1990er Jahren wird angemahnt, dass biblische Inhalte im Religionsunterricht aus dem Blick geraten sind. Gerne werden Horrorszenarien gemalt, bei denen sich vereinzelt Universitätstheologie und erweckte Kreise in ihrer Beurteilung einig sind. Im Blickpunkt stehen da, neben persönlichen Erfahrungen mit Religionslehrenden, besonders die aktuellen Lehr- und Rahmenpläne. Man begegnet dabei schülerorientierten Entwürfen, die in den 1990er Jahren entstanden sind, oder aktuellen Rahmenplänen, die nur wenige Inhaltsangaben für das Fach machen. Schließlich folgert man: Biblische Geschichten spielen im Religionsunterricht kaum mehr eine Rolle.[1]

Gesellschaftlich geben die Umfragen der letzten Jahre, besonders die Allensbacher Umfrage 2005, dem Szenario scheinbar Recht. Allensbach befragte 746 Deutsche ab 16 Jahren. Resigniert kann man zur Kenntnis nehmen, dass 62 Prozent der Erwachsenen sagen, sie lesen nie in der Bibel, neun Prozent hin und wieder und nur vier Prozent häufig. Es entfaltet sich ein Bild von einer Gesellschaft, für die biblische Inhalte fremd geworden sind. Diese Beobachtung trifft insbesondere die junge Generation. Bis auf eine kleine Minderheit von sieben Prozent hat sich diese von der Bibellektüre völlig verabschiedet. Selbst Klassiker wie der »Verlorene Sohn« seien kaum noch bekannt. Ausnahme sei die Weihnachtsgeschichte, da sie jährlich auch denen in Erinnerung gerufen wird, die dem Glauben fern stehen. Was es aber mit den Posaunen von Jericho auf sich hat, kann allerdings nur noch eine Minderheit sagen.

---

1 So u.a. Michael Welker, Heidelberg, in einem Referat auf der Vollversammlung der Deutschen Bibelgesellschaft im Jahre 2000 in Speyer. Als Beispiel für einen schülerorientierten Lehrplan sei hier exemplarisch der Lehrplan Evangelische Religion Rheinland-Pfalz 7–10, fertig gestellt 2001, genannt.

Diese biblische Geschichte kenn ich ...	Bevölkerung insgesamt	Junge Leute: 16–29 Jahre
Geburt Jesu in Bethlehem	88 %	85 %
David und Goliat	74 %	63 %
Verrat des Judas	70 %	56 %
Das letzte Abendmahl	70 %	57 %
Turmbau zu Babel	63 %	48 %
Sodom und Gomorrha	60 %	40 %
Johannes der Täufer	60 %	42 %
Die Flucht aus Ägypten	52 %	41 %
Der barmherzige Samariter	48 %	36 %
Verleugnung des Petrus	47 %	33 %
Der verlorene Sohn	45 %	37 %
Hochzeit zu Kana	41 %	21 %
Das goldene Kalb	38 %	26 %
Tempelreinigung	37 %	22 %
Die zehn Plagen	35 %	37 %
Auferweckung des Lazarus	32 %	9 %
Der ungläubige Thomas	30 %	13 %
Jona und der Fisch	30 %	23 %
Das salomonische Urteil	30 %	18 %
Trompeten von Jericho	28 %	10 %

Abb. 1: Auszug aus dem Ergebnis der Allensbach-Umfrage 2005 (IfD-Umfrage 7074)

Der Sender *Deutschlandradio* reagierte auf die Umfrage, indem er auf eine Gruppe italienischer Intellektueller um den Schriftsteller Umberto Eco und den Philosophen Gianni Vattimo verwies. Diese forderten mit Hilfe einer Unterschriftenkampagne auf, die Bibel wieder stärker in den Schulunterricht einzubeziehen. Die zunehmende Unkenntnis der Heiligen Schrift wirke sich negativ auf das Verständnis von Kunst, Musik, Literatur, Politik und Wirtschaft aus. So empfiehlt auch der Sender im Blick auf Deutschland mehr Bibelstudium an deutschen Schulen.[2]

Angesichts der Forderungen nach einer neuen Bibelorientierung stellt sich die Frage, welche Festlegungen in den aktuellen Lehr- und Rahmen-

---

2 Sendung vom 14. November 2005.

plänen für das Fach Religion gemacht werden. Schließlich bilden diese den eigentlichen Orientierungspunkt für Lehrende und gerade hier sollte man doch biblische Inhalte verorten können.

2. Die Rolle biblischer Inhalte im Religionsunterricht

2.1 Vorbemerkung: Biblische Inhalte und die Kompetenzfrage

Ausklammern möchte ich im folgenden Abschnitt die Frage nach den Kompetenzen im Umgang mit diesen biblischen Inhalten.[3] Nur so viel an dieser Stelle: Es ist unbedingt notwendig, heute auch danach zu fragen, was am Ende eines Unterrichtsprozesses von Inhalten »hängen« bleibt. Dabei werden unterschiedliche Kompetenzfelder zu untersuchen sein, bei denen stufenweise folgende Punkte zu erlernen, bekannt zu machen bzw. zu erarbeiten sind:

- der sichere Umgang mit der Bibel als Buch;
- ein Überblick über den Aufbau des Alten und Neuen Testaments;
- eine Einführung in biblische Bilder, Text- und Sprachformen;
- die Fähigkeit zur nacherzählenden Wiedergabe;
- kreative Umgangsformen mit biblischen Texten (musikalisch, gestaltend, darstellend)[4];
- Methoden der Bibelauslegung;
- die Kenntnis von Erschließungshilfen.

2.2 Biblische Inhalte in aktuellen Lehr- und Rahmenplänen

Neben dem Erwerb von Kompetenzen ist es ebenso unerlässlich, dass ein *Grundgerüst an biblischen Geschichten* bekannt gemacht wird. In diesem Abschnitt soll der Frage nachgegangen werden, welche biblischen Inhalte in derzeit gültigen Plänen der *Grundschule*[5] und *Sekundarstufe*[6] vorgesehen sind.

---

3 Vgl. hierzu den Beitrag von H. Rupp in diesem Band.
4 Vgl. hierzu ausführlich mit vielen konkreten Unterrichtsideen: Landgraf, Bibel.
5 Der Analyse liegen die aktuellen Pläne 2006 von zehn Bundesländern zugrunde: Baden-Württemberg, Bayern, Bremen, Hamburg, Hessen, Niedersachsen, Nordrhein-Westfalen, Rheinland-Pfalz, Sachsen, und Thüringen. Eine Veröffentlichung der kompletten und ausführlichen Bestandsaufnahme wird durch den Autor im Rahmen einer größeren Arbeit geschehen.
6 Eine umfassende Analyse von Lehrplänen steht für den Sekundarbereich noch aus. Den hier vorliegenden Ausführungen liegen die Lehrpläne Rheinland-Pfalz, Baden-Württemberg und Hessen zugrunde.

Die Einteilung der biblischen Inhalte orientiert sich dabei an *biblischen Komplexen*, wie sie vereinfacht auch spiralcurricular als Themenkomplexe in den Plänen verortet werden können. Grundlinien sind dabei die Schwerpunkte »Schöpfung und Geschöpf«, »Menschen mit Gott und Gotteserfahrung«, »Jesus Christus« und »Nachfolge, Miteinander, Regeln«.[7]

2.2.1 Biblischer Komplex: Schöpfung und Geschöpf

Hierbei geht es um die Grund- und Lebensfragen:

- Woher kommt die Welt?
- Wie kann man mit der anvertrauten Welt umgehen?
- Was hat Gott mit der Welt vor – wie steht er zu seiner Schöpfung? (Zukunft)

Grundschule. Bei diesem Komplex geht es primär darum, Gott als Schöpfer und die Welt als Gottes Schöpfung zu vermitteln. Schwerpunkttexte sind in allen untersuchten Lehrplänen der Grundschule die klassischen *Schöpfungsgeschichten Gen 1–3*, wobei der Fokus meist in Klasse 1–2 auf Gen 2 und in 3–4 auf Gen 1 liegt. Schon früh werden *Lob der Schöpfung* (Ps 104) und die Psalmentradition ins Spiel gebracht. Besonders ab Klasse 3 wird der Verantwortungsaspekt herausgearbeitet, vereinzelt aber auch die *Bedrohung der Schöpfung* und Gottes Bund mit der Welt (Gen 6–9 in Auszügen). Ebenfalls vereinzelt wird beim Aspekt Schöpfung auch Gottes Friedens- und Versöhnungswille aufgegriffen.[8] Auch wird hierbei die Frage nach dem Wesen des *Menschen als Geschöpf* gestellt. Vereinzelt wird hier mit den andernorts noch relevanten Verlorenengleichnissen (Lk 15) gearbeitet, um den Aspekt Mensch als Sünder, der Vergebung bedarf, herauszuarbeiten. Auffallend ist, dass klassische Texte zu dieser Frage wie Gen 4 (Kain und Abel) und Gen 11 (Turmbau zu Babel) in kaum einem Grundschulplan mehr berücksichtigt werden.[9]

Sekundarstufe. In der Sekundarstufe werden in Klasse 5–6, neben der vertiefenden Wiederholung von Gen 1–3, auch Schöpfungserzählungen anderer Kulturen eingebracht. Insgesamt spielt in der Sekundarstufe die Frage nach dem *Umgang mit der Schöpfung* und deren *Zukunft* eine große Rolle.[10] Daneben wird theologisch immer stärker die Frage nach dem *Wesen des*

---

7 Die Gliederung orientiert sich an einer ursprünglichen Sechsteilung, die von einem Team entwickelt wurde, das sich aus Peter Müller, Karlsruhe, Hartmut Rupp, Karlsruhe, und dem Autor zusammensetzt.

8 Besonders anhand von Jes 2.9.11.60.65.66.

9 Ausnahme ist der Lehrplan Niedersachsens, der die Texte im Anhang als Ergänzungstexte vorschlägt, und der Rahmenplan Sachsen-Anhalt.

10 Relevante Texte sind hier Jes 11; Apk 21; Lk 14,15–24; Mt 25,14–27.

Menschen gestellt. Besonders in Klasse 9–10 wird der Mensch als endliches Wesen (Tod, Sinn) thematisiert. In dieser Klassenstufe wird auch das Thema Mann – Frau bzw. Liebe und Sexualität diskutiert.[11] Hierbei wird gesondert die Frage nach der Ebenbildlichkeit des Menschen und der sich daraus ergebenden biblischen Anthropologie eingebracht.

2.2.2 Biblischer Komplex: Menschen mit Gott und Gotteserfahrung

Grundfragen sind hierbei:

– Welchen Weg geht Gott mit Menschen?
– Wie kann ein Leben im Vertrauen auf Gott aussehen?
– Wie finden Wendungen im Leben statt – wie werden Stolpersteine des Lebens überwunden?
– Welche Lebensbedingung sieht Gott für uns vor?

Grundschule. Eine große Rolle spielen für diese Fragestellungen in der Grundschule die klassischen Erzählkomplexe aus dem Alten Testament, bei denen jeweils eine besondere Begegnung von Menschen mit Gott stattfindet. In Lehrplänen gibt es hierzu folgende Vorschläge: Der Erzählkomplex *Abraham und Sara* wird unterschiedlich, meist aber den Klassen 1–2 zugeordnet und unter dem Schwerpunkt eines Lebens im Vertrauen auf Gott behandelt. Gleichzeitig bedient man damit auch den Wunsch, einen Fokus auf die Erinnerungskultur zu legen.[12] Bei *Jakob,* der erstaunlicherweise nicht in allen Lehrplänen verbindlich vorgeschlagen wird, legt man den Schwerpunkt auf den Konflikt Jakobs mit Esau und die Überwindung des Streits der Brüder.[13] Das klassische Bild von der Himmelsleiter (Gen 28) wird ausgeblendet. *Josef* ist die am ausführlichsten behandelte biblische Geschichte und im gesamten Bundesgebiet der biblische Klassiker für die Klassenstufe 1–2. Hier wird der Schwerpunkt auf Gottes begleitendes Handeln gelegt, das besagt: Mit Gottes Hilfe kann aus einer schlechten immer auch eine gute Situation entstehen.

Mit *Mose* begegnet uns der ausführlichste Erzählkomplex in den Klassen 3–4. Dabei liegt der Schwerpunkt auf der Kindheit des Mose (Ex 2), Gottes Namen (Ex 3) und dem Befreiungshandeln (Ex 14f.).[14] *Rut* kam erst im

11 Vgl. hierzu den Lehrplan Evangelische Religion Rheinland-Pfalz (RP) 7–10, S. 118ff. Thema: »Ihre Glut ist feurig und eine Flamme des Herrn« – Liebe Partnerschaft, Sexualität, mit einer ausführlichen Analyse zum Verhältnis von Mann und Frau in der Bibel.
12 Z.B. RP 3: Gen 12–13.15–16.19.21. Problematisch erscheinen die kurzen Passagen, die in Nordrhein-Westfalen (NRW) vorgeschlagen werden, da durch sie kein Erzählzusammenhang erkennbar ist (Gen 12,1–4a; Gen 15,5.6; Gen 21,2.3).
13 Z.B. nicht in NRW , Hamburg und Baden-Württemberg.
14 Als Beispiele für die Umsetzung seinen zwei Beispiele genannt: RP: Ex 1–3; Ex 12–14; Ex 15; Ex 19; Ex 32; Dtn 26,5. Ausführlicher NRW: Ex 1,13–22; Ex 2,1–10; Ex 3,14; Ex 12,12.13; Ex 14; Ex 15,20.21; Ex 20,1–17; Ex 33,11a; Num 6,24 –26.

Zuge des Bestrebens, Frauengestalten der Bibel stärker einzubeziehen, im neuen NRW-Plan ins Spiel. Allerdings legt man bei der für Kinder eher schwer verständlichen Geschichte den Schwerpunkt nur auf zwei Vers-Passagen.[15]

Propheten spielen in der Grundschule eine untergeordnete Rolle. *Jona* gilt zwar als Grundschulklassiker, wird aber nur von der Hälfte der untersuchten Lehrpläne vorgeschlagen. *Jesaja* hingegen wird besonders in Friedensthemen oder in Verbindung mit Weihnachten eingebracht. *Mit Gott reden* ist in diesem Komplex ein eigener Schwerpunkt. Dabei geht es um Formen der Gottesrede und des Gebets.

Als biblischer Grundtext ist das *Vaterunser* schon früh durchweg Gegenstand des Unterrichts. Weitere Grundtexte hierbei sind die *Psalmen*, besonders Ps 23 und Ps 104. Man ist erstaunt, wie vielfältig gerade der Psalter in Anspruch genommen wird. Allein in den untersuchten zehn Lehrplänen finden sich Hinweise auf über 50 Psalmen. Auch die Behandlung biblischer *Weisheitstradition* ist in diesem Zusammenhang vorgesehen.[16]

Bei der Frage, *wie man von Gott redet*, werden Bildworte für Gott (z.B. guter Hirte), der Gottesname (Ex 3), Klagepsalmen und seine »Menschenfreundlichkeit« (I Joh 4) vereinzelt zur Sprache gebracht. Weitere Gestalten, die man hier vielleicht vermuten würde, kommen in der Grundschule nicht oder kaum vor: *David* ist zumeist erst für Klassenstufe 5–6 vorgesehen, ebenso die Gestalten wie *Petrus*[17] oder *Esther* oder *Isaak und Rebekka*. Dagegen wird *Paulus* wenigstens in zwei Plänen zumindest lebensgeschichtlich in der Grundschule vorgeschlagen.[18]

Sekundarstufe. Im Unterschied zur Grundschule spielt dieser Komplex in der Sekundarstufe eine relativ untergeordnete Rolle. *Mose*, der ausführlich in der vierten Klasse behandelt wurde, wird in einigen Bundesländern in 7–10 wiederholt. Schwerpunkt bilden dabei die Themen »Freiheit« und »Dekalog«. Besonders die alttestamentlichen *Erzelterngeschichten* entfallen fast völlig. *Abraham* wird nur noch im Zusammenhang mit den Abrahamitischen Religionen kurz angesprochen. Neu hinzukommen in der Sekundarstufe, meist in 5–6, *David*, selten *Petrus*. *Paulus* kommt für viele erst in Klassenstufe 7–8 zum ersten Mal in den Blick. Dabei wird er lebensgeschichtlich und als Missionar der Heiden behandelt, also kirchengeschichtlich und weniger von seiner Botschaft her begriffen.

---

15 Der NRW-Vorschlag umfasst allein Ruth 1,14–19 und Ruth 4,13–17.
16 Hier wird vornehmlich auf Koh 3 Bezug genommen.
17 Ausnahme: Petrus im Rahmen der Passionsgeschichte, Lehrplan Grundschule Bayern, Klassenstufe 3.
18 Vgl. die Grundschulpläne von NRW und Bayern.

Die *Propheten*, besonders Amos und Jeremia, werden in den Klassen 7–8 behandelt. Ihr Protest, so hofft man in manchem Plan, soll mit der Lebenswirklichkeit der Lernenden in dieser Altersstufe übereinstimmen. Allerdings werden erfahrungsgemäß gerade diese Geschichten in der Klassenstufe 7–8 eher vernachlässigt. In der Klassenstufe 9–10 wird vereinzelt bei der Gottesfrage die Behandlung von *Hiob* in Auszügen vorgeschlagen.

Im Unterschied zur Grundschule spielt *die Rede mit Gott*, das Gebet, in der Sekundarstufe eine völlig untergeordnete Rolle. Dagegen wird die *Rede von Gott* schon behandelt, aber es wird dabei selten auf biblische Texte Bezug genommen. So kommen wesentlich weniger als in der Grundschule die *Psalmen* zum Zuge. Eine Ausnahme bildet bei den Themen »Gott« und »Tod« die Behandlung von Klagepsalmen. Als weitere biblische Impulse zum Thema Gott werden Hiob und I Joh 4 (Gott als Liebe) häufig eingebracht.

2.2.3 Biblischer Komplex: Jesus Christus

Hier geht es um die Grundfragen:

- Wer war Jesus? Wie hat er gehandelt und geredet?
- Wessen nimmt sich Jesus besonders an?
- Wie sollen wir uns verhalten?
- Worauf dürfen Menschen hoffen?

Grundschule. Bei der Jesuslinie spielt in der Grundschule die Auseinandersetzung mit der *Geburts- und Ostergeschichte* bei der Vermittlung von christlichen Festen eine große Rolle. Beide *Weihnachtsgeschichten* werden meist für unterschiedliche Klassenstufen empfohlen. Auch die Hoffnung auf den Messias im Alten Testament kommt dabei ins Spiel.[19] Der *Passions- und Osterzyklus* wird häufig nur in Auszügen behandelt: Einzug in Jerusalem (Mk 11), die Passionsgeschichte (Mk 14–16 in Auswahl) und Emmaus (Lk 24,13–36). *Jesu erstes Auftreten* wird im Zusammenhang mit seiner Taufe und der Jüngerberufung entfaltet. Hier wird auch früh schon auf den Aspekt der *Nachfolge* verwiesen.[20]

Besonders betont wird *Jesu Zuwendung zu Kleinen, Schwachen und Ausgegrenzten*. Es soll dabei deutlich werden, dass Gott sich all derer annimmt, die am Rande stehen. Durch die Erzählung Jesus und die Kinder (Mk 10,13–16) wird dieser Aspekt schon in Klassenstufe 1 eingeführt. Damit verbunden wird Jesu Zuwendung zu den Ausgegrenzten, die besonders bei Zachäus (Lk 19), aber auch bei den Verlorenengleichnissen (Lk

---

19 Z.B. anhand der Texte Jes 9.11 und Sach 9.

20 NRW legt hierauf den Schwerpunkt und erwähnt neben der Berufung der Jünger (Mk 1,16–20) auch die der Jüngerinnen (Lk 8,1–3).

15) eine Rolle spielt. In der Begründung wird hierbei zumeist die ethische Konsequenz, wie ein gelungenes Miteinander im Sinne Jesu aussieht, betont.

Jesu Worte und Taten und seine darin sich entfaltende Botschaft vom Reich Gottes werden besonders durch Heilungs- und Wundergeschichten, sowie durch Gleichnisse verdeutlicht. Gerade die *Heilungs- und Wundergeschichten* spielen in der Grundschule eine besondere Rolle. Die ersten Geschichten, die in Plänen vorgeschlagen werden, sind die Heilung des Bartimäus und die Sturmstillung. Die Geschichten sollen zeigen, wie Not und Angst überwunden werden. Schwierigkeiten macht dabei die Verbindung zur Botschaft vom Reich Gottes.

Dies gilt ebenso auf der Ebene der Worte Jesu für die Gleichnisse. Sie haben ebenfalls die Funktion, die Botschaft vom Reich Gottes verständlich zu machen. Hier findet in den praktischen Vorschlägen der Lehrpläne häufig eine Ethisierung statt, die vom eigentlichen Sinn der Gleichnisse und Wunder ablenkt. Als erstes Gleichnis begegnet meist das Verlorene Schaf (Lk 15), gefolgt vom Barmherzigen Samariter (Lk 10) und dem Verlorenen Sohn (Lk 15). Diese Gleichnisse werden in manchen Plänen (z.B. Sachsen und Thüringen) mehrmals zur Behandlung vorgeschlagen. Nur selten finden sich Klassiker früherer Entwürfe wie das Gleichniskapitel Mk 4 oder die Arbeiter im Weinberg (Mt 20), die aufgrund der impliziten Frage nach der Gerechtigkeit wohl als zu schwierig für die Grundschule gesehen werden.

Wenn es um die *Botschaft Jesu* geht, dann sind auch Passagen der Bergpredigt wie die Seligpreisungen (Mt 5,3–11) und die Goldene Regel (Mt 7,12) vorgesehen, aber auch die Tempelreinigung (Mk 11); Jesu Rede vom Weltgericht (Mt 25,40) und auch schon der Missionsbefehl (Mt 28,18–20) kommen vereinzelt in den Plänen vor.

Sekundarstufe. Im Unterschied zur Grundschule werden in der Sekundarstufe die zentralen *Geburts-, Passions- und Ostergeschichten* kaum mehr behandelt. Erst im Rahmen der Auseinandersetzung mit der Vollmachtsfrage (Wer war Jesus eigentlich?) wird, vornehmlich ab der Klasse 9, die Frage nach den Hoheitstiteln und der Auferstehung ins Spiel gebracht.[21]

Im Zentrum der Sekundarstufe steht die *Auseinandersetzung um die Person Jesu*, was er tat und sagte. So werden wieder *Gleichnisse* Jesu[22] und *Wundergeschichten*[23] behandelt, wobei im Unterschied zur Grundschule nun die Frage nach dem Reich Gottes leitend ist. Ein weiterer Schwerpunkt

---

21 Schwerpunktmäßig Mk 12–16 in Auszügen; I Kor 15 und I Thess 4,13–18.

22 Z.B. Mk 4; Lk 15; Mt 20; Lk 14,15–24.

23 Z.B. Mk 3,1–5; 19,46–52; Mt 8,5–13, besonders auch die Heilungen: Mt 15,21–28; Mk 10,46–52; Lk 7,11–17; 18,35ff.; Mk 2,1–12; Joh 2,1–12.

liegt, meist bei klar ausgewiesenen ethischen Themen des Religionsunterrichts, auf dem diakonischen Handeln (Mt 25,40) und dem Verhalten gegenüber Ausgegrenzten.

2.2.4 Biblischer Komplex: Nachfolge, Miteinander und Regeln

Hier geht es primär um die Fragen:

- Wie sieht biblisch ein sinnvoll gestaltetes Leben aus?
- Was bedeutet ein Miteinander im Sinne der Bibel?
- Welche Rechte, welche Pflichten gibt es nach der Bibel?
- Wie verhält man sich bei Konflikten?

Gerade dieser Bereich ist schwierig von den anderen Bereichen abzugren-
zen. Schließlich fußen diese Fragenkomplexe auf Beispielgeschichten und
Grundtexten, die schon in den Erzählkomplexen des Alten Testaments und
in der Botschaft Jesu vorkommen.

Grundschule. Im Blick auf den Aspekt *Nachfolge und christliche Gemeinschaft* spielen hier die neutestamentlichen Nachfolgegeschichten (z.B. Mk
1,16ff. par.), Texte über die christliche Gemeinschaft (z.B. Mk 3,13–17; Mt
18,20) oder das Bild vom Leib Christi (I Kor 12) eine Rolle. Leben im
Sinne Jesu konkretisiert sich in der Grundschule vornehmlich in Auseinandersetzung mit der Botschaft, dass Gott Liebe ist und allumfassende Liebe
von uns erwartet (Lk 10,25ff.: Liebesgebot; I Joh 4: in der Liebe Gottes
bleiben). Ein solches Leben bedingt auch das Miteinander im Sinne von
Friede und Versöhnung (Mi 4), das Achten auf die Schwachen (Mt 25,40)
und die Vergebung (Joh 8,1–11). Schließlich sind gerade die Seligpreisungen (Mt 5,3–12) ein zentraler Text, in dem diese ethische Ausrichtung mit
der Hoffnung auf eine bessere Welt in allen Plänen eingebracht wird.

Nur vereinzelt wird bereits hier auf die frühchristliche Gemeinschaft
(Act 2–4) verwiesen.[24] Beim Aspekt *Regeln* kommen vereinzelt Grundgeschichten wie Jakob und Esau (Gen 27ff. in Auszügen beim Thema »Streiten und Versöhnen«) in den Blick. Allgemein hat hierbei in Klassenstufe 3–
4 die Behandlung des Themas Mose (Ex 1–19) und des Dekaloges (Ex 20)
ein besonderes Gewicht. In diesem Zusammenhang stellt sich auch die
Frage nach der Freiheit des Menschen und nach verbindlichen Regeln für
die Gemeinschaft.

Im Blick auf die Regeln Jesu wird in den meisten Plänen auf die Goldene
Regel (Mt 7,12) und das Doppelgebot der Liebe (Lk 10,25–37) verwiesen.
Schließlich sei hier noch an die ethische Konsequenz der Schöpfungsge-
schichten erinnert.

---

24 Hier ist der Bayerische Grundschullehrplan eine Ausnahme.

Sekundarstufe. In der Sekundarstufe liegt bei diesem Komplex ein deutlicher Schwerpunkt. Die Frage nach der Nachfolge wird erstmals im Zusammenhang mit Themen rund um die frühe Kirchengeschichte in den Klassenstufen 5–7 gestellt. Dann wird der Komplex bei den Themen »Reformation« und »Kirche« in den Klassen 7–10 weitergeführt und anhand von folgenden Fragestellungen konkretisiert:

– Wie soll sich eine Gemeinde organisieren (Act 2–4)?
– Wie soll man sich gegenüber einer Obrigkeit verhalten (Act 5,17–33; Röm 13,1–7)?
– Wie verhalten sich Strömungen des Christentums (Juden- und Heidenchristen) in der Frühzeit zueinander (Act 15)?
– Welche Bilder von Kirche zeigen z.B. I Kor 12.13; Röm 12; Mt 28?

Auch *Regeln* spielen in der Sekundarstufe eine wichtige Rolle, die anhand zentraler Bibeltexte erschlossen werden. So werden Bergpredigttexte (Seligpreisungen, Goldene Regel), das Doppelgebot der Liebe und der Dekalog in vielen Plänen vorgeschlagen. Besonders Einzelthemen prägen die Auseinandersetzung mit biblischen Inhalten in diesem Bereich. Beispiele hierfür sind die Frage nach dem *Ruhetag* (Mk 2,23–27 par.), von *Ehebruch und Vergebung* (Joh 8) und verantworteter *Sexualität und Partnerschaft* (Texte aus dem Römerbrief und den Korintherbriefen), der Frage nach *Gewaltverzicht* (Mt 5,43–48) oder der Umgang mit der *Sklaverei* (Phlm).

2.3 Beobachtungen

Folgende Beobachtungen im Blick auf die biblischen Inhalte in aktuellen Lehr- und Rahmenplänen möchte ich festhalten:

– Überblickt man die vorgeschlagenen biblischen Inhalte, so ist die allgemein gehaltene These, biblische Inhalte kommen in den Lehrplänen zu kurz, kaum aufrecht zu erhalten. Uns begegnet eine Vielfalt von Impulsen und Textvorgaben. Allerdings gelten hierbei Vorbehalte. Zum einen halten sich nicht alle Lehrenden an die Pläne. Was zum anderen aus der Fortbildungspraxis heraus wahrgenommen wird, scheint allerdings noch gravierender zu sein: Nur wenige Lehrende, besonders im Grund-, Haupt- und Realschulbereich, sind durch das Studium so vorbereitet, dass sie selbständig mit den vorgeschlagenen biblischen Texten gut umgehen können. Diese Unsicherheit führt häufig dazu, sich den vorgeschlagenen Texten nicht zu stellen.

– Es fällt auf, dass es gewisse Grundtexte gibt, die überall vorkommen.
Doch es fehlt so etwas wie ein »Kanon« zu behandelnder biblischer
Inhalte, durch die Lehrende ein Grundgerüst an die Hand bekom-
men, an das sie sich halten können. Die Kompetenzdiskussion führt
von einer solchen Kanonfrage derzeit eher weg, was nach meinen
Beobachtungen eine Verunsicherung der Lehrkräfte im Bereich
Grund-, Haupt und Realschule zur Folge hat.

– Auffällig ist weiterhin, dass in den Plänen Zuordnungen stattfinden,
die überdenkenswert sind. Beispielsweise kommen die Erzelterenge-
schichten ausschließlich in der Grundschule vor und spielen in der
Sekundarstufe keine Rolle mehr. Ähnliches gilt umgekehrt für Texte,
in denen es um Gerechtigkeit geht, und die sehr wohl auch für
Grundschüler spannend sind.

– Schließlich möchte ich noch die Darstellung der biblischen Inhalte in
den Plänen als Problem herausstellen. Sie ist zweifelsohne kaum ge-
eignet, um schnelle Antworten zu finden, wo welcher Text Sinn
macht. Nur in einem Plan ist beispielsweise ein Bibelstellenregister
zu finden. Bedingt durch die Zuordnung der biblischen Inhalte zu
allgemeinen Themen bzw. Kompetenzen wird ein biblischer Text
oder ein Komplex in der Praxis häufig nur als mögliche, nicht aber
als verbindliche Ergänzung zu einem Thema bzw. einer Kompetenz
verstanden. Hier müsste darüber nachgedacht werden, wie Pläne besser und verbindlicher auf biblische Inhalte hinweisen.

2.4 Biblische Inhalte in der didaktischen Diskussion seit den 1960er Jahren

Unabhängig von der Entwicklung des Religionsunterrichts gibt es einen
allgemeingesellschaftlichen Trend, die Bibel als Orientierungshilfe immer
mehr aus dem Blick zu verlieren. Doch wie ist die aktuelle Entwicklung in
der Fachdidaktik? Ein kurzer, bewusst plakativ gehaltener Seitenblick in die
Entwicklung soll Aufschluss geben, unter welchen Rahmenbedingungen
heute biblische Inhalte dargeboten werden:

2.4.1 Von der Inhalts- zur Kompetenzorientierung

Ausgangspunkt ist die *Inhaltsorientierung* der Evangelischen Unterweisung, die versuchte, wie zuvor ein Grundrepertoire an ausgewählten biblischen Inhalten den Lernenden an die Hand zu geben. Ihr folgte im Zuge der
didaktischen Wende seit den 1960ern eine notwendig gewordene Neuorien-
tierung in der religionspädagogischen Praxis. Die nun folgende *Problem-*

orientierung setzte biblische Texte primär zu persönlichen und gesellschaftlichen Problemen in Beziehung. Immer stärker orientierte man sich seither
an der Lebenswelt der Lernenden, bis biblische Inhalte, besonders in Se-
kundarstufenlehrplänen der 1990er, vielfach nur noch in Form von Hinweisen auf Einzelverse zu allgemeinen Fragestellungen zu entdecken waren.

Parallel zu dieser Entwicklung kam es zu einer klaren *Lernzielorientie-
rung*, bei der scheinbar objektiv überprüfbare Lernziele in den Blick kamen,
denen sich biblische Inhalte unterordnen mussten. Die Entdeckung des
Lernenden als Orientierungspunkt war in dieser Zeit zwar schon angelegt,
aber nicht konsequent weitergedacht. So kam spätestens seit Ende der
1980er Jahre die *Schülerorientierung* als zentraler Orientierungspunkt in
den Blick. Bei dieser war es wichtig, für jedes Thema des Religionsunterrichts Zugänge zu formulieren, die bei den Lernenden liegen.[25] Zugegebenermaßen ist dies für manche biblischen Inhalte schwer zu bewältigen.

Spätestens durch den ersten PISA-Schock wurde Ende der 1990er die
Frage nach Standards virulent, die im religionspädagogischen Bereich inzwischen auf der Ebene der *Kompetenzorientierung* diskutiert wird. Hierbei
wird die Frage gestellt, wie Heranwachsende den Umgang mit biblischen
Geschichten und Texten erlernen können. Dies ist zunächst positiv zu bewerten. Allerdings ist bei diesem Modell bisher die Frage, welche Texte
und Inhalte bekannt gemacht werden sollten, noch nicht klar bedacht, da
man sich von einer Inhaltsorientierung eher lösen möchte. Und gerade dies
ist ein Problem, wenn man die Frage stellt, welche biblischen Inhalte vermittelt werden sollen.

2.4.2 Biblische Inhalte und die Welt der Lernenden

Festzuhalten gilt, dass die Orientierung an der Welt der Lernenden einen
Schwerpunkt der Veränderungen der letzten vierzig Jahre bildet. Darauf
verweist auch eine Aussage von Horst Klaus Berg, die heute noch eine der
wichtigsten Positionen innerhalb der Bibeldidaktik, besonders in der Ausbildung von Lehrenden, darstellt:

Im Religionsunterricht sind die biblischen Inhalte so auszuwählen, dass junge Menschen ihre kritische und befreiende Dynamik und die in ihnen aufbewahrte Hoff-
nungskraft erkennen und annehmen können; junge Menschen sind zur kritischen
Analyse ihres Lebens und ihrer Welt zu befähigen, damit sie die befreienden Impulse
der biblischen Überlieferung als eine ihnen zugedachte Chance zur Veränderung
erkennen und annehmen können.[26]

---

25 Vgl. hierzu den Lehrplan RP Sekundarstufe I (Klassen 7–10).
26 Berg, Grundriss, S. 10.

Folgerungen:

– Diese Definition stellt klar, dass besondere biblische Inhalte von »jungen Menschen« erkannt und angenommen werden müssen.
– Berg definiert eine Mitte der Bibel in den Inhalten, die die kritische (Prophetie), befreiende (Exodus) und eine Hoffnung gebende Kraft (Schöpfung/ Neuschöpfung; Gottes Reich) spiegeln.
– Schließlich denkt Berg den Kompetenz- bzw. Handlungsaspekt an: Die Befähigung zur kritischen Analyse der Welt und die Annahme der befreienden Impulse der Bibel als zugedachte Chance zur Veränderung bedeutet nichts anderes, als dass die biblischen Inhalte sich direkt auf das Leben der jungen Menschen auswirken sollen.

Berg sucht in seinem Ansatz die Auseinandersetzung mit biblischen Texten, der Erfahrungswelt der Jugendlichen und der Handlungsperspektive. Dazu möchte er den Blick für die religiöse Bilderwelt als »Schlüssel zur Welt des Glaubens« öffnen. Über bibelorientierte Problemerschließung und problemorientierte Texterschließung sucht Berg, der Instrumentalisierung von biblischen Texten entgegenzuwirken.

Positiv ist dabei hervorzuheben, dass Berg sich bemüht, Lebenswelt und biblische Texte aufeinander zu beziehen und Sicherheit im Umgang mit biblischen Texten zu bieten. Allerdings steht das Auswahlkriterium für biblische Texte und Geschichten unter dem Vorzeichen der Grundmotive, die Berg festlegt. Dies lässt fragen, ob hier biblische Texte und Komplexe noch genügend Raum für ein Eigenleben haben. Auch wenn sich Bergs Gesamtwerk durch das Vorhaben auszeichnen, gerade diese Eigendynamik biblischer Texte ernst zu nehmen, ist hier ein grundsätzliches Problem zu entdecken, das von der aktuellen Bibeldidaktik noch nicht gelöst wurde.

3. Thesen zu einer klareren Orientierung an biblischen Inhalten im Religionsunterricht

Ich möchte abschließend Thesen zur Diskussion stellen, die an der aktuellen didaktischen Situation im Religionsunterricht anknüpfen, aber auch eine klarere Orientierung an biblischen Inhalten im Religionsunterricht anregen.

These 1: Jede Orientierung an biblischen Inhalten muss die Lebenswelt der Lernenden im Blick haben.

Aktuelle didaktische Konzeptionen kommen an den Bedingungen und Voraussetzungen der Lernenden und der Lehrenden nicht vorbei. Wenn man die *Lebenswelt der Lernenden* nicht kennt, gelingt heute kaum eine Vermittlung. So genügt es nicht allein, darüber zu klagen, dass die Bibellektüre und ein »Bibelwissen« stetig abnehmen, oder dass Lehrpläne zu wenige biblische Inhalte vorschreiben. Dass die Bibel besonders von vielen Jugendlichen als Buch alter, kranker Leute eingeschätzt wird, ist schon lange bekannt.[27] Auch dass ein moderner Religionsunterricht problem- und handlungsorientiert sein muss, um die Lernenden zu erreichen, ist kaum mehr ernsthaft in Zweifel zu ziehen. Wichtig ist hierbei aber, auch die gesamtgesellschaftliche Entwicklung im Auge zu behalten.

Spätestens durch die EKD-Denkschrift »Identität und Verständigung« (1993) wurden durch den Begriff »Traditionsabbruch« die grundlegenden Veränderungen auch im Umgang mit der Bibel deutlich ausgesprochen: Wenn biblische Geschichten zu Hause oder im Alltag kaum mehr eine Rolle spielen, wie können sie dann allein durch den Schulunterricht vermittelt werden? In der darauf folgenden Diskussion wurde angemahnt, dass der Umgang mit biblischen Grundsymbolen neu erlernt und nach Spuren der Bibel in der Lebenswelt und Popkultur gesucht werden muss. Dazu bedarf es einer grundlegenden und aktuellen Analyse der Lebenswelt und der ästhetischen Bedingungen der Lernenden.

These 2: Es ist danach zu fragen, was biblische Inhalte bieten.

»Was bringt mir das eigentlich?« – eine zentrale Frage, mit der sich alle Lehrenden im Bereich Schule herumschlagen müssen. Hier lässt sich fragen, ob es nicht gerade Sinn macht, sich selbst erst einmal zu fragen, welche biblischen Grundgeschichten einem selbst »etwas bringen«, d.h. eine Hilfe sein können. Darüber hinaus lassen sich folgende Beobachtungen machen:

- Die Umwelt unserer Heranwachsenden ist die Erlebnisgesellschaft. »Langweilig« gilt als ein Killerargument. Es stellt sich die Frage, inwiefern biblische Texte nicht auch hier Spannung bieten können. Gerade die aus der Erzähltradition stammenden biblischen Geschichten haben sich aufgrund ihres spannenden Erzählkerns über Jahrhunderte tradiert und bewährt.
- Jugendliche müssen bei ihrer Suche nach Identität ihren eigenen Weg finden. In dieser Spannung stehen auch Weggeschichten der Bibel. Die Auseinandersetzung mit diesen Geschichten kann eine Hilfe zur Verbalisierung dieser Spannung sein.
- Pluralität und Schnelligkeit der Mediengesellschaft prägen auch die Lese- und Sehgewohnheiten der Lernenden. Es stellt sich die Frage,

---

27 Berg, Grundriss, S. 11ff.

ob nicht gerade die Konzentration auf einen biblischen Text ein Kontrapunkt gegen die Schnelligkeit und Informationsflut sein kann.
– In der Popkultur gibt es unzählige Bezüge zu biblischen Inhalten. Die Auseinandersetzung mit biblischen Grundgeschichten hilft Lernenden, gerade Formen des Synkretismus in der Popkultur, die biblische Motive aufgreifen, zu deuten.[28]

Der reiche Schatz der Bibel, in der das Auf und Ab des Lebens, Sinn- und Glaubensfragen, Provokation und Dilemmata, Regeln und Handlungsperspektiven, Hoffnung auf Befreiung und Erlösung entfaltet werden, ist weithin unter Jugendlichen unbekannt. Er muss als Schatz, den es zu heben gilt, erst einmal wahrgenommen werden. Dabei muss von einer eindimensionalen Ablehnung à la »Kommen Sie mir bloß nicht mit dem alten Schinken« nicht ausgegangen werden. Das geringe Bibelwissen birgt auch eine gewisse Chance, dass man zu neuen Entdeckungen bereit ist.

These 3: Die Klärung der Frage, was biblische Texte bieten, führt zu einer Neuformulierung der Frage nach der Funktion eines biblischen Textes.

Ein Blick in die Geschichte der Religionspädagogik zeigt, dass es auch immer gesellschaftlich die Frage gab, wofür man einen biblischen Text eigentlich braucht, d.h. welchen »Sitz im Leben« ein biblischer Text oder Komplex hat.[29] War diese Frage in den 1980er Jahren in der Friedensbewegung oder in den kontextuellen Theologien noch klar, so scheint sie heute in der Diskussion nur bedingt eine Rolle zu spielen.

Dieser Punkt ist in bestimmten Bereichen weniger problematisch, da man hier konkret an den festgelegten Inhalten des Religionsunterrichts anknüpfen kann. Allerdings scheint beispielsweise in der Sekundarstufe völlig verloren gegangen zu sein, dass biblische Texte auch eine liturgische Funktion haben können, sowohl für den Gottesdienst als auch für das persönliche Gebet. Hier gilt es, beispielsweise die Psalmen in der Sekundarstufe wieder neu zu entdecken.

These 4: Die Bibel sollte in der Didaktik des Religionsunterrichts stärker als Subjekt im Dialog mit den Lernenden wahrgenommen werden.

Mit Ingo Baldermann lässt sich fragen, ob die Bibel nicht prinzipiell stärker als Subjekt statt als Objekt im Lernprozess wahrgenommen werden muss. Die Situation des Religionsunterrichts zeigt hierbei eine gewisse Aporie. Je nach didaktischem Orientierungspunkt werden andere in den Hintergrund gedrängt. So muss die Frage gestellt werden, ob nicht ein *bibeldidaktisches*

---

28 Hierzu diverse Bausteine für den Unterricht in: Landgraf, Bibel.
29 Vgl. hierzu Landgraf, Bibel, S. 7–9.

Interdependenzmodell entwickelt werden muss. Bei diesem sind die wichtigsten biblischen Texte, Textformen und Themen, die Situation und die Lebenswelt der Lernenden und die Kompetenzen in einem Verhältnis darzustellen.[30]

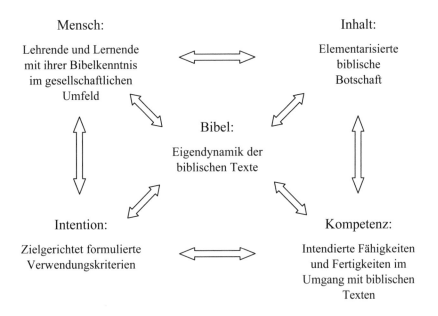

Mensch:

Lehrende und Lernende
mit ihrer Bibelkenntnis
im gesellschaftlichen
Umfeld

Inhalt:

Elementarisierte
biblische
Botschaft

Bibel:

Eigendynamik der
biblischen Texte

Intention:

Zielgerichtet formulierte
Verwendungskriterien

Kompetenz:

Intendierte Fähigkeiten
und Fertigkeiten im
Umgang mit biblischen
Texten

Abb. 2: Bibeldidaktisches Interdependenzmodell © Landgraf 2006

In der Vermittlung ginge es in einem solchen Modell darum, über die Inhaltsvermittlung hinaus den Charakter der Bibel als Zeugnis einer Lebens-, Glaubens- und Gotteserfahrung entdecken zu lassen. Ein solcher Ansatz geht von der Wirkmacht biblischer Texte aus: Wo die Bibel genügend Raum bekommt, wird sie selbst Gesprächspartnerin, also Subjekt. Sie kann zeigen, dass die Welt mehr ist als das, was wir um uns herum wahrnehmen und so den Blick weiten für das »große Ganze«.

These 5: Um den Subjektcharakter der Bibel ernst zu nehmen, muss ein kompetenter und sicherer Umgang mit den biblischen Texten und Inhalten eingeübt werden.

Hier stellt sich nun aber auch die Frage nach Kompetenzen, die Lehrende und Lernende entwickeln müssen, um mit einem biblischen Text selbst-

---

30 Dieser Aufgabe stellt sich derzeit der Autor im Rahmen einer wissenschaftlichen Arbeit an der PH Karlsruhe.

ständig umzugehen. Ohne gewisse Vorkenntnisse und eine methodische Sicherheit im Umgang mit der Bibel geht dies nicht. Dabei ist darauf zu achten, wie man sich dem biblischen Text annähert. Um ihn zu verstehen, braucht es unterschiedliche Zugänge und Methoden, die je auf ihre Weise den Text oder die biblische Geschichte zum Sprechen bringen.

Eine der zu entwickelnden Kompetenzen ist beispielsweise das *Elementarisieren*, also Texte auf den Punkt zu bringen. Die eigene Erschließung, Aneignung und Beurteilung des Textes sollte dem allerdings nicht nachstehen. Innezuhalten, sich von biblischen Texten ins Gespräch ziehen zu lassen und sie in ihrem Kontext wahrzunehmen – das braucht allerdings Zeit, die im Religionsunterricht herkömmlicher Prägung kaum vorhanden ist. Hier scheint ein Arbeiten in Projekten ein gangbarer Weg.

Auch stellt sich konkret die Frage, ob man nicht einfach auch einmal einen biblischen Text als Ganzschrift anbietet und ihn gemeinsam entschlüsselt, wie man dies bei einer sonstigen Ganzschrift auch tut. So bieten alttestamentliche Erzelterngeschichten, ein Evangelium, die Bergpredigt, das Jonabuch, ein kurzer Paulusbrief oder selbst nur das Gleichniskapitel Lk 15 einen Schatz an Stoffen und Themen, den es zu heben gilt. Eine solche begleitete Bibellektüre, die als positiv erlebt wurde, kann helfen, die Fremdheit der biblischen Texte zu überwinden und sich eigenständig auf den Weg durch die Bibel zu machen.

These 6: Für die Sicherheit im Umgang mit biblischen Inhalten wäre ein Konsens über einen Grundkanon von Texten sinnvoll.

Der Blick auf die Pläne hat zwar ergeben, dass überall biblische Inhalte eine mehr oder weniger große Rolle spielen. Doch scheint mir in der derzeitigen Diskussion die Frage noch offen zu sein, welche Inhalte denn konkret vermittelt werden sollen. Eine verbindliche Zusammenstellung von biblischen Inhalten, sowohl für die Grundschule als auch für die Sekundarstufe, müsste allerdings eingebunden sein in ein Interdependenzmodell, das die Kriterien der aktuellen Didaktik (Orientierung an Kompetenzen und der Lebenswelt der Lernenden) berücksichtigt (siehe These 4).

Um einen solchen Kanon zu erstellen, muss zunächst eine Grundlage dafür geschaffen werden. Dazu ist eine breiter angelegte Analyse diachronisch und aktuell festgelegter Bibeltexte im schulischen Bereich als Grundlage für ein neues Bibelcurriculum sinnvoll. Aber hier gilt es auch mit zu bedenken, dass die Aufgabe, Kinder mit einer Sammlung von biblischen Geschichten vertraut zu machen, nicht auf den Religionsunterricht beschränkt bleiben kann.

These 7: Biblische Inhalte dürfen auch von Lehrplanfestlegungen gelöst werden.

Bevor der Vorschlag für einen biblischen Kanon allzu restriktiv verstanden wird: Ein Bibelcurriculum legt zwar fest, welche Texte in einer Schulkarriere bekannt gemacht werden sollten, doch muss es auch im Unterrichtsprozess die Freiheit geben, biblische Inhalte dann ins Spiel zu bringen, wenn sie dran sind. Allgemein legen Pläne fest, welche Inhalte in einer besonderen Alters- und Lebenssituation Sinn machen. Aber moderne Lehrpläne geben häufig auch Spielräume für besondere Unterrichtssituationen.

So legt beispielsweise der Lehrplan Evangelische Religion Sekundarstufe Rheinland-Pfalz (7–10) fest, dass 25 % der Unterrichtszeit selbst verantwortet sein können – eine Zeit, die ein solch offenes und situationsbezogenes Bibelcurriculum bräuchte. Biblische Geschichten sind jedenfalls per se nicht auf ein bestimmtes Alter festgelegt. Ein neues Bibelcurriculum muss in seiner Darstellung gerade auch zu solch sinnvollen Wiederholungen von biblischen Inhalten motivieren.

Wenige Beispiele hierzu seien genannt: Die *Josefsgeschichte* spielt in der Sekundarstufe in keinem Lehrplan mehr eine Rolle. Wer genauer hinsieht, entdeckt diese als eine Weggeschichte, die besonders für die Lernenden der Klassen 7–8 spannend sein kann. Gerade das Symbol Weg ist in dieser Zeit bedeutsam. Das Auf und Ab, das Josef erlebt, ist für Lernende in diesem Alter gut nachvollziehbar. Hier gilt es, von der Eigendynamik der biblischen Geschichte her zu denken und diesen Grundschulklassiker im Jugendalter neu zu entdecken. Auch stellt sich die Frage, ob nicht die *Biographie des Paulus* eher ein Grundschulthema als eines der Sekundarstufe ist. Nur zwei Lehrpläne greifen diesen Aspekt auf.[31]

Die völlig vernachlässigten *Prophetengeschichten* können sehr wohl ihren Ort in der Grundschule haben. Besonders in der Klassenstufe 3–4 spielt die Frage nach der Gerechtigkeit eine wichtige Rolle. Als letztes Beispiel sei der Klassiker der Grundschule, der *Verlorene Sohn/Barmherzige Vater* (Lk 15,11ff.), genannt. Ist diese Geschichte nicht eher eine für Lernende der Klassenstufe 9–10, die vor dem Aufbruch aus dem Elternhaus stehen? Provozierend kann man sogar die Frage stellen, ob sich überhaupt ein Grundschüler der Klasse 2 mit der Person des Sohnes identifizieren kann und ob nicht überhaupt diese Geschichte in die Sekundarstufe gehört?

---

31 Hingewiesen sei hierbei auf den Vorschlag in den Plänen Grundschule NRW (sehr allgemein) und Bayern (konkret ausgerichtet an Act 9, Act 16 und den Briefenden von Röm und I Kor).

Schluss

Die Ergebnisse der Allensbachumfrage 2005 sollten uns nicht schrecken, sondern animieren, neu über den Sinn von Bibellektüre und den Erwerb von Bibelwissen und Bibelkompetenzen nachzudenken. Dass hier der Religionsunterricht in der Vermittlung biblischer Inhalte und von Kompetenzen im Umgang mit der Bibel einen erheblichen Anteil hat, ist nicht zu bestreiten. Doch kann eine Auseinandersetzung mit der Bibel und ihren Grundgeschichten nicht auf den Religionsunterricht beschränkt bleiben. Hier sehe ich eher eine gesamtgesellschaftliche Aufgabe, Grundgeschichten des christlichen Abendlandes nachzuspüren, sie wieder präsent zu machen und die Scheu zu nehmen, sich mit ihnen auseinanderzusetzen. Auf der anderen Seite hat sich die Bibeldidaktik in den nächsten Jahren besonders auch darum zu bemühen, ein sinnvolles Modell zu entwickeln, bei dem nicht nur die Kompetenzfrage und die Frage nach den Lernenden im Blick sein muss, sondern auch die Frage, welche biblischen Geschichten vermittelt werden sollen. All dies ist keine leichte, aber sicher eine sinnvolle Aufgabe für die Religionspädagogik und biblische Forschung der nächsten Jahre.

Literatur

Berg, Horst Klaus: Grundriss der Bibeldidaktik, München/ Stuttgart 1993.
Landgraf, Michael: Bibel. Einführung – Materialien – Kreativideen, Stuttgart 2006.

MARTINA STEINKÜHLER

Von der Verfremdungs- und Fragmentendidaktik zu einer Fremdsprachendidaktik der Ganzschrift Bibel

1. Verfremdung und Fragmentarisierung im Alltag

Wer Alf, den pelzigen, langnasigen Nerventöter von einem fremden Stern, *nicht* kennt, wird über seine Witze kaum lachen können.

Waren Sie schon mal in einem Schnellrestaurant? Auf dem Melmag waren sie eine Katastrophe. Wer seine Katze besonders knackig haben wollte, bekam eine mit Gelenkrheumatismus.« Oder: »Bildungskatastrophe auf dem Melmag: Die Staatsbibliothek ist abgebrannt. Beide Bücher wurden ein Opfer der Flammen. Und dabei war das eine noch nicht mal fertig ausgemalt.[1]

Witze leben von der Andeutung. Sie funktionieren, weil man sie nicht erklären muss. Sie funktionieren nur dann, wenn die Adressaten ein großes Insider-Vorwissen mitbringen. Im Beispiel: Ich brauche gewisse Vorkenntnisse über Alf und seine Welt, z.B. die Ernährungsweise. Ich brauche Vorkenntnisse über meine Welt, z.B. Schnellrestaurants. Ich brauche überdies medizinisches Wissen: Rheumatische Gelenke »knacken«.

Der zweite Witz macht weniger Probleme: Alf und der Melmag halten hier als Chiffre her – im Fokus sind in Wahrheit unsere eigene Welt und der Verfall ihrer Bildung. Wer weiß, dass in einer Bibliothek mehr als zwei Bücher stehen, Bücher zum Lesen, nicht zum Ausmalen, ahnt die Pointe. Wer aber dazu die Lamenti über die fehlende Lesekompetenz der nächsten Generation kennt, der hat wirklich den Punkt.

Das sind zwei beliebige Beispiele für die Sache, um die es geht: die Pointe eines Witzes oder einer Verfremdung initiiert nur da ein Aha-Erlebnis, eine tiefere Einsicht, wo sie aufgrund der gemeinsamen Kenntnis des »Normalfalls« erkannt wird. Man nehme nur die Anspielungen in »Asterix« – es ist eigentlich ein Wunder, dass Kinder heute an Asterix so viel Freude haben. Denn die wundervollen Caesar-Zitate und -Parodien dürften kaum noch auffallen. Da muss neben dem Verfremdungswitz noch genügend eins-zu-eins abgebildeter Pepp enthalten sein. (Meinen Sohn freut es einfach, dass die Römer, von Asterix' Faust getroffen, so schön »fliegen« können.)

Ich zweifle aber, ob es meinen Sohn auch freuen würde, einen Gott vorgestellt zu bekommen (neues Beispiel), der sich als schlecht gelaunter,

---

1 Paraphrasiert aus der Erinnerung an eine Vorabend-TV-Serie.

schlecht informierter, cholerischer Firmenboss aufspielt, den seine Ange-
stellten mit angehaltenem Atem umschwänzeln, um möglichst Pluspunkte
zu machen; der den Kaffee zu kalt, die Engel zu dumm und die Menschen
schlichtweg ameisenhaft und beunruhigend findet. Der schließlich angesichts eines immer weiter in den Himmel wachsenden Menschenbaus, aus
verschiedenen Gründen verschiedene andere Katastrophenszenarien ablehn-
nend, sich selbst auf die Erde bequemt, die Sprachen der Menschen »mal
eben« verwirrt und anschließend in keiner Weise erklären kann, warum er
das gemacht hat.

Um das sinnig zu finden oder um sich dadurch angeregt zu fühlen, Gottes wahre Motive zu erforschen, müsste mein Sohn a) die Geschichte vom
Turmbau zu Babel gut kennen, b) jemanden haben, mit dem er darüber
nachdenken kann, c) das Gebaren von »Chefs« für fragwürdig halten, d) die
Erfahrung gemacht haben, dass der biblische Gott ein ganz anderer ist. In
Klammern: Diese Klage führe ich nicht nur im Namen meines Sohnes; die
oben skizzierte Turmbau-zu-Babel-Parodie wurde als Beitrag eines kirchli-
cherseits veranstalteten Vorleseabends über »Bibel in der Weltliteratur«
verlesen, zur Frage: Was ist der Mensch? – kontrastiert einzig mit dem
Schöpfungsbericht vom 6. Tag (Gen 1,27.28). Danach ging es kommentar-
los weiter zum anderen Thema. Ich will nicht behaupten, dass das nicht
witzig war. Aber wenn ich mir Zuhörer vorstelle, die wenig bis gar nichts
vom biblischen Gott wissen und möglicherweise einmal solch eine Veranstaltung besuchen, um das zu ändern ...

Dies ist meine erste These: *Angesichts der Tatsache, dass es im schulischen
RU heute zunehmend zu einem Erstkontakt mit der Bibel und mit Gott
kommt, kann und muss hier auf Verfremdung verzichtet werden (ich komme
dazu, was ich im Einzelnen meine, s.u. 2).*

Ich fange einen Englischunterricht für Anfänger nicht damit an, dass ich
»equal goes it loose« an die Tafel schreibe, sondern vielleicht, zum Mit-
sprechen, mit einem netten »good morning, boys and girls«.

Oder: Es gibt nicht wenige Menschen mit einer Vorliebe fürs name-
dropping – nett karikiert übrigens im sechsten Band von Harry Potter. Professor Slughorn bevorzugt Schüler, die die Söhne, Enkel, Neffen von *dem*
... sind, der mit *der* ... bekannt ist, die mal in der Zeitung/im Ministerium/in
jener Preisverleihung ... Name-dropping gab es früher häufig in frommen
Kreisen, wenn man den schriftlichen und filmischen Überlieferungen glauben darf: Hier ein kurzes Mose-Zitat, dort der Hinweis auf den Psalmisten,
hier ein paar Verse Paulus, da eine Moral aus Jesu Gleichnissen. Mit Buch,
Kapitel und Vers. Das funktioniert nicht (mehr). Diese kleinen Textmarken
sind dazu gedacht gewesen, sich in aller Kürze über einen großen Zusam-

menhang zu verständigen. Wo der große Zusammenhang fehlt, werden sie bedeutungslos. Im besten Fall hört man weg. Im Normalfall macht man in Zukunft einen Bogen um den »Angeber« und wird seine Botschaft nie erfahren.

Jesus hatte es in Sachen »Vorwissen« mit *seinem* Gesprächspartner gut getroffen: »Es steht geschrieben: Der Mensch lebt nicht vom Brot allein«, kontert er den Vorschlag, aus Steinen Brot zu machen. Der andere weiß sofort, dass er keine Chance mehr hat, und macht ein neues Angebot: Jesus solle doch vom Tempel springen. »Denn es steht geschrieben: Er wird seinen Engeln deinetwegen Befehl geben; und sie werden dich auf Händen tragen, damit du deinen Fuß nicht an einen Stein stößt.« Und Jesus setzt noch einen drauf: »Wiederum steht auch geschrieben: Du sollst den Herrn, deinen Gott, nicht versuchen.« Von Jesus kommt dann auch die letzte und entscheidende Antwort: »Weg mit dir, Satan!« Denn es steht geschrieben: Du sollst anbeten den Herrn, deinen Gott, und ihm allein dienen.« Da verließ ihn der Teufel. Und siehe, da traten Engel zu ihm und dienten ihm. (Mt 4,1–11).

Das Beispiel führt ein Stück weiter: Nicht nur, dass Hinweise und Zitate nichts nützen, wenn sie nicht vom Rezipienten mit Inhalt gefüllt werden – ihre Auflösung verstellt, sowie sie mühsam ist, den Blick auf das Wesentliche: Würden Sie den Schülern anhand dieser Perikope beibringen wollen, dass Jesus und der Satan bibelfest sind? Oder würden Sie nicht lieber, jenseits der Belege, zu der Erkenntnis führen wollen, dass zwischen den Lebensauffassungen der beiden ein tiefer Graben liegt: Der eine glaubt, dass alles, was gemacht werden kann, gemacht werden darf; der andere weiß seine Macht als anvertrautes Gut und fragt zurück nach dem, der es gewährte.

Das führt zu meiner zweiten These*: Angesichts der Tatsache, dass es im schulischen RU heute zunehmend zu einem Erstkontakt mit der Bibel und mit Gott kommt, müssen Zitate und Fragmentarisierungen möglichst vermieden werden (ich komme dazu, was ich im Einzelnen meine, s.u. 2.). Zusammenhänge herzustellen, Gemeinsamkeiten einzelner Geschichten immer wieder herauszustellen, bis ein Netz, ein Gewebe entsteht (das trägt), das muss das Ziel eines solchen Erstkontaktunterrichts sein.*

Wir kämen nie auf die Idee, Englisch-Beginnern einen Haufen Scrabble-Steine hinzuschütten und zu sagen: Daraus baut mal englische Wörter und Sätze. Wir würden ihnen auch nicht in ein und derselben Stunde Simple Past Tense, Present Perfect Progressive und die Umschreibungen von »must« und »can« beibringen, sondern möglichst geschlossene Systeme.

2. Verfremdung und Fragmentarisierung im Religionsunterricht

Eine Abbildung aus dem Einleitungsband der 12 Bände »Biblische Texte verfremdet« von Horst Klaus Berg – ein echter »Hingucker«: Auf der einen Seite sieht man eine Darstellung der Passion von Albrecht Dürer. »Schnell«, schreibt Berg, »ordnen wir sie in gewohnte Wahrnehmungsmuster ein: Dürer – bekannter christlicher Künstler – Passion – gehört in die Passionszeit (...); das sind die eingespielten Wahrnehmungsmechanismen. Völlig konträr dazu die in das Bild einmontierte Szene: ein Kamerateam nimmt das Geschehen auf. Auch dies ist ja ein gewohntes Bild, aus der Welt der Massenmedien allen bekannt. Die Disjunktion kommt eben durch das Zusammenfügen der beiden Elemente zustande – und durch den Text. Weil etwas nicht stimmt (»die Einstellung«!), verlangt der Kameramann die Wiederholung!«[2]. Berg spricht von einer Provokation, die die Auseinandersetzung lohnt: »Was ist uns eigentlich wirklich wichtig am Leiden Christi? Welche Einstellung haben wir selbst? Wie würde heute die Hinrichtung Jesu aussehen?« usw.

Zweifellos ist dies eine reizvolle und ertragreiche Herangehensweise mit Jugendlichen oder Erwachsenen, die, wie wir, »befremdet« sind. Ein Mittel, um der Gefahr der »overfamiliarity« mit biblischen Motiven – insbesondere Weihnachten und Passion – zu entgehen und neu über das Gewohnte nachzudenken.

Doch betrachten wir das Bild unter der Maßgabe, dass Schüler/innen noch keinen Dürer, noch keine Kreuzigungsszene gesehen haben, den Sinn des Kreuzes und die Lebens- und Leidensgeschichte Jesu nicht kennen – und das ist die Realität in den Klassenzimmern. Sie kennen die Kamera. Klar, da wird ein Film gedreht. Es geht anscheinend um etwas Altes. Da sind Kreuze, anscheinend Marterinstrumente. Da werden drei Leute hingerichtet. Anscheinend Verbrecher. Da sind Soldaten. Schädel liegen herum. Schön gruselig. Frauen fallen in Ohnmacht. Der in der Mitte ist wohl der Star. Er ist irgendwie anders. Ach, das ist Jesus? – Gut, dann zeigt das Bild also, wie sie einen Film über Jesus drehen.

Das, was uns an dem Bild provoziert – das Eindringen der Kamera in die Heilsgeschichte – erscheint den Kindern »normal«: Historisches Geschehen wird nachgespielt und aufgezeichnet. Das ist das Gewohnte. Und was die alte, gespielte Handlung betrifft: vielleicht spannend, vielleicht gruselig, aber was soll's? Ein mediales Abenteuer wie viele andere.

Die Verfremdung funktioniert hier aus vielen Gründen nicht. Vor allem aber deshalb nicht, weil die Erfahrung fehlt, dass Jesu Kreuzigung eben nicht eine alte, gespielte Handlung ist, die man aus der kritischen Distanz

---

2 Berg, Texte, S. 97.

eines Kamerasuchers adäquat betrachtet und – meinetwegen – entdecken kann. Es fehlt die Erfahrung, dass Jesus in seinem Leben und Sterben und seiner Auferstehung »der Weg, die Wahrheit und das Leben« ist. Ist der Blick durch die Kamera unter diesen Voraussetzungen nicht eher ein Umweg als ein Zugang?

Ein Beispiel aus dem Klassenzimmer: Eine Unterrichtseinheit zum Thema Literatur im Religionsunterricht, unter der überzeugenden These, dass literarische Primärtexte Wahrheit tiefer und genauer zur Wirkung bringen als alles »Reden über«. Ein Buch wird gelesen und besprochen, das die Schöpfungsthematik behandelt, vor allem das Problem, eigen-willige Lebewesen zu schaffen. So weit, so reizvoll. Einer der Arbeitsimpulse macht aber nachdenklich: »Das Buch, das wir gelesen haben, erzählt die Geschichte vom Erfinden der Welt und vom verlorenen Garten. Eine ähnliche Geschichte steht auch in der Bibel ...« Das »Buch, das wir gelesen haben«, die Kamera des Filmemachers – das ist der Vordergrund. Daneben, nein dahinter: die ferne fremde Geschichte der Bibel. Diese Perspektive und diese Reihenfolge scheinen heute problematisch.

Nehmen wir einen Ethik-Kurs, Oberstufe: Ein brennendes Thema der öffentlichen Diskussion, aufbereitet mit Kommentaren und Verlautbarungen aus Politik, Wissenschaft, Kirchen und anderen Religionsgemeinschaften. Die Auseinandersetzung mit den Quellentexten führt zu Beobachtungen wie der Pluralität der Standpunkte auch innerhalb einer kirchlichen, sogar konfessionellen Gemeinschaft. Bisweilen weisen die Arbeitsimpulse auf die Kernthemen christlichen Glaubens: Schöpfung, Gottesebenbildlichkeit, Rechtfertigung: »Informieren Sie sich, auf welche Motive hier Bezug genommen wird ...« Wenn ich nun bedenke, dass auch die Oberstufenschüler keine lückenlose religiöse Sozialisation und Bildung aufzuweisen haben, zweifle ich an der Selbstverständlichkeit, dass solche Fragen »en passant« beantwortet werden können. Da wünsche ich mir den »Kurs vor dem Kurs« – und finde dann die Fortsetzung gut.

Um nicht falsch verstanden zu werden: Literatur hat im RU ihren Platz. Ebenso hat die Lebenswelt einen Stammplatz – als Ausgangspunkt, als Folie, als Zielebene der Sinnsuche junger Menschen. Aber ist es nicht eine Frage der Reihenfolge? Auf der Grundlage eines biblischen Schöpfungsverständnisses sollen »auch« andere Schöpfungsgeschichten gelesen werden. Oder man liest andere Schöpfungsgeschichten, um das Besondere der biblischen Schöpfungsgeschichte zu erarbeiten. Was aber nicht sein kann, ist die Behandlung der biblischen Schöpfungsgeschichte unter »ferner liefen«.

Als ich meine jetzige Stelle als Religionsbuchredakteurin antrat, war im Verlag gerade ein neues Material für die Sekundarstufe erschienen. Da kam der Altverleger mit ernster Miene zu mir und meinte, es sei etwas sehr Besorgnis Erregendes geschehen: Das Buch behandle Jesu Leben bis zur

Kreuzigung und in einem anderen Kapitel dann die Geschichte der Urge-
meinde. Ostern aber fehle. Damals schaute ich in die Lehrpläne – und fand
das wenig beunruhigend. Für den betreffenden Jahrgang waren exakt diese
beiden Themen vorgesehen: der historische Jesus und die Anfänge der
Kirchengeschichte. Nicht aber der auferstandene und verkündigte Christus.
Der stand ein Schuljahr später auf dem Plan.

Alles auf einmal geht nicht – das ist so wahr wie problematisch. Wie viel
Stückwerk – mit oder ohne Fortsetzung – begegnet Kindern Tag für Tag!
Die Fernsehserien dauern allenfalls eine halbe Stunde, die Werbeunterbrechung nicht mitbedacht, die eine ist noch nicht zu Ende, dann wird bereits
in die nächste übergeblendet. Wem das zu langatmig ist, der zappt einfach
weiter. Viele elektronische Spiele leben vom Tempo. Das Familienleben ist
geprägt vom Stress: Essen in Etappen, Freizeitgestaltung nach Stundenplan.
Ist eigentlich die Tagesschau noch eine feste Marke? – Nachrichten gibt es
auf anderen Sendern, alle Viertelstunde neu. Werbeunterbrechung mitbedacht.

In der Schule – was ist da anders? Fächer und Lehrer im Dreiviertelstun-
dentakt, dazwischen die kurze Pause. Die Schulklingel hat die Funktion der
Werbepause. Gewöhnung daran: Die Pause ist wichtiger als der Inhalt. Also
kommt es beim Inhalt nicht so drauf an. Dennoch, natürlich, ist der Inhalt
überall Thema: Geschichten werden gelesen, in Geschichte und Deutsch, in
den Sprachen, in Mathe gibt es Textaufgaben und in Erdkunde Veranschau-
lichung durch Pedro, den Straßenjungen, der von seinem Leben im Slum
von Manila erzählt. Versetz dich in seine Rolle, was würdest du denken,
wenn du ...? – (Werbe-) Pause.

Reli ist auch so ein Fach, eines von sechsen am Morgen. Auch Reli hat
eine Geschichte zu bieten. Versetz dich mal in Jakob, in Petrus, in Moses
Schwester Mirjam und in die Ehebrecherin zu Jesu Füßen. Pause. Und
morgen weiter. Oder auch nicht. Was ist an Mirjams Geschichte anders als
an der von Pedro? Ist Jakob auf der Flucht vor Esau wie Frodo vor Boro-
mir? Ist Jesus Superman oder Spiderman oder Luke Skywalker? Sie alle
retten die Welt, nur unterbrochen von Werbepausen.

»Biblische Geschichten«, »Die spannendsten Geschichten aus dem Alten
Testament«, »Jesu Wundertaten« – die Titel vieler religionspädagogisch gut
gemeinter und gut gemachter Unterrichtshilfen und -materialien weisen auf
das Problem: In der Vereinzelung, in dem Bemühen, die einzelne Geschichte »spannend« zu machen, aus ihr heraus eine Beziehung zu dem Adressaten herzustellen (»versetz dich mal in ...«) liegt die Gefahr der Beliebigkeit.

Ein religionspädagogisches Arbeitsbuch über »Gewalt im Kino« beginnt
mit einer trennscharfen Analyse der scheinbar ähnlichen Gewaltpräsenzen
in »Sinn-Medien« und »Konsum-Medien«:

Der Unterschied zwischen der Orestie und Counterstrike ist unter anderem der, dass die Orestie keine lustvolle Kultur der Gewalt ist, kein Spaß am Töten, sondern Reflexion von Gewalt- und Schuldzusammenhängen. Der Unterschied von Psalm 137,9 und einem Splatter-Movie ist unter anderem der, dass der eine aus höchster Not der Unterdrückung und das andere aus dem Überdruss des Alltäglichen artikuliert wird[3]

Solche Unterscheidung ist auch zwischen »spannenden Geschichten« zu treffen, und zwar daraufhin, ob sie in einem großen Zusammenhang von göttlicher Begleitung und Bewahrung stehen oder ihre Aussage allein in sich selbst tragen. Ich fürchte, dass diese Unterscheidung umso schwerer wird, je vereinzelter die Geschichten aufscheinen. Die Pausenzeiten können wir nicht abschaffen – umso stärker muss in den *Einzelstunden Religion* pädagogisch und methodisch Zusammenhang hergestellt werden. Den historischen Jesus von Anfang an im Licht von Ostern zu betrachten halte ich heute für in der Tat unverzichtbar.

Ich betreute vor einiger Zeit ein Heft mit Arbeitsmaterialien zur Freiarbeit im RU: die großen Lehrplanthemen für die Klassen 5 und 6 waren für die inhaltliche Gliederung maßgebend. Eines der Themen war: »Umwelt Jesu«, ein anderes »Mit allen Sinnen wahrnehmen«. Ersteres ist eine Umschau unter den Lebensbedingungen, Berufsgruppen, religiösen und politischen Strömungen im Palästina des ersten Jahrhunderts. Unter dem Leitmotiv »Als aber die Zeit erfüllt war, sandte Gott seinen Sohn, geboren von einer Frau und unter das Gesetz getan, damit er die, die unter dem Gesetz waren, erlöste, damit wir die Kindschaft empfingen« (Gal 4,4) – ist es mehr als Realienkunde. Es steht in der Spannung: Wer ist Gottes Sohn? Was wird er bringen? Was ist – für die Menschen damals, für uns heute Erlösung?

»Mit allen Sinnen wahrnehmen« ist eine Stationenarbeit, die in erster Linie der Wahrnehmungsschulung und der Verlangsamung dient, eine wichtige Aufgabe in jedem Unterricht. Religionspädagogische Konturen erhält sie, wiederum von Jesus her: Als »Herr aller Sinne« ist er derjenige, durch den »Blinde sehen, Lahme gehen« und sogar »Tote auferstehen« – ein religiöses Mehr, das die Alltagserfahrung überschreitet.

Angesichts der Pluralität der Angebote und angesichts der Fragmentarisierung der Alltags- und Schulalltagswelt sowie angesichts der Tatsache, dass es im schulischen RU heute zunehmend zu einem Erstkontakt mit der Bibel und mit Gott kommt, ist alles Arbeiten und Lernen im RU in einen wiedererkennbaren Zusammenhang einzufügen, den die Schülerinnen und Schüler als typisch RU und als typisch biblisch-christlich erkennen sollen. Eine allzu starke Fokussierung auf einzelne Bibeltexte als »passende Beispiele« für Fremdzusammenhänge kann desorientierend und relativierend wirken. Im Sprachunterricht arbeiten wir mit einem Grundwortschatz, der

---

3 Mertin, Mord, S. 30.

systematisch aufgebaut, wiederholt und gesichert wird. Der biblische Grundwortschatz kann aus Gottes Anwaltschaft für das Leben, aus seinem uns zugewandten Angesicht und aus Jesu freiwilligem Machtverzicht bestehen.

In diesem Zusammenhang will ich eine dritte These formulieren:
Angesichts der Tatsache, dass es im schulischen RU heute zunehmend zu
einem Erstkontakt mit der Bibel und mit Gott kommt, ist die Gefahr der
over-familiarity eher gering gegenüber der Gefahr, dass »das Licht unter
dem Scheffel« bleibt.

Im Fremdsprachenunterricht wird heutzutage nicht *über* Englisch, sondern *Englisch* geredet, so früh und so viel wie möglich. Entsprechend sollte im konfessionellen RU von Anfang an biblisch geredet werden – und dann in zweiter Linie *über* biblische Themen.

3. »Biblisch träumen« – Die Aneignung der religiösen Sprache als Ziel des RU

Wer von uns hat schon einmal von Jesus geträumt? Von Gott? Man sagt doch: In einer Sprache ist man erst zu Hause, wenn man in ihr träumt. So gesehen: In der Fremdsprache »Bibel« sind wir anscheinend nicht allzu sehr zu Hause.

Da lese ich meinem Sohn Daniel Defoes »Robinson Crusoe« vor: Allein auf der Insel ist der Einsiedler unentwegt am Ringen und Hadern – mit Gott! Was mich wundert: Der Sohn hat noch nicht einmal gefragt: Warum macht er das? Würd ich doch nie ... Wie kommt er jetzt auf Gott? – Vielleicht erschließt es sich für ihn von selbst, dass einer, der auf sich allein gestellt und von der Welt verlassen ist, in Gefahren und unter Gewalten, die größer sind als er und seine Vernunft – dass der allein von Gott *nicht* verlassen ist.

Eine solche Selbstverständlichkeit im RU zu kultivieren, das wäre schon was – auch ohne biblische Träume. Meiner Meinung nach hängt viel, wenn nicht alles, am »roten Faden«. Wenn die Bibel eine Fremdsprache ist, hat sie eine eigene Syntax: Die Geschichten in ihr sind die Prädikate. Wir lernen: Sätze erschließt man durch Erkennen und Verstehen der Prädikate. Prädikate vollziehen sich an Objekten: der Welt, einzelnen Lebewesen, dem Menschen. An mir. Wir lernen aber auch: Prädikate weisen auf das Subjekt, sei es, dass es vor ihnen, bei ihnen steht, sei es, dass sie es in sich tragen. Was das Prädikat mit Objekten macht, das liegt in der Natur des Subjekts. Das Subjekt als A und O – wie gut das auf die Bibel passt!

Gott liebt diese Welt und wir sind sein eigen.
Gott ist in der Welt ... Im Zenith der Zeiten kam sein Sohn zur Welt.
Christus ist erstanden: Leben für die Welt.

Mit Worten aus dem Gesangbuchlied 409, für mich in beispielhafter Weise ein elementares Kompendium der Heilsgeschichte – sprechbar, lernbar und modern – sind die Subjekte klar beschrieben. Diese Klarheit sollten Kinder erfahren, die im RU die Bibel kennen lernen. Jede einzelne Geschichte und jede ihrer Verfremdungen sollte von dem Subjekt »Gott«/«Gottes Sohn« ausgehen und zu ihm zurückführen. Das ist natürlich zuerst eine Anfrage an die Lehrenden: Wer ist dein Gott? Wie stehst du zu Jesus?

In einem Kompendium, das den für das Lehramt Theologie Studierenden sagen will, wie sie ihr Studium anlegen können, um möglichst früh in ihre künftige Rolle als Lehrkraft hineinzuwachsen, wird die Selbstreflexion empfohlen: Was glaube ich? Was will ich – von mir, von meinem Fach, von meinem Glauben – mitteilen? Zugespitzter: Woran erkenne ich »meinen« Gott, »meinen Jesus« – welche Kennzeichen möchte ich weitergeben?

Für mich ragen aus den Schriften des Alten Testaments diejenigen Gotteserfahrungen heraus, die Gott jenseits von Macht- und Racheinteressen beschreiben, jenseits auch des Schemas von Schuld und Strafe. Es ist dies etwa Ps 103, aber auch das »sanfte Wehen« aus I Reg 19 oder Gottes Eingehen auf Abrahams Fürbitte (Gen 18,16ff.). Was Jesus betrifft, da wäre eine der Kardinalstellen die anfangs schon erwähnte Versuchungsgeschichte: bewusste Rück-Bindung an Gott, Re-Ligion im wahrsten Sinn.

Literatur

Berg, Horst Klaus: Biblische Texte verfremdet, Grundsätze – Methoden – Arbeitsmöglichkeiten in: Berg, Sigrid/Berg, Horst Klaus (Hg.): Biblische Texte verfremdet, München/Stuttgart, [2]1990.
Mertin, Andreas: Mord und Totschlag. Kulturwissenschaftliche Betrachtungen zum Verhältnis von Gewalt und Medien in: Kirsner, Inge/Wermke, Michael (Hg.): Gewalt. Filmanalysen für den Religionsunterricht, Göttingen 2004.

HARTMUT RUPP

Die Bibel im kompetenzorientierten Religionsunterricht

1. PISA und der Religionsunterricht

Die Ergebnisse der Pisa-Studie 2000 führen auch im Religionsunterricht zu einem Paradigmenwechsel. Entscheidend soll nicht sein, was zu behandeln ist (Input), sondern das, was am Ende einer Lernstrecke herauskommt (Output oder Outcome). Die Güte des Religionsunterrichtes ist zunächst einmal daran zu bemessen, was Schülerinnen und Schüler am Ende einer Lernstrecke wissen, können und wozu sie bereit sind; kurz: welche Kompetenzen sie erworben haben.[1]

Dabei geht es nicht bloß darum, ob Schülerinnen und Schüler am Ende der 6. Klasse »drei Gleichnisse nacherzählen können«[2], es geht neben den »inhaltlichen« Kompetenzen auch um so genannte »übergreifende« Kompetenzen, wie die hermeneutische und methodische Kompetenz und schließlich um die alles bündelnde religiöse Kompetenz, die man als Fähigkeit verstehen kann, religiöse Phänomene (eigene Religiosität, christliche Religion, die Religion anderer, Medienreligion) wahrzunehmen, zu deuten, zu beurteilen, mit anderen darüber zu kommunizieren und selber zu gestalten.[3] Nicht vergessen darf man, dass es neben den »Ergebnisstandards« immer auch »Voraussetzungs-« und »Prozessstandards« gibt, auch wenn diese gegenwärtig nicht intensiv diskutiert werden.

Die Konsequenzen sind erheblich für den Religionsunterricht. Lernziele gewinnen eine andere Gestalt. Sie klingen jetzt so: »Ich kann dem Kirchenjahr Lebensstationen Jesu zuordnen«. Man muss den ganzen Unterricht vom Schüler her sehen und dem, was er dauerhaft kann. Wiederholung, Übung und Evaluation werden zu selbstverständlichen Elementen des Unterrichtes. Religionslehrerinnen und Religionslehrer müssen sich über Lern-

---

1 Mit Franz Weinert wird angenommen, dass Kompetenzen sowohl kognitive Kenntnisse, praktische Fähigkeiten sowie motivationale, volitionale und soziale Bereitschaften beinhalten, vgl. Dt. Institut, Entwicklung, S. 59.

2 So eine Zielformulierung für das 6. Schuljahr.

3 Die Ausführungen haben die Entwicklung von Bildungsstandards für den evangelischen Religionsunterricht in Baden-Württemberg zum Hintergrund, beziehen aber auch Überlegungen ein, wie sie gegenwärtig in einer Arbeitsgruppe des Comenius Instituts Münster angestellt werden. Diese unterscheidet vier Grundbereiche des Religionsunterrichts, nämlich eigene Religiosität, die Religion der Bezugsreligion, die Religion anderer Religionsgemeinschaften und weltanschaulicher Bewegungen sowie die in der gesellschaftlichen und kulturellen Umwelt kommunizierte Religion.

standsdiagnose und Metakognition Gedanken machen.[4] Da Kompetenzen sich letztlich in der Bewältigung von Lebenssituationen und damit in der eigenständigen und verantwortlichen Gestaltung alltäglichen Lebens zu bewähren haben, gerät der Religionsunterricht unter einen neuen Legitimationsbedarf. Warum soll man eigentlich drei Gleichnisse erzählen können? Warum ist es eigentlich so wichtig, die Bibel aufschlagen zu können? Warum soll man »das Schöpfungslob der Bibel kennen«[5] und was heißt eigentlich »kennen«? Die Frage lautet: Was kann und will der Religionsunterricht zur Lebenstüchtigkeit beitragen?[6]

Es ist zu betonen, dass der Religionsunterricht dies kann. Er sollte aber auch deutlich machen, dass er zur Lebensgewissheit beitragen will, was jedoch selbst unter Religionslehrerinnen und Religionslehrern zweifelnde Rückfragen auslösen kann.[7]

Ins Blickfeld gerät jetzt aufbauendes und nachhaltiges Lernen. Was müssen Schülerinnen und Schüler in der 4. Klasse können, damit sie am Ende der Sekundarstufe I »berichten können, wie Menschen durch Jesus Christus Befreiung erfahren haben«?[8] Richtig schwierig wird es aber dann, wenn es darum geht, dass Schülerinnen und Schüler die Bibel als Heilige Schrift und als Lebensbuch verstehen können und Freude am Lesen biblischer Geschichten empfinden sollen. Solche Intentionen kann und soll man vor Augen haben, aber sie sollen und dürfen nicht überprüft werden.[9] Doch auch hier gilt es weiterzudenken und sich Gedanken zu machen, wie diese Absicht realisiert werden kann.

2. Vorarbeiten zu einem Bibelcurriculum

Auf dem Hintergrund dieses Paradigmenwechsels hat sich eine kleine Gruppe von Religionspädagogen auf den Weg gemacht, um zu erkunden,

---

4 Der Religionsunterricht gewinnt hier notwendig Anschluss an die empirische Unterrichtsforschung, wie sie von Andreas Helmke und Hilbert Meyer aufgearbeitet, sowie an die Lernpsychologie, wie sie z.B. von Norbert Seel entwickelt und dargestellt wurde.

5 So eine Kompetenzformulierung für das 2. Schuljahr.

6 Mit dieser Leitfrage schließt der Religionsunterricht an die PISA Studien an und nähert sich einem pragmatischen Bildungsbegriff.

7 Im Hintergrund steht ein Verständnis des Religionsunterrichts, das sich nicht einseitig auf die erfolgreiche »Bewältigung« von Lebenssituation ausrichten lassen will, sondern auch Grenzen und Scheitern vor Augen hat und gerade auch deshalb Inhalte verhandeln möchte, die trösten und ermutigen können.

8 So eine Kompetenzformulierung für die 10. Klasse Hauptschule.

9 In Baden-Württemberg wurden solche Formulierungen in den Bildungsplänen bewusst vor die Definition inhaltlicher Kompetenzen gestellt.

wie SchülerInnen in den Schuljahren 1–10 sich Schritt für Schritt ein eigenes und nachhaltiges Bibelwissen aneignen können, das nicht, wie so oft,
ein »träges«, sondern ein »intelligentes« Wissen beinhaltet, das wohl orga-
nisiert, flexibel nutzbar ist und zur Bewältigung unterschiedlicher Lebenssituationen beiträgt.[10] Dieser Anspruch ist zugegebenermaßen hoch und letztendlich nicht ganz verlässlich konstruierbar. Grundstrukturen für ein solches Bibelcurriculum sind jedoch in Sicht.

Kl.	Biblische Texte, Erzählkomplexe, Symbole und Motive	Kompetenzen: Kenntnisse, Fähigkeiten, Fertigkeiten und Einstellungen	Altersgemäße und lebensweltbezogene Zugänge	Lebensgeschichtliche Herausforderungen (Entwicklungsphasen, Entwicklungsaufgaben elementare Fragen)
2				
4				
6				
8				
10				

Abb. 1: Schema zur Entwicklung eines Bibelcurriculums

Ausgehend von lebensgeschichtlichen Herausforderungen (Entwicklungs-
phasen, Entwicklungsaufgaben, elementaren Fragen) sowie altersgemäßen
und lebensweltbezogenen Zugängen sollen Vorschläge unterbreitet werden,
wie biblische Texte, biblische Erzählkomplexe, aber auch biblische Symbole aufbauend von der 1. bis zur 10. Klasse so erschlossen werden können,
dass zentrale Kenntnisse, Fähigkeiten, Fertigkeiten und Einstellungen mit
einer gewissen Wahrscheinlichkeit erworben werden können. Sehr betont
geht es um einen Bibelunterricht mit der (Luther-)Bibel. Zu konstatieren ist
derzeit die Neigung zu einem Bibelunterricht ohne Bibel, was allerdings
auch mit den vorliegenden Bibelbüchern zu tun hat. Aus diesem Grunde
soll eine verbesserte Lutherbibel vorgelegt werden, die auf das Bibelcurriculum bezogen ist.

---

10 Auf diese Unterscheidungen weist im Anschluss an Franz Weinert Hans Mendl, Wissen,
hin.

3. Struktur des Bibelwissens

Untersucht man vorliegende Bildungspläne mit ihren Bildungsstandards,[11] so zeigt sich, dass das Bibelwissen in sich zu unterscheiden ist. Da gibt es zum einen das herkömmliche »Bibelwissen«: »Schülerinnen und Schüler kennen biblische Geschichten, die von der Beziehung Gottes zu den Menschen erzählen«[12] oder »Schülerinnen und Schüler können über einen biblischen Propheten Auskunft geben«.[13] Es geht dabei auch um sprachliche Formen, wie Klage, Lob und Dank oder die Metapher. Im Gymnasialplan heißt es: »Schülerinnen und Schüler können zeigen, wie Jesusgeschichten vom Reich Gottes erzählen.«[14] Vergleicht man die Bildungspläne mit der Bibeldidaktik von Hubertus Halbfas, so wird deutlich, dass wichtige Sprachformen wie Mythos, Apokalypse oder Prophetenspruch fehlen.[15]

Daneben gibt es ein »Bibelbuchwissen«: »Schülerinnen und Schüler können den Aufbau der Bibel und ihre Entstehung in Grundzügen darstellen.«[16] »Schülerinnen und Schüler können über wesentliche Inhalte beider Testamente Auskunft geben.«[17] Das hierfür nötige Wissen soll meist in der 5. und 6. Klasse erworben werden. Das geschieht dort auch, doch dieses Wissen wird nicht gepflegt und nicht weiterentwickelt. Hier fehlt es an Nachhaltigkeit.

Es gibt aber auch ein »Bibelbuchkönnen«: »Schülerinnen und Schüler können die Erschließungshilfe einer Bibel verwenden.«[18] Im Sinne der Unterscheidung von »deklarativem« und »prozeduralem« Wissen[19] geht es hier um letzteres. Es geht nicht einfach um Kenntnisse, sondern um Fertigkeiten und Fähigkeiten, die anfänglich zwar als Kenntnisse erarbeitet, dann aber habitualisiert werden müssen.

Alle drei Wissensformen gehören in einen Bibelunterricht. Aber es gibt jedoch noch eine weitere, vierte Wissensform, die besonders viel Aufmerksamkeit bedarf. Es gibt daneben nämlich das »Bibellesenkönnen«, das im Blick auf die Zukunft des Protestantismus und auch im Blick auf die Allgemeinbildung mit der so wichtigen Lesekompetenz eine hohe Bedeu-

---

11 Als »Bildungsstandards« werden normative Vorgaben für das Lehren verstanden. Immer noch in der Diskussion ist, ob die Kompetenzen im Religionsunterricht zusammen *einen* Bildungsstandard bilden oder aus *mehreren* Bildungsstandards bestehen.
12 So eine Kompetenzformulierung für die 8. Klasse Realschule verbunden mit dem Hinweis auf David, Ruth, Jakob, Mose.
13 Ebenfalls für die 8. Klasse Realschule formuliert mit dem Hinweis auf Amos.
14 So eine Zielkompetenz für die 6. Klasse Gymnasium.
15 Siehe Religionsbücher für das 1–10 Schuljahr.
16 6. Klasse Realschule.
17 10. Klasse Realschule.
18 6. Klasse Realschule.
19 Vgl. Seel, aaO, S. 214ff.

tung hat. Es geht um Fähigkeiten, die in den Bildungsplänen Baden-Württembergs so umschrieben sind: »Schülerinnen und Schüler entdecken in biblischen Geschichten Zusammenhänge mit eigenen Erfahrungen«,[20] »Schülerinnen und Schüler sind in der Lage, sich mit ihren Fragen und Erfahrungen an der Auslegung eines biblischen Textes zu beteiligen«,[21] »Schülerinnen und Schüler können eigene Gedanken zu biblischen Aussagen äußern und durch vielfältige kreative Auseinandersetzung die Bedeutung für sich klären«[22], »Schülerinnen und Schüler können unterschiedliche Auslegungen oder Methoden der Textauslegung am biblischen Beispiel anwenden.«[23]

Nimmt man die hier bezeichnete Kompetenzorientierung ernst, so geht es insgesamt um die Fähigkeit, eigenständig und sachgemäß einen Bibeltext auslegen zu können. Es geht um den Aufbau einer hermeneutisch-methodischen Kompetenz.

Bibelwissen	Bibelbuchwissen
Bibelbuchkönnen	Bibellesenkönnen

Abb. 2: Vier Formen des Bibelwissens

4. Aufbau einer eigenständigen und sachgemäßen Auslegungskompetenz

Wer Abiturprüfungen abnimmt oder mit Anfangssemestern zu tun hat, wird zugeben müssen, dass der Religionsunterricht an dieser Aufgabe bislang grandios gescheitert ist. Wohl gibt es ein häufig auswendig gelerntes Wissen über Ebenbildlichkeit und das Gleichnis vom verlorenen Sohn, aber es gibt kein methodisches Können, sich mit einem Bibeltext selbstständig und produktiv auseinanderzusetzen. Selbst Auslegungsmethoden werden auswendig gelernt, aber nicht angewendet. Schülerinnen und Schüler beherrschen keine passenden Instrumente, um Bibeltexte eigenständig und sachgemäß auslegen zu können. Dies widerspricht der Idee eines mündigen Bibellesers, die für den Protestantismus konstitutiv ist. Woran liegt das?

---

20 Grundschule 2. Klasse.
21 Realschule 6. Klasse.
22 Hauptschule 9. Klasse.
23 Gymnasium 10. Klasse.

Mindestens drei Gründe lassen sich anführen: Der erste liegt in dem Widerstand unter SchülerInnen gegenüber der Bibel. Dieser hat etwas mit dem Autonomiestreben zu tun – man will sich nichts sagen lassen – mit der Unverständlichkeit so mancher Bibeltexte, aber auch mit einer zu geringen Lesekompetenz etlicher SchülerInnen. Die in der PISA-Studie aufgezeigten Mängel haben für den Protestantismus erhebliche Konsequenzen!

Der zweite Grund liegt an der Orientierung der Auslegungskompetenz an wissenschaftlichen Standards. Die Erwartung, dass 16-jährige Gymnasiasten die historisch-kritische Methode beherrschen und darüber hinaus einen Bibeltext feministisch, tiefenpsychologisch und sozialgeschichtlich auslegen könnten, ist hoffnungslos überzogen und dient faktisch nur der Stabilisierung einer Expertokratie. Hier wird im Namen der Wissenschaft Mündigkeit verhindert und die Vorherrschaft der Theologen zementiert!

Der dritte Grund liegt darin, dass wir uns nicht systematisch um den Aufbau einer biblischen Lese- oder Auslegungskompetenz gekümmert haben und im Grunde auch nicht wissen, wie das geschehen könnte. Die schulische Religionspädagogik hat sich mit dieser Aufgabe bislang schlicht nicht beschäftigt. Es fehlt an einfachen und erprobten Instrumenten der Bibelauslegung, die SchülerInnen eigenständig beherrschen. Dazu haben die PISA-Studie und die Einführung eines erweiterten Lernbegriffs[24] die Augen geöffnet. Wer sich auf Bildungsstandards und Kompetenzen einlässt, bekommt es auch mit der Frage nach methodischer Kompetenz zu tun.

Wie könnten aber solche Instrumente und wie könnte ein solcher Aufbau aussehen? Folgende Einsichten drängen sich auf: Die Instrumente müssten einsichtig, altersgemäß und einfach handhabbar sein – aber auch ein bisschen Spaß machen. Sie müssten sodann den unterschiedlichen Faktoren gerecht werden, die beim Verstehen von Bibeltexten zusammenwirken. Der Aufbau müsste einen wahrnehmbaren Fortschritt erkennen lassen, den sich verändernden Möglichkeiten Heranwachsender entsprechen, und er müsste für Unterrichtende gut nachvollziehbar sein. Dabei ist darauf hinzuweisen, dass »Bibellesenkönnen« ganz selbstverständlich Bibelwissen, Bibelbuchwissen und Bibelbuchkönnen voraussetzt. Diese vier Wissensarten darf man auf keinen Fall gegeneinander ausspielen. »Bibellesekompetenz« kann in vier Komponenten aufgeteilt werden. Für eine erste Orientierung seien sie mit einem Koordinatenkreuz dargestellt.

---

24 Der erweiterte Lernbegriff ergänzt fachliche Kompetenz um methodische, soziale und personale Kompetenz.

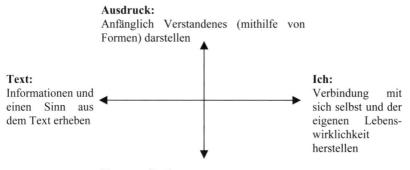

Ausdruck:
Anfänglich Verstandenes (mithilfe von Formen) darstellen

Text:
Informationen und einen Sinn aus dem Text erheben

Ich:
Verbindung mit sich selbst und der eigenen Lebenswirklichkeit herstellen

Kommunikation:
Das eigene Verständnis mit dem anderer vergleichen

Abb. 3: Vier Komponenten von »Bibellesekompetenz«

Auslegungskompetenz beinhaltet danach die Fähigkeit, einen Bibeltext entziffern und ihm Informationen sowie Sinn entnehmen zu können. Sie besteht sodann in der Fähigkeit, das Gelesene oder das Gehörte zu sich selbst und die eigene Lebenswirklichkeit in Bezug setzen zu können. Dass beides zusammenhängt ist selbstverständlich. Auslegen ist ein aktiver Konstruktionsprozess des Individuums. Auslegen hat aber immer auch mit Expression, mit Darstellung zu tun. Indem anfänglich Verstandenes Ausdruck und Gestalt findet, tritt es dem Verstehenden noch einmal gegenüber und dieser kann den Text und sich selbst noch besser verstehen. Die vierte Komponente ist die Kommunikation mit anderen, in der Bedeutungsdifferenzen auftreten und das Verstandene noch einmal zum Gegenstand des Verstehens und zum Mittel der Verständigung wird.[25]

Auslegungsinstrumente können danach unterschieden werden, wie die vier Komponenten gewichtet werden. Ideal wäre es natürlich, wenn alle Instrumente alle vier Komponenten berücksichtigen könnten. Doch das ist – wie sich zeigen wird – ein (zu) hoher Anspruch.

5. Instrumente und Kompetenzen

Auf dem Hintergrund dieser Überlegungen seien nun eine Reihe von Instrumenten vorgeschlagen, von denen behauptet wird, sie seien altersgemäß und besäßen auch eine Aufbaulogik. Sie stammen aus verschiedenen Zusammenhängen und haben sich dort durchaus bewährt. Ihnen entsprechen

---

25 Hier geht es um die sog. »Ko-Konstruktion«, die in einem pädagogischen Konstruktivismus Aufmerksamkeit gefunden hat.

bestimmte Kompetenzen, die in der jeweiligen Schulstufe anzielbar und erreichbar scheinen. Erprobt sind sie jedoch noch nicht. Sie sind als ein Anfang zu verstehen, der der Nachprüfung, des Ausprobierens und der Verbesserung bedarf.

Im Prinzip gehören die Instrumente zu jenen Methoden, mit denen Religionslehrerinnen und Religionslehrer biblische Texte im Unterricht bearbeiten. Neben ihnen gibt es noch eine ganze Reihe weiterer Methoden, die in Betracht zu ziehen sind. Wenn im Folgenden diese als »Instrumente« bezeichnet werden, dann deshalb, weil sie im Unterricht als solche eingeführt und vor allem auch systematisch geübt werden müssten. Wichtig ist, dass Schülerinnen und Schüler diese als Auslegungsmethoden kennen und selbständig anwenden können. Sie sollen zum Repertoire der Schülerinnen und Schüler werden.

(1) Am Ende der zweiten Klasse sollten alle Schülerinnen und Schüler im Religionsunterricht einfache Bibeltexte laut vorlesen, dabei sich selbst zuhören und sich selbst in dem Text wiederfinden können. Das Instrument dazu könnte heißen: »Der Text und Ich«. Die aufgenommenen Komponenten sind der Text und das Subjekt.

(2) Am Ende der vierten Klasse sollten die Kinder den Sinn eines Textes erfassen und sich selbst dazu in Beziehung setzen können. Das Instrument, das hier vorgeschlagen wird, stammt aus Godly play, einer neuartigen Erschließungsmethode aus den USA. Nach der Präsentation einer biblischen Geschichte geht es im Gespräch um vier W–Fragen – die hier auf einen Text bezogen werden:

– Welchen Teil (des Textes) finde ich am schönsten? (Ästhetik)
– Was ist das Wichtigste? (Be-Wertung)
– Welcher Teil handelt von mir? (Subjektbezug)
– Was kann man weglassen, ohne das Ganze total zu verändern? (Textbezug)

Vorausgesetzt wird die Fähigkeit, eigene Reaktionen auf einen Text bzw. biblische Geschichten differenzieren zu können. Gleichzeitig wird angenommen, dass Kinder dieses Alters sich durch Bibeltexte direkt ansprechen lassen. Dieses Instrument könnte »Die vier großen W« genannt werden. Aufgenommen sind die Komponenten Text, Subjekt und Kommunikation.

(3) Am Ende der sechsten Klasse sollten die Schülerinnen und Schüler den Textraum wahrnehmen und darstellen können.[26] Die Komponenten sind

---

26 Angenommen wird, dass der Bibeltext wie ein (Kirchen-) Raum verstanden werden kann, der auf eine ganz bestimmte Weise »möbliert« ist. Aufgabe ist zunächst einmal die Möblierung zu erfassen, sich diese vor Augen zu stellen, sich gleichsam auf verschiedene Stühle zu setzen und von dort aus den Raum wahrzunehmen.

Text und Ausdruck. Vor Augen steht die räumliche Darstellung eines Textes in drei Schritten:

- Den Text zu Gehör bringen. Der Text klingt in meinem Gehör.
- Den Text vor Augen stellen. Der Text bildet sich in meinen Augen.
- Den Text körperlich darstellen (spüren). Der Text rückt mir auf den Leib.[27]

Vorausgesetzt wird, dass 12-jährige gerne spielen und Texte in Gedanken ausmalen, ja in Gedanken in einem Textraum spazieren gehen können. Vorausgesetzt wird auch, dass Heranwachsende dieses Alters bei ihrem Denken auf Konkretion und Anschaulichkeit angewiesen sind. Das Instrument könnte »Hören, Sehen, Spüren« genannt werden. Als Komponenten werden einbezogen: Text, Ausdruck und Kommunikation, denn die Raumbilder werden wiederholt und verglichen.

(4) Am Ende der achten Klasse – so der Vorschlag – sollten die SchülerInnen einen Bibeltext umformen können. Dazu müssten sie in der Lage sein, die Textstruktur zu erfassen, dem Text eigenständig eine andere Sprachgestalt zu geben (z.B. Rap, Dialekt, SMS, heutiges Deutsch) und das Ergebnis zu präsentieren. Vorausgesetzt wird, dass das Umformen oder Übersetzen in eine andere Sprachgestalt eine Transferleistung bedeutet und daher höhere kognitive Anforderungen beinhaltet. Entscheidende Komponenten sind: Text, Ausdruck und Kommunikation. Diese Methode könnte »Übersetzen« genannt werden.

(5) In der 10. Klasse sollten Schülerinnen und Schüler in der Lage sein, eine erweiterte und von ihren ontologischen Prämissen befreite »mehrfache Schriftauslegung«[28] anzuwenden. Es geht um verschiedene Konstruktionsprinzipien:

- Im Sinne des historischen Schriftsinnes sollten sie in der Lage sein, einem Text, Personen, Orte, Zeit, Ereignisse und Kerne zu entnehmen – der sog. POZEK-Schlüssel. Denkbar ist jedoch auch der Gebrauch verschiedener »W-Fragen«: Wer? Wann? Wo? Zu wem? Weshalb? Wozu?[29]
- Im Sinne des allegorischen Schriftsinnes sollten sie in der Lage sein, dem Text Aussagen über Gott, die Welt, die Menschen und das Leben zu entnehmen.

---

27 Sehr bewusst wird mit der zweiten Formulierung versucht, den Bibeltext als »Subjekt« in Blick zu nehmen.

28 Eine knappe Einführung zur vierfachen Schriftauslegung bieten Peter Müller u.a., Verstehen lernen, S. 102ff.

29 Diese Methode kennt schon Aristoteles: quis, quid, ubi, quibus auxiliis, cur, quomodo, quando.

– Im Sinne des tropologischen Schriftsinnes sollten sie in der Lage sein, aus dem Text ethische Ansprüche zu erheben.
– Im Sinne des anagogischen Schriftsinnes sollten sie in der Lage sein, Ermutigendes und Tröstliches zu entdecken.
– Schließlich sollten sie dazu bereit und in der Lage sein, zu dem Text Anfragen und die eigenen Empfindungen formulieren und über die Wahrheit diskutieren zu können. Vorausgesetzt sind die Fähigkeit und die Bereitschaft zu einer distanzierten Textanalyse und einem abstrahierenden Denken. Die hierbei präferierten Komponenten sind Text, Subjekt und Kommunikation.

Dieses Instrument könnte »fünffache Schriftauslegung« genannt werden.

(6) Für die Kursstufe sei ein Instrument vorgeschlagen, mit dem schon gute Erfahrungen gemacht wurden.[30] Leitend ist die Vorstellung, dass die SchülerInnen einen Bibeltext selbstständig mithilfe eines Schema auslegen können. Dieses Schema besteht aus fünf Schritten, die an die vierfache bzw. fünffache Schriftauslegung erinnern, aber vor allem auch Einsichten der historisch-kritischen Bibelauslegung aufnehmen. Das Instrument erhebt jedoch den Anspruch, einfacher und handhabbarer zu sein:

– Meine erste Reaktion: Was spricht mich an? Was ist mir fremd? Was fällt mir ein? Was möchte ich verstehen?
– Parallelen: Wo gibt es innerhalb der Bibel ähnliche Aussagen? Gibt es in der Bibel auch gegensätzliche Aussagen dazu? Fallen mir ähnliche oder gegensätzliche Aussagen ein, die nicht in der Bibel stehen?
– Textstruktur: Wie ist der Text aufgebaut? Welche Form hat der Text? Was fällt mir zum Stil auf? Was geht dem Text voraus, was folgt ihm?
– Historische Zusammenhänge: Was erfahren wir über die Welt und das Leben der Menschen in dem Text? In welche Zeit könnte er gehören? Was hat sich seit damals geändert? Was ist gleich geblieben?
– Botschaften: Worum geht es? Worauf liegt der Schwerpunkt? Was erfahre ich über Gott und die Wirklichkeit insgesamt? Was finde ich für mein eigenes und unser gemeinsames Leben hilfreich? Will mich der Text zu einem bestimmten Handeln motivieren? Wenn ja, zu welchem?

Vorausgesetzt wird, wie in der 10. Klasse, die Fähigkeit und Bereitschaft zu distanzierter Textbearbeitung, zu sorgfältiger Textanalyse sowie zu abstrahierendem und produktivem Denken.

---

30 Vgl. Kursbuch Religion Oberstufe.

Die These ist, dass dieser Aufbau mehr Nachhaltigkeit verspricht und zur intendierten Mündigkeit des evangelischen Bibellesers beiträgt. Die Frage wird sein, ob sich ReligionslehrerInnen dafür gewinnen lassen und ob es tatsächlich zu einem befriedigenderen Unterrichtsergebnis kommt.

Literatur

Dt. Institut für Internationale Pädagogische Forschung (Hg.): Zur Entwicklung nationaler Bildungsstandards, Berlin 2003.

Halbfas, Hubertus: Religionsbuch für das 1–10 Schuljahr, Düsseldorf 1983ff.

Helmke, Andreas: Unterrichtsqualität. Erfassen, Bewerten, Verbessern, Seelze 2003.

Mendl, Hans: Religiöses Wissen – was, wie und für wen?, KatBl 128 (2003), S. 316–325.

Meyer, Hilbert: Was ist guter Unterricht?, Berlin [3]2005.

Müller, Peter u.a.: Verstehen lernen. Ein Arbeitsbuch zur Hermeneutik, Stuttgart 2005.

Rupp, Hartmut/Reinert, Andreas: Kursbuch Religion Oberstufe, Stuttgart 2004.

Seel, Norbert: Psychologie des Lernens: Lehrbuch für Pädagogen und Psychologen, München u.a. [2]2003.

Die Autorinnen und Autoren

Beate Ego, Dr. theol., ist Professorin für Altes Testament und Antikes Judentum an der Universität Osnabrück

Karin Finsterbusch, Dr. theol., ist Professorin für Altes Testament und seine Didaktik an der Universität Koblenz-Landau (Landau)

Roman Heiligenthal, Dr. theol., ist Professor für Neues Testament und seine Didaktik an der Universität Koblenz-Landau (Landau) und seit Nov. 2005 Präsident der Universität Koblenz-Landau

Christina Hoegen-Rohls, Dr. theol., ist Professorin für Bibelwissenschaften und ihre Didaktik an der Universität Münster

Bernd Janowski, Dr. theol., ist Professor für Altes Testament an der Universität Tübingen

Michael Landgraf ist Leiter des Religionspädagogischen Zentrums Neustadt/Pfalz

Peter Müller, Dr. theol., ist Professor für Evangelische Theologie und Religionspädagogik an der Pädagogischen Hochschule Karlsruhe

Hanna Roose, Dr. phil., ist Professorin für Bibelwissenschaften (mit Schwerpunkt Neues Testament) und Religionspädagogik an der Universität Lüneburg

Hartmut Rupp, Dr. theol., ist Direktor des Religionspädagogischen Instituts der Badischen Landeskirche und Honorarprofessor an der Universität Heidelberg

Martina Steinkühler, Dr. phil., arbeitet als Redakteurin für Religion und Religionspädagogik im Verlag Vandenhoeck & Ruprecht in Göttingen

Florian Wilk, Dr. theol., ist Professor für Neues Testament an der Universität Göttingen

Rainer Lachmann / Gottfried
Adam / Christine Reents (Hg.)

Elementare Bibeltexte

Exegetisch – systematisch – didaktisch

Theologie für Lehrerinnen und Lehrer,
Band 2.
2. Auflage 2005. 479 Seiten, kartoniert
ISBN 978-3-525-61421-1

Ob Schöpfung oder Königsbücher,
Propheten oder Hiob im Alten
Testament, Gleichnisse, Wundergeschichten oder Paulus-Briefe im
Neuen Testament – die elementaren Texte der Bibel stellt der
zweite Band der Reihe »Theologie
für Lehrerinnen und Lehrer«
übersichtlich und auf dem neues-
ten Stand der Forschung vor. Der
Dreischritt »exegetisch«, »systematisch«, »didaktisch« ist auf die
Bedürfnisse von Lehrenden zuge-
schnitten, die neben einer ebenso
knappen wie gehaltvollen Einführung in den jeweiligen Bibeltext
auch praktikable Vorschläge für
eine Umsetzung im Unterricht
benötigen.
Die Autorinnen greifen einerseits
»Klassiker« der Lehrpläne wie König David oder die Bergpredigt auf,
machen aber andererseits auch
Mut zu neuen Themen. Schülerinnen werden staunen: Da gibt es
im Alten Testament sogar ein Buch
der »coolen Sprüche« ...

Werner H. Ritter /
Michaela Albrecht (Hg.)

Zeichen und Wunder

Biblisch-theologische Schwerpunkte,
Band 31.
2007. Ca. 304 Seiten, kartoniert
ISBN 978-3-525-61604-8

Mit Wundern hat die Theologie
oft ihre Schwierigkeiten. Menschen der Gegenwart aber sind
von diesem Phänomen fasziniert.
Vernünftige Beiträge verschiedener
Wissenschaftsdisziplinen zu diesem
scheinbar unvernünftigen Thema!
»Es geschehen noch Zeichen und
Wunder.« Ironie schwingt mit,
wenn dieser Satz heute fällt.
Wer begreifen will, was mit »Wundern« in der Bibel gemeint ist,
muss das Missverständnis vermei-
den, dass der moderne Mensch dem
antiken an Einsicht überlegen sei.
Wir können heute Naturphäno-
mene in ihren Ursachen begreifen,
ohne eine Gottheit dafür verantwortlich zu machen. Wir machen
es uns aber zu leicht, wenn wir
antiken Autoren unterstellen, sie
hätten nicht gewusst, dass Mauern
nicht durch Blasinstrumente zu
Fall gebracht werden können.

Mit Beiträgen von Eckhart Otto,
Gerd Theißen, Werner H. Ritter
u.v.m.

Vandenhoeck & Ruprecht